孔孟에의 초대

사람·仁 그리고 人間性

金 炳 浩

孔孟의 道！
그것은 사람다운 사람이 걸어가야 할 바른 길이며
더불어 살아가는 사람의 행복의 길이며 오늘을
사는 사람이 취해야할 人性回復의 길이다.

형 민 사

孔孟에의 초대

이 책은 두 가지 이유에서 씌어졌다.

그 하나는 儒學入門을 위한 槪論書가 있었으면 하는 개인적 소망이고, 다른 하나는 오늘날의 지나친 개인주의 물질문명 속에서 희미해져가는 사회적 연대감을 儒學을 통해 회복시킬 수는 없을까하는 바램이다.

첫 번째 문제의식은 요컨대 아직도 儒學은 종래의 서당(書堂)식 교육을 답습하고 있는데 대한 불만이다. 나는 직장을 그만 둔 뒤(은퇴 후) 儒學의 經典을 접하기 시작했는데 서적이면 서적, 학원이면 학원 할 것 없이 儒學의 경전을 『論語』면 『論語』, 『孟子』면 『孟子』하는 식으로 단편적으로 소개하고 있고 그것도 『論語』라 치면 으레 제1편 학이편부터 제20편 요왈편까지를 하나하나 차례차례로 가르치고 있는 것이었다.

이것은 바삐 살아가고 있는 요즈음의 세대들, 특히 나처럼 儒學을 늦게 접한 은퇴세대에게는 자못 감당하기 어려운 점이 있었다. 또한 시중에 널브러져 있는 儒學관련 책들도 모두가 단편적인 번역서 아니면 자기주장에 치우친 해석서에 그친 느낌이어서 儒學의 개론서로 마땅한 것을 발견하기도 역시 어려운 점이 있었다.

儒學도 학문일진대 어찌해서 우리가 大學에 들어가면 1학년 과정에서 접하게 되는 ○○原論, △△槪論과 같은 入門書 하나가 없단 말인가!

생각은 여기에 미쳤지만 그러나 그것은 곧 쉬운 일이 아니란 생각이 들기도 했다. 이것은 성경의 입문서, 불교의 입문서가 없는 것과 같은 맥락일 것이고, 또 수 천 년의 역사를 가진 사상을 간단히 압축하기란 역시 쉽지 않기 때문일 것이다. 그러나 다시 생각해 보면 못할 것도 아니란 생각이 든다.

행인지 불행인지 모르지만 우리의 儒學은 아직도 朱子類의 성리학 체계를 크게 벗어나지 못한 실정에 있다. 그것은 아직까지도 우리는 儒學四書인 『論語』, 『孟子』, 『大學』, 『中庸』을 朱子의 주석에 의존하다시피 하고 있을 뿐 아니라 程子와 朱子가 집대성한 性理學을 지금까지도 儒學의 본류로 고집해 온 전통이 남아있기 때문일 것이다.

이것은 儒學의 진원지인 중국이나 우리보다 늦게 儒學을 받아들인 일본의 儒學이 다양한 갈래로 발전되고 있는 것과 사뭇 다른 점이 있는 것이다.

사정이 이와 같다면 朱子의 性理學을 주축으로 하여 儒學四書를 포괄하는 유학개론서를 시도한다면 불가능한 것도 아니지 않을까?

儒學四書란 개념도 朱子가 정립한 것이고 그것의 해석도 朱子 한 사람의 머리에서 비롯된 것을 받아들이고 있는 우리

의 실정에서 朱子의 생각을 바탕으로 하여 四書의 요약을 시
도한다면 그것은 그리 어려운 것이 아닐 수도 있을 것이다.

이 책은 이러한 무모한 의도에서 비롯되었다.

두 번째의 문제의식은 이 시대를 살아가는 사람들이 가지
는 공통된 문제의식일 것이다.

오늘을 사는 우리세대는 분명 서구문명의 유입에 따른 혜
택을 각별히 입고 살아온 세대일 것이다. 지금 우리가 누리
는 개인적 자유와 권리 그리고 물질적 풍요로움은 우리가 지
금껏 서구문명을 열심히 받아들인 결과로서 서구의 개인주
의, 물질문명의 개가라 할 수 있을 것이다.

그러나 한편으로 지금 우리는 분명 또 다른 고민거리에 직
면하게 되었음을 느끼고 있다. 그것은 개인적 삶에서 오는
문제의식이 아니라 더불어 살아가는 삶에서 제기되는 사회적
문제의식, 즉 지구덩어리 전체, 아니면 우리 사회 전체가 해
결해야할 그 무엇이며, 또 그것은 지금까지의 생활방식으로
는 도저히 해결할 수 없는, 아니 지금까지의 생활방식 때문
에 초래된 그 무엇일 수 있을 것이다.

그것을 나는 '사회적 연대감의 상실'이라 규정하고 싶다.
우리는 자기 혼자만의 힘으로 살아가는 것 같지만 기실 자기
혼자 힘만으로는 결코 살아갈 수 없다. 마찬가지로 나만의
행복만을 추구하면 바람직한 삶, 만족한 삶이 될 것 같지만
그것은 뿌리가 없는 공허한 행복일 뿐일 것이다. 그것은 사
람이 사회적 동물이기 때문이고, 우리의 삶은 서사적 삶(서

로가 서로에 얽혀 주고받는 얘깃거리가 있는 삶)이 될 수밖에 없기 때문일 것이다.

이 세상은 나 혼자 살아가는 것이 아닌데 어떻게 남의 불행에 대해 태연하며 남의 고통에 초연한 삶이 행복한 삶이 될 수 있을 것인가! 행복한 삶이란 사람과 사람이 얽혀 살아가는 가운데 그들이 함께 추구하는, 그리하여 그들이 함께 느끼는 행복이야말로 진정한 행복이 아닐까. 생각이 여기에 미친다면 儒學은 우리에게 진정한 행복을 가져다주는 모범답안이 될 수도 있을 것이다.

주지하는 바와 같이 儒學이 다루는 범주는 人倫(사람과 사람사이의 관계 또는 질서)이며 그 핵심은 '仁'의 사상이다. 바꾸어 말하면 儒學은 사람과 사람사이에 있어서의 바람직한 관계를 통해 행복한 삶을 추구하는 학문이며 그 핵심사상은 仁인 것이다.

仁이란 무엇인가!

그것은 하늘의 마음으로 설명될 수 있을 것이다. 하늘의 마음이란 하늘이 이 세상 만물을 나게 하며, 그것을 따뜻이 덮어주며, 만물이 잘 길러져서 각기 제 자리를 얻게 하려는 마음인 것이다. 그리하여 仁이란 이러한 하늘의 마음을 얻어 남을 사랑하는 마음이며 나를 이룸에 남도 이루어지게 하려는 따뜻한 마음이랄 수 있을 것이다. 그리하여 仁한 사람은 내가 하기 싫어하는 것을 결코 남에게 베풀려 하지 않으며 일의 잘되고 못되는 것을 모두 자기에게 되돌려 구하며 자기가 이룬 것으로써 이 세상 모두가 善해지기를 바라는 사람이

가질 수 있는 마음가짐인 것이다.

　요컨대 儒學이 지향하는 핵심 사상이 이런 것이라면 儒學은 오늘날 우리가 당면한 새로운 고민거리를 해소하는데 있어서 가장 근원적인 처방이 될 수 있지 않을까.

　그리고 우리가 느끼는 사회적 불평등, 박탈감, 정신적 공허함 등은 모두 儒學의 '仁한 마음'으로 치유될 수 있지 않을까.

　이것이 이 책을 쓰게 된 두 번째 이유가 된다.

　나는 작금의 人性이 황폐화 되어가고 있는 현실을 바라보면서 人性을 나름 '人間性'의 개념으로 이해하고 있다.

　人性이란 기본적으로 개개인이 갖추어야할 바람직한 성품이지만 그것의 발현은 사람과 사람의 사이(人間)에서 이루어지므로 그것은 곧 人間性(사람과 사람사이에서 갖추어야할 바람직한 성품)인 것이다.

　이렇게 본다면 오늘날 우리에게 절실한 것은 人性回復만이 아니라 더 나아가 人間性回復일 것이다. 즉 人性回復이란 개인차원의 문제가 아니라 그 개인이 몸담고 있는 사회차원의 人間性回復의 문제가 된다.

　이러한 문제의식은 바로 儒學이 추구하는 배움의 목표인 修己治人의 그것에 다름 아니다.

　먼저 나의 인격을 이루고 그것을 사회에 미쳐 온 세상을 다같이 善하게 만드는 것이야말로 儒學의 기본목표가 아니던가!

이런 의미에서 儒學은 오늘날의 우리가 안고 있는 고민을 해결하는데 더 없이 좋은 실마리를 제공해 줄 것이다.

說而不繹이란 말이 있다. 해결의 실마리가 보이는 데도 기뻐만 할 뿐 그것을 풀려하지 않는다는 말이다. 이것은 결코 바람직한 태도가 아니다. 실마리를 찾으면 그것을 바탕으로 주어진 문제를 적극적으로 풀어나가는 자세야말로 오늘을 살아가는 자세일 것이다.

이 책은 이런 이유에서 시도된 것이지만 그 기대를 충족시키기엔 턱없이 부족할 것이다. 원고를 한장 한장 채워가면서 스스로의 淺學菲才를 절감하였고 기대에 미흡함을 스스로 자인하지 않을 수 없었다. 부끄러운 일이다.

그럼에도 이 책은 여러 사람의 도움과 격려 속에 탄생되었다는 점을 밝히고 싶다. 무엇보다 나의 얄팍한 내용에 깊이 있는 주석을 달아주신 平山 李秉郁 선생님, 잘못된 내용을 일일이 質正해 주신 素我 朴景愛 선생님, 거친 육필원고를 하나하나 타이핑 해주신 東園 崔炯洙 선생님, 그리고 이 책의 표제를 멋있게 휘호해 주신 紫軒 李庭宇 선생님과 책다운 모양새로 갖추어주신 (사)한자교육진흥회 菊園 車敏卿 선생님께 각별한 고마움을 표한다.

그리고 이 책의 내용관련 검토회에 참여해 주신 퇴계학연구원 晩耕 鄭喆鎬 선생님을 비롯한 여러 同門修學의 班友들께도 심심한 감사를 드린다.

居峯선생의 새로운 책 『사람 · 仁 그리고 인간성』
원고를 읽어보고서

    나는 지금까지 오랫동안 서울과는 먼 지방 대학에서 조용하게 근무하면서 항시 나와 직업이 비슷한 사람들과만 주로 상종을 하여왔지, 나와 직업이 다른 사람들과는 별로 만나본 일이 없다. 그러면서 은연중에 내가 가진 이러한 좀 외골수의 조용한 직업만이 이런 혼탁한 세상에 살면서도 지조를 지키기 가장 좋고, 다른 직업을 가진 사람들은 대개가 좀 속되거나 오염되기 쉬운 것 같이 생각을 하여 왔다.

    그러나 요즘 내가 서울로 올라와서 살면서 가끔 여러 가지 직업에 종사하다가 퇴직한 사람들을 만나 보면서, 꼭 내 생각이 맞지는 않다는 생각을 하게 되었다. 오히려 직업에 관계없이 늘 반듯하게 생각하고, 바르게 살려고 노력하는 사람들을 볼 때 마다 내 생각이 얼마나 편협하고 현실에 어두웠는지 반성을 하게 된다. 자주 만나서 한문 공부도 같이하고, 한시도 같이 짓고 있는 친구들을 보면, 그 가운데는 공무원 출신도 있고, 군인 출신도 있고, 엔지니어 출신도 있고, 은행

원 출신도 있고, 또 사업가 출신도 있지만, 나이와 상관없이 늘 바르게 살려고 하고, 또 생각이 매우 반듯하면서도 깊은 분들이 많은 것을 보고 매우 감탄을 하게 된다. 이런 분들! 오히려 내가 지금까지 자주 보아오던 외골수의 사람들 보다는 더욱 현실감이 있으면서도, 머리는 늘 열리고 깨어 있는 것으로 생각된다. 아마 이런 분들이 세상에 흔하지는 않을 것이지만, 퇴직한 뒤에도 꾸준하게 공부하고 노력하는 분들 중에는 그런 분들이 많다고 생각한다.

그 중에서 나는 여기서 이 책을 지은 김병호 선생을 만나게 된 것을 매우 즐겁게 생각한다. 지난 연말부터 새롭게 시작한 퇴계학연구원의 한시 창작 모임에서 이 분을 처음 만났는데, 첫째 날에는 두 시간 동안 내가 한시 공부에 대한 참고서 소개와 내가 한문을 공부하게 된 경험 같은 것만 좀 느슨하게 이야기하였는데, 어떤 사람이 일어나서 "다음 시간에 해올 숙제는 없습니까?"하고 물었다. 이러한 퇴직자들이 공부하는 모임에서는 숙제를 낸다고 하면 모두 다음 시간부터는 수강을 하지 않겠다고 나오는 게 통례인데, 이렇게 진지한 사람은 처음 보았다. 나중에 누구에 물어보니 이 사람이 바로 전직 중앙공무원교육원장(차관급) 김병호 선생이라고 하였다. 이런 분이 있기 때문에 이 한시반의 발전도 생각보다도 훨씬 빨라서 몇 주 지나지 않아서 모두 어렵다고 생각하는 한시를 대개가 다 별 무리 없이 잘 지어 내고 있다. 나로서는 정말 기쁜 일이다.

그 뒤에 들으니, 이 분은 이미 사서를 공부하여 저서까지 낸 일이 있다고도 한다. 자주 만나면서 무엇을 공부하고 있는지, 어떤 일에 관심이 있는지를 물어보았더니, 지금도 또 한 한 신작을 준비 중이라고 하면서 한번 읽어 보고서 추천하는 말을 좀 적어 주었으면 한다. 원고를 좀 읽어 보니 이 분의 머릿속에는 이미 중요한 유학 경전은 모두 입력이 되어 있고, 그것을 현실 사회에서 어떻게 적절하게 적용, 실천하게 할 수 있을까 하는 깊고도 넓은 생각이 아주 쉬운 말로 명확하게 잘 정리되고 설명되어 있다. 다만 책을 더러 써본 한 전문가의 입장에서 본다면, 말이 쉽기는 하지만 요즘은 워낙 한문 문맹자가 많으니, 가끔 한자로 쓴 말을 보고서 이 책을 읽을 생각도 하지 않고서 어렵다고 생각하는 사람이 없지는 않을지 하는 걱정도 좀 있고, 원문 인용이나, 번역, 각주에 걸쳐 체제상 통일이 좀 부족한 점은 다소 고려되어야할 것으로 생각한다.

그렇기는 하지만 방대한 유학 경전의 원문뿐만 아니라, 중요한 주석까지도 모두 고루 잘 터득하여, 그 중요한 내용을 이렇게 한 권의 책으로 압축, 요약하여 낼 수 있다는 것은, 이미 이 분이 흔히 보기 드문 아주 높은 경지에 도달한 달인 이라는 것을 잘 말하여 주고 있다. 책의 출간을 축하하여 나는 다음과 같은 졸작 시를 1수 지어 보았다.

<拜讀居峯學伴新著原稿有感>

거봉 선생의 새로운 책 원고를 읽어 보고서

高風勁節水如淸　　높은 풍도 굳은 절조 물과 같이 맑으시어,

一面相逢認德聲　　처음 한번 만나보고 덕스러움 알았다네,

時習文章隣友樂　　때맞추어 공부하여 친구들과 즐기며,

恒思儒道廣施行　　항상 사람도리 생각하여 널리 베풀었네,

娥林月下靑雲夢　　거창 땅의 달 아래서 키워오던 청운의 꿈을,

京洛關邊所望成　　서울에서 관리로서 바라던 바 이루셨구나,

憂慮蒼生沈妄悖　　세상 사람들 잘못되어 가는 것 우려 하시어

新編上梓衆人迎　　새로 책을 내신다니 모든 사람 환영하네.

　삼가 이 달인의 이 놀라운 저술을 고루 읽게 되기를, 그래서 이 저자가 바라는 것과 같은 좋은 전통이 되살아나는 바람직한 세상이 빨리 오게 되기를 충심으로 희망한다.

2016년 정월 보름날

서울 진관동 북산서루에서

영남대학교 동양학부 명예교수

이장우(李章佑) 삼가 적음.

이 책은 '책머리에'에서 말한 바와 같이 儒學을 개괄적으로
이해하는 것과 오늘날 절실히 요구되는 '人性의 回復'에 도움
을 줄 목적으로 쓰인 것이므로 다음 몇 가지 관점을 살리려
고 노력하였다.

1. 이 책은 儒學의 입문서를 지향하였다.

따라서 이 책의 제1부는 주로 이러한 목적을 위해 다음과
같이 편집되었다. 우선 우리가 儒學에서 무엇을 배울 수 있
는지, 儒學이 지향하는 목표가 무엇인지 儒學의 논리 구조는
어떻게 되어있는지를 먼저 개괄하였고(우리는 孔孟에서 무엇
을 배울 수 있는가? 儒學의 주요 개념과 그 상관관계, 儒家
가 지향하는 인격인은 어떤 자인가? 부분이 이에 해당된다),
다음은 儒家가 지향하는 인격인, 즉 군자가 되기 위한 배움
의 요체와 그 핵심덕목(仁, 禮, 孝)을 살펴보았으며(군자가
되는 길, 사람이 어질지 못하면, 禮를 배우지 않으면, 부모의
뜻을 이어 펼침 부분이 이에 해당한다), 마지막으로 儒家가
지향하는 바람직한 사회건설의 실현에 대해 설명하였다(孔孟
이 꿈꾼 세상, 그리고 聖人政 부분이 이에 해당된다).

이 책은 이러한 내용들을 설명함에 스스로 다음과 같은 한계를 설정하고 있다.

먼저 기본 텍스트의 범위를 儒學四書에 두고 그 해석을 朱子의 四書集註에 충실히 따름으로써 儒學의 기본개념을 朱子의 성리학이라는 테두리를 벗어나지 않도록 노력한 점이다. 이는 일차적으로 엮은이의 능력부족에 기인하는 것이긴 하지만 한편으로는 우리의 儒學이 아직도 그 테두리 속에서 크게 벗어나지 않고 있어 온 때문이기도 하다.

그러나 입문서의 취지를 살리기 위해 儒學의 기본개념과 관련한 부분에서는 풍우란의 『중국철학사』를, 성리학 이론과 관련한 부분에서는 成均館大學校 儒學大學院 교재(『유학원론』, 『유학사상사』)등에서 四書를 벗어난 부분의 인용도 있었음을 밝힌다.

2. 이 책의 제2부는 주로 人性回復이란 주제에 초점을 맞추었다.

우리가 성현을 통해 배우는 내용은 크게 두 가지로 나눌 수 있다고 생각된다.

그 하나는 성현의 가르침을 이론적이며 논리적으로 머리로 배우는 것으로서, 경전에 나타나는 주옥같은 말씀들이 바로 그것이다. 우리는 그것을 유학이론의 이해를 통해 배우게 되는 바 앞서 제1부에서 소개한 내용들이 주로 이에 해당된다.

반면에 다른 하나는 성현의 삶을 통해 배우는 것으로서 성현이 한 개체적 인간으로서 걸어온 행적을 통해 그들이 어떤 삶을 살고자 했는지를 가슴으로 느끼는 것인바 이것은 성현의 삶을 간접 체험하여 우리의 롤 모델로 삼는 것을 통해 가능할 것이다. 다행히도 『論語』, 『孟子』 등에는 성현의 삶의 족적이 그대로 드러나 있어 우리가 어떤 삶을 살아야 할지를 짐작해 볼 수가 있다.

이 책 제2부는 이러한 성현의 행적을 통해 우리 人性이 어디를 지향할 것인가를 살펴보고자 하는 내용을 담고 있으며, 그 구체적 대상으로 孔子, 孟子의 두 성현과 孔子 제자 중 顔淵, 子路, 曾子를 택하여 그 人性의 귀감됨을 조감하고 있다.

3. 마지막으로 제3부는 '一事一道'라는 제목으로 앞 제1부, 제2부의 내용을 보완·부연하는 내용을 다루었다.

흔히들 『論語』의 특색으로 '隨事問答'(일에 따라 묻고 답함), 또는 '一事一道'(한 가지 일에 한 가지의 말로써 설명함)를 거론하고 있거니와 이것은 상대방의 자질이나 배움의 정도에 딱 들어맞는 가르침(因材施敎)이라는 孔子 가르침의 특징을 반영한 것이긴 하지만 자칫 범상인의 머리로는 그 뜻을 이해하기 어려운 경우도 있을 수 있는 것이다.

따라서 이 제3부에서는 孔子님 말씀 중 그 내용이 너무 함축적이어서 그 의도를 부연할 필요가 있거나, 특정화된 상황의 보편화가 필요한 경우, 또는 우리가 살고 있는 현실에서 그 의미를 되새김할 필요가 있는 경우 등에 있어서 그러한 말씀을 택해 제1부, 제2부에서 빠뜨린 내용을 보충하기도 하고 특정한 상황에서 놓친 다양성과 보편성을 채워 넣고자 했다. 그리고 기술형식과 내용도 제1부, 제2부와는 달리 에세이식의 자유로운(?) 분위기 속에서 다소 주관적 생각도 보태려고 애썼음을 밝힌다.

4. 끝으로 이 책에 사용된 기호표기는 다음과 같다.

『 』 : 인용된 개별책의 명칭.
　　　다만 출전이 『論語』인 경우 그 篇名은 기호 없이 그대로 적음.
「 」 : 책의 부분적 명칭, 예컨대 사마천의 사기(史記)는 본기(本紀)와 세가(世家), 열전(列傳)등으로 구성되어 있는데 사기는 『史記』로 본기, 세가, 열전 등은 「本紀」, 「世家」, 「列傳」으로 표기함.
　■　 : 儒學四書의 경전의 원문을 그대로 기재할 경우.
　　　다만 儒學四書가 아닌 타 서적, 예컨대 『禮記』나 주석 내용의 원문을 기재할 경우는 아무런 표시 없이 중고딕체로 표기.
< > : 문장의 해석에서 본문의 내용을 이해할 수 있도록 본문에 없는 내용을 부연·보충할 필요가 있을 경우 그 부연·보충한 부분을 표시.

목 차

제 1 부

聖賢의 가르침

제1강 우리는 孔孟에서 무엇을 배울 수 있는가?

1. 들어가면서

『명심보감(明心寶鑑)』에 이런 글이 있다.

人無百歲人 枉作千年計

사람은 백 살을 사는 사람이 없지만 부질없이 천년의 계획을 세운다. 이 말은 사람의 생명은 유한한데 그 욕심은 무한함을 말하는 것으로, 여기서도 克己의 문제가 제기된다.

어떻게 보면 우리의 삶은 욕망과의 싸움일 런지도 모른다. 출세하려는 욕망, 남보다 잘 살려는 욕망, 남을 이기려는 욕망…….

이러한 욕망 자체는 문제가 없지만 거기에 사사로운 욕심 즉 人慾이 개입되는 것이 문제인데 그 人慾을 막는 것이 克己이기 때문이다.

2천년보다 훨씬 이전의 孔子와 孟子는 자기의 몸과 마음을 닦아 나를 이루고 그것을 통해 온 세상을 善하게 만드는 것(修己治人)[1]이 삶의 목표가 되어야 한다고 말하고 있다. 좋은 삶, 행복한 삶은 나만의 좋은 삶, 행복한 삶에 그쳐서는 안 되고 더불어 사는 좋은 삶, 행복한 삶이 되어야 한다고 말하는 것이다.

2. 우리가 살고 있는 삶

더불어 사는 삶에 있어서 가장 기본이 되는 것이 人性이다. 人性回復을 이 책의 주제로 삼은 이유가 여기에 있다. 일찍이 孔孟은 우리에게 사사로운 人慾의 삶을 극복하여 더불어 함께 사는 禮의 삶으로 돌아가라고(克己復禮) 가르치고 있다. 우리는 오늘의 삶을 이러한 孔孟의 가르침에 비추어 조명해 봄으로써 우리가 얼마나 멀리 '더불어 행복한 삶'에서 벗어나고 있는지를 느껴볼 필요가 있다.

우리는 지금 행복한 삶을 살고 있는가? 만약 행복한 삶을 살고 있지 않다면, 그 이유는 어디에서 찾을 수 있는 것일까? 그 이유를 살피려면 우리가 살아왔던 우리의 근대사를

---

1) 주희는 『大學章句序』에서 "於國家化民成俗之意, 學者修己治人之方, 則未必無小補云." 이라고 말하고 修己治人의 네 글자는 大人之學인 『大學』의 본체와 작용, 강령과 조목을 모두 포괄했다고 했다.

돌아보는데서 시작해야 할 것이다.

　□ 우리의 최근 반세기를 돌아보면 엄청난 축복의 시기였
　　음을 알 수 있다.

지난 반세기동안에 우리나라는 경제발전과 민주화라는 두
마리의 토끼를 한꺼번에, 그것도 비교할 나라가 없을 정도로
짧은 기간에 잡아 낸 축복받는 나라가 되었다.
　국가라는 관점에서 보면 우리의 숙명이라 여겼던 가난의
굴레를 벗어 던지고 세계 유수의 경제 대국으로 자리매김하
게 되었으며, 서구의 자유민주주의를 수용하여 모범적 민주
주의국가로 성장하였고, 개인의 관점에서 보면 자유민주주의
는 우리의 자유와 권리를 한껏 신장시켜 주었고, 자본주의와
과학기술의 발전은 우리의 물질적 풍요를 가져다주었다.

　사실 우리는 요즈음 엄청난 경제적 풍요와 자유·권리의
신장을 만끽하고 있다. 언제부터인가 우리의 식탁에는 칠레
산 와인, 호주산 쇠고기가 오르기 시작했으며, 한 달에 몇
번 외식시켜 주지 않는 남편은 무능한 남편이 되어가고 있으
며, 일 년에 한두 번 해외여행 하지 않으면 문화인 축에 끼
이지도 못하게 되어가고 있는 삶을 살고 있는 것이다.
　또 우리의 권리 주장은 어떤가? 우리는 언제부터인가 너무
나 당당히 국가를 나무라며, 정치인을 욕하며, 정부의 무능
을 질타하며, 툭하면 머리띠를 두르고 거리에 나가 앉기를

주저하지 않고 있는 것이다.

□ 그런데……. 그런데 지금 우리는 행복한가? 대답은 엇갈릴 수 있겠지만 정신적으로는 도리어 각박해졌다는 것을 누구나 느낄 것이다. 물질적 삶의 풍요로움만으로는 정신적 삶의 공허함을 극복할 수 없다는 것을 느끼고 있는 것이다. 이것은 절름발이 행복이다. 정신적으로 마음이 편안한 가운데 물질적으로도 풍요로움을 즐길 수 있어야만 진정한 행복이라 할 수 있다. 그러면 우리의 정신적 삶이 각박해진 것은 무엇에 연유하는가? 나름 다음 세 가지를 생각해 볼 수 있을 것이다.

1) 지나친 개인주의

지금 우리의 머릿속에는 '나'만 있고 '내 이익'만 있고 '내 권리'만 있다. 이것은 서구의 자유민주주의와 자본주의 체제가 가져다 준 결과일 수도 있고 이러한 것들을 우리가 잘못 학습한 결과일 수도 있을 것이다.

그런데 이 세상에는 '나', '내 이익', '내 권리'만 생각해서는 풀리지 않는 많은 문제들이 있으며 그 문제들은 양적으로 늘어나고 있고 질적으로 악화되어 가고 있다.
예컨대 사회적 격차의 문제를 생각해 볼 수 있다. 지나친 개인주의의 추구는 빈부, 지식, 기회 등 각종 사회적 격차를

확대하는 쪽으로 작용하여 개인의 상대적 박탈감을 부추기게
되고 더 나아가 사회적 갈등을 키우는 쪽으로 작용하게 된
다.

또 지나친 개인주의는 남의 권리를 해치고 남의 기회를 빼
앗는 쪽으로 작용하여 결국 더불어 사는 삶이 추구하는 사회
적 행복을 앗아가는 결과를 초래하고 있는 것이다.

2) 지나친 利의 추구

'利(이익, 이윤)의 추구'는 부정할 수 없는 인간의 본능적
욕구일 것이다. 오늘날 자본주의를 이끌어 가는 주체인 기업
은 이윤추구를 제일의 목표로 삼고 있다. 우리가 누리고 있
는 물질적 풍요는 利를 추구하는 개인적 욕구와 이를 달성시
키는 기업이라는 사회적 시스템이 결합한 결과라고도 볼 수
있다.

그러나 이 '利'는 절제가 필요한, 절제되어야만 하는 욕망
이다. 과도한 '利의 추구'는 지구 차원에서는 자원의 낭비를
가져오고 공해를 유발하며, 사회경제적으로는 경기 순환을
악화시키고 독점적 폐해를 키우며, 사회적 비용을 증가시킨
다.

또 개인적으로는 義로운 삶을 해치고 사회적 인간관계를
악화시키기 쉽다. 예컨대 불량식품의 문제는 개인의 잘못된

'利의 추구'에서 비롯되는 것으로서 개인으로서의 義를 저버리며 사회적 건강을 해쳐 결국은 사회적 비용을 증가시키는 것이다.

또 '利'는 사회적 갈등을 유발시키는 요인으로 작용한다. 오늘날 일어나고 있는 사회적·경제적 갈등은 대부분 '利'를 둘러싸고 일어나고 있다고 해도 과언이 아닐 것이다.

3) 사회적 차원에서의 상대적 박탈감의 확대

사람은 사회적 동물이므로 서로가 서로를 한편으로는 의지하지만 한편으로는 경쟁하면서 살아가게 된다. 그러므로 우리는 스스로의 삶만 생각하면서 사는 것이 아니라 남의 삶도 함께 비교하면서 살아가게 된다. 그런데 나의 삶이 남의 삶에 비교하여 바람직하지 않은 방향으로 월등히 차이가 나게 되면, 또 그것이 합당한 이유가 없는데도 그렇다고 생각하면, 이러한 현상에 누구나 심한 거부감과 박탈감을 느낄 것이다. 그런데 이런 박탈감이 개인적 차원이라면 개인의 문제에 그치고 말 것이지만 사회적 차원에서 이런 박탈감이 확대된다면 이것은 사회적 연대감의 상실로 이어지고 또 이것은 곧바로 정치적 문제로 비화된다.

정치의 요체를 여러 관점에서 말할 수 있지만 '백성을 편안하게 하는 것'(安百姓)[2]이 정치라 할 수 있을진대 사회적

---

2) 孔子는 헌문편에서 "子路問君子. 子曰: 脩己以敬. 曰: 如斯而已

차원에서의 박탈감은 백성의 마음이 편안하지 못한 중요한 요인일 것이며 이것은 결국 국민의 사회적 행복을 앗아가게 될 것이다.

□ 문제의 실마리를 어디에서 찾을 것인가?

孔子는 문제가 있으면 풀어야 함을 강조하면서 '說而不繹'3)이란 말을 하고 있다. 어떤 말을 듣고 '기뻐하기만 하고 그 실마리를 찾지 않는다.'는 뜻인데 이러한 태도는 문제 해결에 아무런 도움이 되지 못한다.

우리가 살고 있는 삶이 행복한 것이 아니라면, 그리고 그것의 원인을 진단했다면 그 다음은 그것을 푸는 실마리를 찾아야 할 것이다.

다행히 최근 그 실마리가 될 듯한 움직임을 발견할 수 있는데 국가적으로 인문학에 관심을 갖고 人性교육 문제를 거론하고 있는 것이 그것이다.

乎? 曰: 脩己以安人. 曰: 如斯而已乎? 曰: 脩己以安百姓. 脩己以安百姓, 堯舜其猶病諸!"라고 하여 "安百姓"을 정치의 요체이자 군자가 덕행을 쌓고 학문하는 궁극적 목표로 삼았다.
3) 자한편에서 子曰: "法語之言, 能無從乎? 改之爲貴. 巽與之言, 能無說乎? 繹之爲貴. 說而不繹, 從而不改, 吾末如之何也已矣."라고 하여 듣고 배워도 깨닫고 행하는 것이 더 중요하다는 것을 강조했다.

이 책도 이런 차원에서 孔孟이라는 古典(실은 『論語』와 『孟子』 등의 경전)에서 인성의 실마리를 찾아보려는 것이다.

3. 孔孟에서 무엇을 배울 수 있을까?

孔孟의 學, 즉 儒學을 알기 쉽게 표현하여 군자학(君子學), 도학(道學), 심학(心學)이라고 한다.

바람직한 인격인상(人格人像)으로서의 군자(君子)를 지향하는 학문, 사람의 올바른 道를 탐구하는 학문, 사람의 마음(心) 즉 人性을 다루는 학문이라는 뜻이다.

이러한 孔子學은 몇 가지 특징이 있다.

간단히 적시해 보면 人本主義, 인간관계중심, 현실긍정, 배움과 有爲의 중시 등으로 나누어 볼 수 있다.

人本主義는 사람은 그 마음에 하늘의 이치를 품수하고 있어 하늘에 필적할 만한 주체적 인격을 갖고 있으며 그 하늘의 이치를 실천하는 것이 바로 道라는 사람중심 사상을 의미하며, 인간관계중심은 개인의 주체적 인격의 함양은 결국 사람과 사람과의 관계인 인륜의 질서를 확립하기 위한 것으로 더불어 사는 삶을 중시하는 사상이다.

또 현실긍정은 孔子의 道가 공허한 이상주의를 추구하는 것이 아니라 현실에 바탕을 둔, 현실적 문제를 탐구한다는 의미이며 배움과 有爲의 중시는 孔子의 道는 배움을 통해, 그리고 그것의 실천을 통해 '有爲' 즉 무언가 바람직한 것을 행함을 추구한다는 의미이다.

孔孟은 우리에게 무엇을 가르치고 있는가?

우리는 그것을 孔子사상을 대표하는 『論語』를 설명하는 다음의 상징적 표현을 보면 그 느낌을 알 수 있다.

◆ 『論語』를 읽는다는 것은 인생의 척도와 거울을 가지고 있는 것과 같다.(程子)
◆ 『論語』는 천하에 통용되는 인간의 길을 제시하고 있다.(이덕일, 『내 인생의 論語, 그 사람 孔子』)
◆ 『論語』는 우리에게 '사람인가'를 묻고 있는 책이다.(윤재근, 『사람인가를 묻는 論語』)

이제 그 하나하나의 실마리를 찾아가 보자.

1) 사람이 가야할 길

사람이 사람답게 살기 위해 가야할 바른 길!
孔孟은 그것을 '하늘의 이치 [天理] 를 따르는 것'이라고 하고 있다.

■ **天命之謂性 率性之謂道 修道之謂敎** (『中庸』제1장)
　천명, 그것을 일러 性이라 하고 그 性을 따르는 것을 道라 하
　고 그 道를 닦는 것을 敎라고 한다.

이 말의 요지는 우리가 가야 할 길(道)은 우리의 마음의
본성(性)을 따르는 것인데, 그 性은 우리가 태어날 때부터
품수된 하늘의 이치(天命, 즉 天理)라는 것과, 그 길을 제대
로 가려면 성인의 가르침을 잘 배워야 한다는 것이다. 이를
부연 설명하면 다음과 같다.

첫째, 우리의 마음의 본성은 곧 하늘의 마음(天理)이며 그
마음은 착하다.

儒家에서 설명하는 하늘의 마음은 천지만물을 낳고 기름에
그 재질에 따라 독실히 하고자 하는 따뜻한 마음으로(天地生
物, 必因其材而篤焉)[4] 천지가 제자리를 찾아 편안해지며 만
물이 잘 자라는 것을 그 근본이치로 삼으며(天地位焉, 萬物
育焉)[5] 그 운행원리는 진실 되고 망령됨이 없이 언제나 한
결같다(誠)[6]. 그러므로 그 마음은 언제나 善하다고 한다.(孟

---

[4] 『孟子』 公孫丑上集註 "天地以生物爲心, 而所生之物因各得夫天地
　生物之心以爲心, 所以人皆有不忍人之心也."
　『中庸』 17章 "天之生物, 必因其材而篤焉."
[5] 『中庸』 1章 "致中和, 天地位焉, 萬物育焉." 참조.

子의 性善說)

그런데 이 하늘의 마음 즉 우리 마음의 본성은 그대로 드
러날 수가 없고 실제 드러나는 마음은 본성이 氣와 결합하여
나타나는 情인데(理氣論) 그 情은 우리가 갖고 있는 氣의 맑
고 흐림의 정도에 따라, 또는 우리가 외물과 접할 때 생기기
쉬운 人慾에 따라 善할 수도 있고 善하지 않을 수도 있게 된
다고 한다.(心性論) 그러므로 우리 마음의 본성의 착함을 찾
아 지키는 마음공부가 중요해진다.

두 번째는 본성을 따르기 위해서는 앎(知)의 확충이 필요
한데 이것의 핵심적 방법은 성인이 품절해 놓은 가르침을 열
심히 배우는 것이다. 이 배움의 방법을 孔子는 '博文約禮(널
리 배우고 예로서 요약하여 지킴)'7)로 설명하고, 송대의 朱
子는 居敬窮理8)(마음을 한 곳에 〈孔子의 道를 실천하는데
또는 천리를 터득하는데〉 집중시키고 사물의 이치를 궁구하
여 내 마음의 이치에 이름)로 설명한다.

---

6) "誠"은 眞實無妄을 말함이고 『中庸』 일편의 대요이기도 하다.
　　『孟子』 이루장하 "是故誠者, 天之道也; 思誠者, 人之道也. 至誠
　　而不動者, 未之有也; 不誠, 未有能動者也." 참조
7) 『論語』 雍也篇과 『論語』 顔淵篇 "君子博學於文, 約之以禮, 亦
　　可以弗畔矣夫!" 참조. 여기에서의 "文"은 學問을 말하며 "禮"는
　　대인관계의 조화와 협력을 위한 절제와 의식을 말한다. "約"은
　　몸가짐이다.
8) 『論語』 爲政篇의 集註 "君子大居敬而貴窮理也"와 『易』 說卦傳
　　의 "窮理盡性以至於命" 참조. 居敬, 즉 마음이 외물이 이끌리지
　　않고, 천리를 궁구하고 인성을 극진히 하여 천명에 이른다는
　　뜻.

그런데 이 배움의 공부는 모든 일을 자기에게 돌이켜 생각해야 하며(反求諸己)9), 인격자가 되고 안 되는 것은 자기에게 달린 것이므로(爲仁由己)10), 오로지 스스로 힘써 배움을 그치지 않아야 한다.(自强不息)11)

2) 사람다운 사람

孔孟은 사람다운 사람의 전형적 人格人像으로 君子12)라는 개념을 제시한다.

'君子'라는 말은 비록 孔子가 만든 말은 아니지만 (원래 임금의 아들, 귀족계급의 의미로 쓰였다고 한다) 孔子가 이를 '成德之人'13)(德을 이룬 사람, 또는 德을 이루려고 노력하는 사람)의 뜻으로 쓰게 되면서 孔子가 추구하는 전형적 인격인을 지칭하게 되었다고 한다.

---

9) 『論語』 衛靈公篇의 "君子求諸己, 小人求諸人" 참조. 이는 군자와 소인이 구별되는 이유이기도 하다.

10) 『論語』 顏淵篇의 "顏淵問仁. 子曰: 克己復禮爲仁. 一日克己復禮, 天下歸仁焉. 爲仁由己, 而由人乎哉?" 참조.

11) 『易』 乾卦 "象曰, 天行健, 君子以自强不息" 참조.

12) 군자의 개념은 넓어서 한마디로 정의하기가 어렵지만 『禮記』 曲禮上篇의 "博聞强識而讓, 敦善行而不怠, 謂之君子"(견문을 넓히고 기억하기를 잘하며 겸양하며, 선행을 돈독히 하고 나태하지 않으면 군자라 할 수 있다.)란 구절은 참고할 만하다.

13) 儒學에서의 成德개념도 한마디로 정의하기가 어렵지만 『論語』 衛靈公篇의 "志士仁人, 無求生以害仁, 有殺身以成仁."을 참고할 만하다. 朱子는 集註에서 "仁人"을 "成德之人"이라 정의하고 있다.

그러면 어떤 사람이 君子인가?

『論語』를 보면 군자가 어떤 사람인지를 정의 내린 것은 없지만 군자의 속성, 특징 등을 언급한 수많은 글들을 접하게 된다.

상식적으로 정의해 보면 군자는 앞서 설명한 '사람이 가야 할 바른 길을 실천하는 사람'으로 생각해 볼 수 있다.

이 말은 바꾸어 '하늘의 이치를 본받아 善을 추구하는 사람'이라고도 할 수 있겠다.

그런 사람은 사람으로서 갖추어야 할 德(仁·義·禮·智·信)을 갖춘 사람이기도 하다.

여기서는 두 가지 점만 강조하기로 하겠다.

그 하나는 군자는 以己及人, 成己成物을 위해 노력하는 사람이라는 것이다.

▣ 夫仁者는 己欲立而立人하며 己欲達而達人이니라 (옹야 편 28)
仁者는 자신이 서고자 함에 남도 서게 하며, 자신이 통달하고자 함에 남도 통달하게 하는 것이다.

▣ 君子는 誠之爲貴니라 誠者는 非自成己而已也라 所以成物也니 成己는 仁也요 成物은 知也니 性之德也라

(『中庸』25)

군자는 성실히 함을 귀하게 여기는 것이다. 誠이란 것은 자신을 이룰 뿐만 아니라 남을 이루어주니 자신을 이룸은 仁이요 남을 이루어 줌은 智이니 이는 性의 德이다.

위의 두 글의 뜻은 군자는 자기의 인격을 완성하기 위해 노력하는 자이지만 그 노력(誠之)을 통해 이미 스스로 이룸이 있으면 자연히 그 이룬 것이 남에게 미쳐 道가 또한 남에게도 행해짐을 말한 것이다.

그러므로 스스로 성실하여 敬(겸손, 사양하는 마음)으로 자기를 지키고, 恕(자기가 하고자 하지 않는 것을 남에게 베풀지 않음, 즉 己所不欲 勿施於人)로써 남에게 미치는 사람이라야 군자라 할 수 있다.

따라서 군자는 남의 아름다운 점(장점)은 이루어주게 하고 남의 나쁜 점(단점)은 저질러지지 않도록 도와주는 사람이며(成人之美 不成人之惡, 안연편 16), 이러한 德을 가졌으므로 결코 외롭지 않아 반드시 이웃과 함께 살아갈 수 있으며(德不孤 必有隣, 이인편 25), 진실 되고 공정한 마음으로 사람을 좋아할 수도 미워할 수도 있을 것이다.(惟仁者 能好人 能惡人, 이인편 3)

다른 하나는 군자는 義를 판단과 행동의 기준으로 삼는다는 점이다.

■ 子曰 君子는 喩於義하고 小人은 喩於利니라 (이인편 16)

孔子께서 말씀하셨다. "군자는 義에 깨닫고 소인은 利에 깨닫는다."

■ 子曰 君子之於天下也에 無適也하며 無莫也하여 義之與比니라 (이인편 10)

孔子께서 말씀하셨다. "군자는 천하에 오로지 주장함도 없으며 오로지 부정함도 없어서 義를 좇을 뿐이다."

윗글의 요지는 군자가 되고 못되는 것은 그가 義에 좇아 행동하는가, 그렇지 않은가에 달렸다는 것이다.

윗글에서 喩는 깨닫다, 밝히다의 뜻이니 윗글을 '군자는 義를 밝히고 소인은 利를 밝힌다.'로 생각하면 더 실감이 날 수도 있을 것이다.

군자와 소인은 여러 면에서 대비되지만 군자와 소인을 가르는 가장 큰 차이점은 義를 좇느냐 않으냐의 차이이다.

利는 소인이 가장 좋아하는(밝히는) 대상이다. 그래서 孔子는 '얻는 것을(得, 이것은 利이다) 보거든 義를 생각하라'(見得思義)[14]고 하고 있는 것이다.

그러면 義란 무엇인가?

---

14) 『論語』 季氏篇에 "君子有九思: 視思明, 聽思聰, 色思溫, 貌思恭, 言思忠, 事思敬, 疑思問, 忿思難, 見得思義."라 하고 集註 "思義, 則得不苟."라 하였으니 義를 생각하면 얻는 것이 구차하지 않다는 뜻이다.

朱子는 義를 '天理之所宜'15)(하늘의 이치의 마땅한바) 또는 '制事之本'16)(일을 다스리는 근본)으로 풀이하고 있는 바이는 '옳음'(도덕적 정당성) 또는 '마땅함'(상황적 정당성)을 겸한 의미를 갖는다.

윗글에서 '군자는 오로지 주장함도 없고 오로지 부정함도 없다'는 말은 義는 내면적 판단(도덕적 정당성)과 상황적 판단(상황적 정당성)을 아울러 판단하여야 함을 말한 것이라 볼 수 있을 것이다.

孔子는 『論語』에서 수없이 君子와 小人을 대비시키고 있다.

이것은 군자와 소인을 극명하게 그 차이를 드러냄으로써 배우는 자로 하여금 부지불식간에 군자의 처신과 마음을 갖도록 하려는 것이려니와 어떻게 보면 군자와 소인은 각기 별개의 사람이 아니라 한 사람의 마음의 두 지향(志向)을 뜻하는 것으로도 볼 수 있다. 즉 어떤 일에 부딪혔을 때 사람은 군자의 마음으로 그 일을 바라볼 수도 있고 소인의 마음으로 그 일을 바라볼 수도 있으니 사람은 항상 군자의 마음을 좇도록 하라는 것을 말하고 있다할 것이다.

---

15) 『論語』 里仁篇에 "君子喩於義, 小人喩於利."라 하고 集註에 "義者, 天理之所宜."라 했다.
16) 『論語』 衛靈公篇의 "君子義以爲質, 禮以行之, 孫以出之, 信以成之. 君子哉!"라 하고 "義者制事之本."이라 했다.

3) 사람다운 사람의 德目

孔孟은 사람다운 사람이 갖추어야 할 가장 기본적인 德目을 '仁'이라고 하고 있다.

仁은 딱 한마디로 정의할 수 없는 큰 말(本心之全德)[17]로서 하늘이 천지만물을 낳아주고 길러주는 따뜻한 마음, 즉 '하늘의 마음' 정도로 생각해 두는 것도 괜찮을 듯싶다.(天地生物之心而人得以生者, 『中庸』)

仁은 하늘이 천지만물을 덮어주고 땅이 실어주듯 차별이 없는 마음이며, 만물이 제 자질대로 자라 자기 자리로 찾아갈 수 있도록 한 결 같이 도와주는 성실한 마음인 것이다.

孟子는 仁을 더욱 세분하여 仁·義·禮·智·信의 五常[18]으로 설명하였지만 이들 모두는 仁의 개념에 포함시킬 수 있는 것으로 仁은 孔子의 道를 상징하는 대표 덕목이라 할 수 있다.

孔子가 『論語』에서 仁에 대해 수많은 말씀을 하셨지만 그 말들은 仁 자체를 설명한 것이 아니라 仁의 행함(爲仁, 行仁)에 관하여 말씀하신 것으로 그 때 그 때 배우는 자의 성품과 자질에 맞게 표현하신 것이다.

---

17) 『論語』 顏淵篇 問仁章의 集註에서 "仁者, 本心之全德."이라 했다.

18) 『孟子』 公孫丑上의 "惻隱之心, 仁之端也; 羞惡之心, 義之端也; 辭讓之心, 禮之端也; 是非之心, 智之端也.人之有是四端也." 참조.

그러므로 그 하나하나가 다 의미가 있지만 '仁'이라 하면 다음 글 정도는 새겨두고 있어야 할 것이다.

■ 顏淵問仁한대 子曰克己復禮爲仁이니 一日克己復禮면 天下歸仁焉하리니 爲仁由己니 而由人乎哉아 顏淵曰請問其目하노이다 子曰非禮勿視하며 非禮勿聽하며 非禮勿言하며 非禮勿動이니라 顏淵曰 回雖不敏이나 請事斯語矣니이다 (안연편 1)

안연이 仁을 묻자 孔子께서 말씀하셨다. "자기의 사욕을 이겨 禮에 돌아감이 仁을 하는 것이니, 하루 동안이라도 사욕을 이겨 禮에 돌아가면 천하가 仁을 허여하는 것이다. 仁을 하는 것은 자기 스스로에게 달려 있으니 어찌 남에게 달려 있는 것이겠는가?" 안연이 "그 조목을 묻겠습니다."하고 말하자 孔子께서 말씀하셨다. "禮가 아니면 보지 말며, 禮가 아니면 듣지 말며, 禮가 아니면 말하지 말며, 禮가 아니면 행하지 말아야 하는 것이다." 안연이 말하였다. "제(回)가 비록 불민하오나 청컨대 이 말씀을 종사하겠습니다."

■ 仲弓問仁한대 子曰 出門如見大賓하고 使民如承大祭하며 己所不欲을 勿施於人이니 在邦無怨하며 在家無怨이니라 仲弓曰 雍雖不敏이나 請事斯語矣리이다 (안연편 2)

중궁이 仁을 묻자 孔子께서 말씀하셨다. "문을 나갈 때는 큰 손님을 뵈온 듯 하며, 백성들에게 일을 시킬 때에는 큰 제사를 받들 듯이 하고 자기가 하고자 하지 않는 것을 남에게 베풀지 말아야 하니, 이렇게 하면 나라에 있어서도 원망이 없으

며 집안에 있어서도 원망함이 없을 것이다." 중궁이 말하였
다. "제(雍)가 비록 불민하오나 청컨대 이 말씀을 종사하겠습
니다."

仁은 자기 마음의 실천의지가 중요하다. 그래서 孔子는 '인
을 행하는 것이 자기로부터 말미암는다'(爲仁由己)고 위에서
말씀하고 있는 것이다.

이런 뜻은 '仁이 멀리 있는가? 내가 仁을 행하고자 하면
仁이 당장 〈나에게〉 이르는 것이다.'(仁遠乎哉 我欲仁 斯
仁至矣, 술이편 29)라는 글에도 나타나 있다.

또 仁을 행하는 것은 일상의 가까운 데부터 찾아야 한다.
(能近取譬 可謂仁之方也己, 옹야편 28) 그래서 『中庸』에서
는 '道는 사람과 멀리 떨어져 있지 않다(道不遠人)'[19]고 하
며 道의 실천은 부부사이에서부터 시작된다고 하고 있는 것
이다.

4) 바람직한 人性

□ 삶의 행복을 추구하는 '나' 즉 '人間'을 바라보는 두 가
지 시각이 있다고 한다.(마이클 센델, 『정의란 무엇인
가』)

---

19) 『中庸』 12~13章 "君子之道, 造端乎夫婦, 及其至也, 察乎天地.
子曰：道不遠人, 人之爲道而遠人, 不可以爲道." 참조.

그 하나는 나 개인의 주체적 의사를 존중하는 '나'이고 다른 하나는 '더불어 사는 존재로서의 '나'이다.

전자를 '자유주의적 자아(自我)'라 하는데 나의 정체성은 나의 자유의사에 있으며 이 자유의사를 관철하는 것이 행복한 삶이라는 입장을 취한다.

이런 관점에 서면 나의 자유의사에 반하는 사회적 의무 예컨대 내 나라, 내 역사와 관련된 의무, 충직의무, 연대의무 등은 부정되고 오로지 내 자유와 권리의 극대화를 지향하게 된다.

후자를 '서사적(敍事的) 자아'라고도 하는데 나의 정체성은 '어딘가에 소속된 나'에 있으며 내가 소속된 그 어딘가가 요구하는 공동체적·전통적 요구(즉 사회적 의무)를 나의 의무로 여기며 사는 것이 행복한 삶이라는 입장을 취한다.

이런 관점에 서게 되면 나의 자발적 의사뿐만 아니라 사회적 의무도 긍정하게 되며 더불어 사는 삶이 추구하는 가치, 이른바 공동선(共同善)의 추구를 지향하게 된다.

이러한 두 가지 관점과 관련하여 보면 우리의 지난 반세기는 철저히 '자유주의적 자아'에 경도된 삶을 살아 왔음을 알 수 있다.

그 결과 우리는 '나'만을 위해, 내 이익·내 권리만을 추구하는 삶을 살아 왔다고 해도 과언이 아닐 것이다.

이런 가치관 속에 살아 온 삶이 진정한 행복이 될 수 없다는 것은 앞에서 본 바와 같거니와, 이러한 가치관을 추구하는 우리의 人性이 바람직한 人性은 결코 아닐 것이다.

　□ 어느 것이 옳을까? 어느 것이 우리 모두의 행복을 가
　　져다주는 것일까?

만일 공동선의 추구가 더 바람직한 삶의 자세라는데 동의
한다면 그것은 마이클 센델의 주장에 동의하는 것이고, 그것
은 또 孔孟의 가르침에 동의하는 것이 될 것이다.

孔孟이 주장하는 '仁'은 사회적 미덕, 공동선의 또 다른 표
현에 다름 아니기 때문이다.

우리가 지난 반세기의 삶이 결코 진정한 행복을 가져다주
는 것이 아니라는데 인식을 같이 한다면, 우리는 지금까지
추구한 삶의 태도가 아닌 새로운 가치관에 의한 삶의 태도를
발견하여야 하고 거기에서 새로운 人性을 찾아 나가야 할 것
이다.

그것을 우리는 우리 동양의 고전인 孔孟(이것은 기실 孔子
와 孟子가 지은 『論語』, 『孟子』 등의 경전을 지칭한다)
에서 발견할 수 있다고 믿는다.

孔孟은 우리를 하늘이 가진 따뜻한 마음, 나와 함께 남을
생각하는 마음을 가진 군자가 되라고 가르쳐 왔으며 그것은
곧 나를 이루는 길이고 나아가 남도 이루어 주는 길이라 하
고 있기 때문이다. 또 孔孟은 개인주의의 극대화, 이익의 극
대화와 같은 한쪽으로만 치우친 주장은 결코 행복을, 바람직
한 삶을 보장해주지 않는다고 말한다.

그것이 바로 孔子가 강조한 中庸사상이며, 음양의 순환을 자연법칙으로 생각하는 동양사상의 핵심이기 때문이다.

여기서 한 가지 강조해 둘 것은 지금까지 심취해 온 서구의 '자아주의적 자아로서의 삶'이 무조건 나쁘다는 것은 아니라는 점이다.

다만 지금까지의 삶이 그것에 지나치게 경도되어 왔음을 지적할 뿐으로서 그 시계추를 '서사적 삶'의 방향으로 돌려야 함을 얘기하고 있을 뿐이다.

사랑이든 은혜든 주고받아야 완전한 것이 되듯이 어느 일방으로의 치우침은 결코 완전한 행복을 가져다주지 못할 것이기 때문이다.

제2강 儒學의 주요 개념과 그 상관관계

　우리가 유학을 나름 하나의 학문으로 이해하려면 유학의 주요 개념과 그들의 상관 체계를 이해할 필요가 있다.

　앞서 유학의 일반적 특성을 살펴볼 때 人本主義, 인간관계 중심, 현실긍정, 배움과 有爲의 중시 등을 거론한 바 있거니와 이것은 유학이 사람을 탐구대상으로 하는 사회과학이라는 점에서 사람과 자연과의 관계, 사람으로서 추구해야할 규범적 가치, 사람과 사람과의 관계 등이 주요 관심 대상임을 알 수가 있으며, 또 그 내용으로는 바람직한 사람이 걸어가야 할 道가 무엇인지, 이를 이루기 위해서는 바람직한 人性, 바람직한 사회관계는 어떻게 정립할 수 있는지 등을 생각해 볼 필요가 있음을 알 수 있다.

　이 장에서는 유학의 주요 개념과 그들의 관련체계, 또 유학의 실천적 접근방법 등을 살펴보기로 한다.

1. 天命(天理)·性·道와의 관계

유학의 핵심개념과 그 상관관계를 가장 간명하게 설명하고 있는 것이 다음의 『中庸』 제1장의 내용이다.

　■　**天命之謂性 率性之謂道 修道之謂敎** (『中庸』1장)
　　天命, 즉 天理 그것을 일러 性이라고 하고, 그 性을 따르는 것을 道라고 하고, 그 道를 품절(品節)해놓은 것을 敎라고 한다.

이하 이를 몇 단락으로 나누어 설명하기로 한다.

　□ 먼저, 天命之謂性(天命과 性과의 관계)

유학은 天命 즉 天理[20]를 사람이 추구해야할 궁극적 가치로 삼고 있다.(물론 도덕적 측면에서의 그 keyword는 仁이다.)

유학은 하늘을 사람과 별개로 동떨어진 존재가 아니라 사람 속에 함께 깃들어 있는 존재로 인식하고 있는바, 그러한 인색체계의 표현이 윗글 첫 단락 '하늘의 이치, 그것을 일러 性이라 한다.'이다.

부연하면 천지만물(天地萬物)을 지배하는 지고지선(至高至

---

20) 天命은 하늘의 측면에서 말한 것이고 天理는 이치(義)의 측면에서 말한 것임. 마찬가지로 性은 사람의 측면에서 말한 것이고 心은 몸을 주관한다는 측면에서 말한 것임.

善)의 불변적 진리인 天理가 사람이 태어날 때부터 그 마음
의 本性에 품수되어 우리의 本性은 하늘의 이치 그 자체라는
말이 된다.

그러므로 우리의 本性은 하늘의 마음을 닮아 절대적으로
善하며 우리는 그러한 본성을 잘 실현함으로써 聖人의 경지
에 나아갈 수 있게 된다.

따라서 하늘과 사람의 이러한 관계 속에서 우리의 人格의
존엄이 담보되며, 인격적 주체로서의 도덕적 삶이 보장받게
된다할 것이다.

그러나 사람이 이러한 본성을 갖고 있다는 것만으로는 바
람직한 人格人이 되지는 않는다는 것을 윗글 다음 단락이 설
명하고 있다.

□ 率性之謂道(性과 道와의 관계)

윗글 첫 단락은 本性이 하늘의 이치 그 자체라는 것을 설
명했다면, 두 번째 단락 率性之謂道는 그 本性과 우리가 추
구하는 道와의 관계를 설명한 것으로써, 직역하면 '本性을 따
르는 것, 그것을 道라 한다.'가 된다.

이것은 사람은 사람으로서 추구해야할 바른 길인 道를 실
천해야 하는데 이 道는 곧 위 단락의 本性을 그대로 좇아 따
르는 것이라는 의미가 된다.

이 말에는 우리의 道는 구체적 言行을 통해 드러나게 되는
데 그 言行은 또 마음의 작용에 의존하게 되므로 우리 本性

이 구체적 言行으로 표출되기 위해서는 마음의 작용이 本性을 그대로 따라야만 한다는 전제가 들어있다.

그런데 불행히도 우리의 마음은 다음 정자(程子)의 말에서 보듯이 저절로 本性을 따르게 되는 것이 아니라 어떤 노력이 따라야만 하는 것이다.

천지가 精氣(氣)를 쌓아 만물을 낳았는데 五行(金, 水, 火, 木, 土)의 빼어난 정기를 얻은 것이 사람이니 그 본체는 참되고 고요하다. 이것(氣)이 미발(未發)했을 때에는 五性이 구비되어 있으니 仁, 義, 禮, 智, 信이다. 그리고 형체가 이미 생기고 나면 외물이 그 형체에 접촉되어 마음이 움직인다. 그 마음이 움직여 七情이 나오니, 喜, 怒, 哀, 懼, 愛, 惡, 欲이다. 감정이 이미 성해서 더욱 방탕해지면 그 본성을 잃게 된다. 그러므로 선각자는 情을 단속하여 중도(中道)에 합하게 하고 그 마음을 바루어 본성을 기를 뿐이다. 그러나 반드시 먼저 마음을 밝혀서 갈 곳을 안 뒤에야 힘써 행하여 道에 이르기를 구할 수 있는 것이다. (『論語』옹야편 2장 註釋)

이 말을 살펴보면 우리가 本性을 그대로 좇을 수 없는 이유로서 우리의 마음은 잠재된 형태(未發)로서의 本性과 외물과 접촉되어 밖으로 드러나는(己發) 형태로서의 情의 두 가지가 있어서 우리가 구체적 言行으로 어떤 행위를 표출할 때 드러나는 것은 잠재된 本性 그 자체가 아니라 氣의 영향을 받는 情으로 이 情이 本性이 갖고 있는 善性을 유지하려면 마음을 통제하는 어떤 노력이 필요하며 그런 노력이 따를 때 率性(본성대로 따름)이 이루어지게 된다는 것이다.

이처럼 우리의 마음에는 本性(불변적 바탕으로서의 이른바 '體'이다.)과 情(마음의 작용으로서 이른바 '用'이다.)이 함께 하고 있는바 이러한 관계를 유학에서는 心統性情[21](마음은 性과 情을 통괄한다.)이란 말로 설명하고 있다.

우리는 여기에서 率性이란 이러한 마음의 작용을 통제하여 밖으로 드러나는 情이 본래의 本性과 같은 善性을 유지하고 자하는 노력이란 것을 알 수 있는바 이것을 어떻게 해야 하는가가 『中庸』 제1장의 마지막 단락이 설명해준다.

그런데 마음의 작용으로 드러나는 情은 왜 本性의 절대적 善性을 간직하지 못하는 것일까? 여기에는 두 가지 원인이 있다고 한다.

그 하나는 사람과 사물의 氣가 다르듯이 사람마다의 氣도 맑고 탁함이 있어 사람마다 타고난 資稟(이것을 才라 표현하기도 한다.)이 다르기 때문이다. 이 資稟의 차이에서 이른바 生而知之者[22](나면서부터 道가 무엇인지를 아는 사람)도 있

---

21) 『朱子語類』의 "性只是理. 氣質之性, 亦只是這裏出. 若不從這裏出, 有甚歸着. 如云「人心惟危, 道心惟微」, 道心固是心, 人心亦心也. 橫渠言 : 心統性情."참조.

22) 『中庸』 20章 "혹生而知之, 或學而知之, 或困而知之, 及其知之一也; 或安而行之, 或利而行之, 或勉强而行之, 及其成功一也."참조.

고, 學而知之者(배워서 아는 사람)도 있고, 困而知之者(애써 아는 사람)도 있게 된다.

다른 하나는 氣가 외물과 접촉하는 과정에서 사사로운 人欲이 생기는데 이것을 통제하는 능력이 사람마다 다르기 때문이다. 이에 따라 편안한 마음으로 道를 행하는 사람(安而行之者)도 있고, 이롭다고 여겨 道를 행하는 사람(利而行之者)도 있고, 열심히 힘써 道를 행하는 사람(勉强而行之者)도 있게 되는 것이다.

이렇게 본다면 우리가 道를 실현한다는 것은 결국 마음의 情을 통제하여 本性이 제대로 구현되게 하는 노력이라고 볼 수 있으며, 이 의미를 압축 표현한 것이 곧 '心統性情'인 것이다.

그런데 여기에는 한 가지 의문점이 등장한다. 朱子가 말하는 性理學에서는 理는 氣와 결합하지 않고는 밖으로 드러나 존재할 수 없다는 것과 性卽理에서의 性은 곧 理氣論에서의 理라는것을 알았는데 그렇다면 드러나지 않는 본성의 理를 어떻게 알 수 있으며, 또 안다고 한들 이것을 어떻게 통제해 나갈 수 있는가 하는 것이다.

이것에 대해 孟子는 우리의 마음속에는 절대善이 존재한다는 것을 선험적으로 아는 능력(이것을 良知[23]라 한다)과 마

---

23) 『孟子』 盡心章上의 "孟子曰人之所不學而能者, 其良能也, 所不慮

음을 통제할 수 있는 지각능력(이것을 良能이라 한다)이 있기 때문이라고 하는데 이것을 통해 格物致知(사물의 이치를 궁구하여 지혜에 이르름)함으로써 본성의 이치를 알 수 있게 된다고 한다. 아무튼 우리는 여기에서 마음속의 지혜와 능력을 확충하는 공부가 필요함을 알 수 있다.

□ 修道之謂敎(道와 가르침<배움>의 관계)

『中庸』 제1장의 마지막 단락은 性과 道가 합치되기 위한 노력으로, 다시 말해 率性을 위해서는 敎(가르침, 즉 배움)가 필요함을 말하고 있다.

여기서 敎란 성현의 가르침이란 의미로 성현의 입장에서 말한 것으로 이것을 道를 실천하고자 하는 입장에서 보면 그것은 곧 배움(工夫)이 된다.

朱子는 윗글 주석에서 성현이 天理를 사람에게 적용할 수 있도록 品節(등급화하고 알맞은 절차를 갖춤)한 것이 곧 가르침이며 이것은 구체적으로 禮樂刑政과 같은 제도를 말한다고 하고 있다.

범상인(凡常人)은 이러한 가르침을 따르지 않고는 道에 이를 수 없다. 이 따르는 과정이 곧 배움(工夫)이므로 배우지 않으면 道를 이룬 인격인이 될 수 없다. 그러나 열심히 노력한다면 범상인도 성인의 경지에 도달할 수 있다.

而知者, 其良知也." 참조.

『中庸』 제20장의 다음 글이 이러한 것을 설명해주고 있다.

■ 或生而知之하며 或學而知之하며 或困而知之하나니 及
   其知之하여는 一也니이다 或安而行之하며 或利而行之하
   며 或勉强而行之하나니 及其成功하여는 一也니이다 (『中
   庸』 20장)
   혹은 태어나면서부터 道를 알고 혹은 배워서 이것을 알고, 혹
   은 애를 써서 이것을 아는데 그 앎에 미쳐서는 똑같습니다.
   혹은 편안히 이것을 행하고 혹은 이롭게 여겨서 이것을 행하
   고, 혹은 억지로 힘써서 이것을 행하는데 그 성공함에 미쳐서
   는 똑같습니다.

우리가 好學(열심히 배우기를 좋아함)하고 力行(힘써 배운
것을 실천함)하지 않으면 안 되는 이유를 여기서 볼 수 있
다.

2. 孔子의 道를 이루는 工夫方法

우리는 앞에서 率性하기위해서는 배우지 않으면 안 된다는
것을 알았다. 그렇다면 道를 이루어 실천하기 위해서는 무엇
을 어떻게 배워야 하는가?
먼저 선진유학(先秦儒學)을 탈바꿈하여 性理學으로 집대성
한 朱子가 말하는 工夫방법의 개관을 살펴보자.

孔子는 '사심을 극복하고 禮로 돌아가라(克己復禮)'고 했고, 『中庸』은 '중화를 이룩하고 덕성을 높이고 학문을 추구하라(致中和 尊德性 道問學)'고 했고, 『大學』은 '밝은 德을 밝히라(明明德)'고 했으며, 『書經』은 '인심은 위태롭고 도심은 미미하니 오직 정진하고 전일하며 진실로 중도를 견지하라(人心惟危 道心惟微 惟精惟一 允執厥中)'고 했거니와 성인의 천만마디는 다만 사람들에게 천리(天理)를 보존하고 인욕(人慾)을 소멸할 것을 가르치려는 것이다. (『朱子語類』)

윗글을 살펴보면 각 경전마다 용어를 달리해서 工夫방법을 설명하고 있지만 대체로 두 가지 工夫방법으로 나누어 볼 수 있겠다.

그 하나는 우리 마음에 있는 本性과 情을 잘 가려 살펴 우리의 본성을 굳게 보존해 나가는 것이고, 다른 하나는 우리 마음에 품수된 선험적 지혜를 확충하여 사물의 이치를 궁구하고 이를 통해 본성의 이치를 밝혀나가는 것이다.

이러한 두 가지 工夫방법을 伊川은 用敬과 致知로 설명하고 있고(涵養須用敬 進學則在致知, 덕성을 기르려면 敬을 공부해야 하고 학문의 증진은 앎을 극진히 함에 있다.) 이를 朱子는 居敬과 窮理로 설명하고 있는바 그 대체적 맥락은 같은 것으로 보여 진다.

□ 먼저 本性을 보존하기 위한 마음공부(敬工夫)의 내용을

『中庸章句』를 통해 살펴보자.

일찍이 논하건대 心의 虛靈知覺은 하나일 뿐인데 人心과 道心의 다름이 있다고 한 것은 혹(人心)은 形氣의 私에서 나오고 혹(道心)은 性命의 올바름에 근원하여 지각을 한 것이 똑같지 않기 때문이다. 이 때문에 혹은 위태로워 편안하지 못하고, 혹은 미묘하여 보기가 어렵다. 그러나 이 형체를 가지지 않은 이가 없음으로 비록 上智라도 人心이 없지 못하고, 또한 이 性을 가지고 있지 않은 이가 없음으로 비록 下愚라도 道心이 없지 않으니, 이 두 가지가 마음 사이에 섞여 있어서 다스릴 바를 알지 못하면 위태로운 것은 더욱 위태로워지고 은미한 것은 더욱 은미해져서 천리의 공변됨이 끝내 인욕의 사사로움을 이길 수가 없다.

精은〈人心과 道心〉두 가지의 사이를 살펴 섞이지 않게 하는 것이고 一은 본심의 올바름을 지켜 떠나지 않게 하는 것이니 이에 종사하여 조금도 間斷함이 없어 반드시 道心으로 하여금 一身의 주장이 되게 하고, 人心으로 하여금 매양 명령을 듣게 하면 위태로운 것이 편안하게 되고 은미한 것이 드러나게 되어 動靜과 말하고 행하는 것이 저절로 過不及의 잘못이 없게 될 것이다. (『中庸章句序』)

이 글을 살펴보면 사람의 마음은 하나이지만 그 안에 道心

(本性이 그대로 발현된 善을 잃지 아니한 마음)과 人心(외물에 의해 변화된 마음)이 섞여 있어서 本性의 善性을 잃지 않기 위해서는 道心과 人心을 섞이지 않게 가려내고(精), 또 道心이 一身의 주장이 되게 하여 人心이 자리 잡지 못하도록 하여(一) 道心에 의해 人心이 통제될 수 있도록 함이 중요함을 알 수 있다.

이러한 공부를 敬工夫라하고 있는바 여기서 敬이란 '主一無適' 즉 主一(한가지만을 주장으로 함)하여 無適(다른데로 나아감이 없음)한다는 의미인데, 마음을 어느 곳에도 가지 않게 하고 오로지 한 가지 일에만 집중하는 것을 말하는데 여기서 한자기 일이란 도덕적 법칙(즉 天理의 보존)을 말한다고 한다.

□ 다음은 本性의 이치를 궁구하는 지식공부, 즉 致知공부에 대해 살펴보자.

致知공부는 朱子가 『大學』에서 빠져있는 부분을 보충한 格物補傳章에 그 내용이 다음과 같이 보인다.

이른바 '지식을 지극히 함이 사물의 이치를 궁구함에 있다(致知在格物)'는 것은 나의 지식을 지극히 하고자 한다면 사물에 나아가 그 이치를 궁구함에 있음을 말하는 것이다. 人心의 영특함은 앎이 있지 않음이 없고 천하의 사물은 이치가 있지 않음이 없건마는 다만 이치에 대하여 궁구하지 않음이 있기 때문에 그 앎이 다하지 못함이 있는 것이다. 이 때문에 『大學』에서는 처음 가르칠 때에 반드시 배우는 자로 하여금 모든 천하의 사물에 나아가서 이미 알고 있는 이치를 인하여 더욱 궁구해서 그 極에 이름을 구하지 않음이 없게 하는 것이다.

그리하여 힘쓰기를 오래하여 하루아침에 활연히 관통함에 이르면 모든 사물의 표리정조(表裏精粗)등 전부가 파악되고 내 마음의 전체와 대용이 밝지 않음이 없을 것이니 이것을 '사물에 이른다'(物格)고 이르며 지식이 지극해진 것을 말한다.(『大學』格物補傳章)

윗글에는 사물에 드러나는 이치를 궁구하면 곧 내 마음의 이치를 알 수 있다는 전제가 들어 있다. 즉 사물의 이치를 궁구하여 그것을 내 마음에 미루어 살피면 내 마음의 이치를 알 수 있다는 생각으로 이른바 사물을 類(같거나 유사한 성질의 집단)로서 관찰하는 공부법이다. 朱子에 따르면 천하사물은 모두 그 理가 있고 우리 마음속의 性은 천하사물의 理의 전체이므로 천하사물의 理를 궁구하는 것은 곧 우리 性속의 理를 궁구하는 것과 같다는 것이나 이것은 과연 현실적 공부 방법으로 타당한 방법인가에 관련하여 孔子學의 또 다른 줄기인 양명학파(陽明學派)에 의해 지리(支離; 무질서)[24]하다는 비판을 받았다.

---

24) 陽明學派는 朱子學派의 성즉리 개념에 대하여 심즉리를 주장하고 양지와 치량지에 의한 지행합일을 주장했다. 朱子學派의

3. 人間의 本性은 착한가?

儒家의 전통적 견해는 인간의 본성은 하늘이 내게 부여한 것이고 그 본성이 착한 것은 우리의 마음에 4개의 善端 (惻隱之心, 羞惡之心, 辭讓之心, 是非之心)이 있기 때문이라고 한다. 이것이 孟子의 性善說의 골자이다.

그런데 같은 儒家의 일파였으며 孟子(B.C.371~B.C.289 추정)보다 50여년 뒤에 활동한 것으로 추정되는 순자(荀子, B.C.298~B.C.238 추정)[25]는 孟子의 사상을 극렬히 공격하며 이른바 性惡說을 주장하였다. 孟子의 性善說과 荀子의 性惡說은 무엇이 같고 무엇이 다른가 살펴보기로 하자.

1) 孟子의 성선설(性善說)

먼저 성선설의 주장내용을 『孟子』에서 살펴보자.

> ▣ 孟子曰 人皆有不忍人之心이니라 (중략) 今人乍見孺子將入於井하고 皆有怵惕惻隱之心하나니 非所以內交於

『격물보전』과 陽明의 『대학문』은 리학과 심학의 대표작이다. 朱子의 격물보전에 의한 수양방법에 대하여 지리하다고 비판하고 簡易한 공부 방법을 주장했다.

25) 荀子의 출생연도와 성장에 대한 기록은 고증할 수 없다. 그러나 춘신군이 죽은 B.C.238년과 史記에 나오는 여러 정황들을 고려해 볼 때 아마 B.C.315년을 전후로 하여 출생하고 B.C.238년 1,2년 후 사망했다고 하면 80여세를 살다가 사망한 것으로 추정된다. (『순자 양경주』 이병욱 역 참조) 荀子는 약 60여년을 활동한 것으로 보인다.

孺子之父母也며 非所以要譽於鄕黨朋友也며 非惡其聲
而然也니라 由是觀之컨댄 無惻隱之心이면 非人也며 無
羞惡之心이면 非人也며 無辭讓之心이면 非人也며 無是
非之心이면 非人也니라. 惻隱之心은 仁之端也요 羞惡
之心은 義之端也요 辭讓之心은 禮之端也요 是非之心
은 知之端也니라 人之有是四端也는 猶其有四體也니라
(『孟子』 공손추상 6)

孟子께서 말씀하셨다. "사람들은 모두 사람을 차마 해치지 못
하는 마음을 가지고 있다. (중략) 가령 막 우물에 빠지려는 아
이를 보면 누구라도 깜짝 놀라 측은지심이 생기는 것이다. 그
것은 속으로 아이의 부모와 어떤 교섭을 하려는 것도 아니요,
마을 친구들의 칭찬을 사려는 것도 아니요, 잔인하다는 악명
을 싫어해서도 아니다. 이로서 고찰하건데 측은지심이 없으면
사람이 아니요, 수오지심이 없으면 사람이 아니요, 사양지심이
없으면 사람이 아니요, 시비지심이 없으면 사람이 아니다. 측
은지심은 仁의 단서요, 수오지심은 義의 단서요, 사양지심은
禮의 단서요, 시비지심은 智의 단서이다. 사람에게는 이 四端
이 있는 것은 마치 몸에 팔다리가 있는 것과 같다."

이것이 성선설의 설명이다.

孟子는 이를 부연하여 仁·義·禮·智는 외부로부터 주
입된 것이 아니라 내 몸에 고유한 것이지만 이것이 곧 그대
로 나의 행동으로 나타나는 것은 아니라는 점을 다음과 같이
표현하고 있다.

▣ 孟子曰 乃若其情則 可以爲善矣니 乃所謂善也니라
(『孟子』 고자상 6)
孟子께서 말씀하셨다. 〈내가 말한 性善이란 것은〉 "그 실체
(실상)적 측면에서 보면 善을 행할 수 있다는 의미이니, 이것
이 내가 말한 善하다는 의미이다."

이 말은 결국 孟子가 말한 性善은 사람의 내면에 善함이
있다는 사실만을 말한 것이며 그것을 구하여 실천하지 않으
면 아무 의미가 없다는 것을 확실히 한 것으로 볼 수 있다.
즉 우리 마음의 본성 자체는 善할지라도 그것이 情으로 발현
될 때에는 善을 행할 가능성이 있음만을 얘기한 것으로 볼
수 있다.
결국 孟子의 성선설의 요지는 사람에게는 천부의 善端이
있으되, 이를 마음의 기능인 사고력을 발휘하여 확충하고 통
제해 나가야 한다는 것이다.

그래서 『孟子』는 다음과 같이 말하고 있다.

▣ 孟子曰 仁은 人心也요 義는 人路也라 (중략) 學問之
道는 無他라 求其放心而已矣니라 (『孟子』 고자상 11)
孟子께서 말씀하셨다. "仁은 사람의 마음이요 義는 사람의 길
이다. (중략) 학문하는 길은 다른 것이 없다. 그 달아난 마
음을 찾는 것일 뿐이다.

위의 글들을 종합해 보면 孟子의 성선설은 결국 우리 마음

의 본성에 善端이 있음을 말한 것일 뿐 사람이 착해지기 위해서는 이 마음의 본성을 잃어버리지 않아야 할 뿐만 아니라 그 善端을 확충해 나가는 노력을 하지 않으면 안 된다는 것을 알 수 있다.

2) 荀子의 性惡說

■ 人之性惡, 其善者僞也 (『荀子』)

인간의 본성은 악하다. 인간이 善하게 됨은 인위(僞)의 덕분이다.

荀子의 성악설은 이처럼 간단하다. 荀子는 性을 '생래적으로 그런 것'(生之所以然)이라고 본다. 즉 본성은 好, 惡, 怒, 哀, 樂과 같은 감정(본성의 자연스러운 반응)이다. 그러므로 사람이 善해지기 위해서는 이런 감정을 善한 방향으로 유도해야 하는데 이러한 마음을 사려에 의해 통제하는 인위적인 노력을 '僞'라고 한다. 그러므로 사람이 善하다는 것은 이러한 인위적인 노력(僞)의 결과이지 본성이 그러한 것은 아니라는 것이다.

『荀子』는 사람의 性이 惡하다는 것을 다음과 같이 부연 설명하고 있다.

인간의 본성은 날 때부터 이익을 좋아하는 바, 이 본성을 좇기 때문에 쟁탈전이 발생하고 사양심이 없어진다. 날 때부터 질투와 증오심이 있는 바, 이 본성을 좇기 때문에 남을 해치고 비방하는 행위가 생기고 충직과 신실의 도덕은 없어진다. 날 때부터 눈과 귀의 감각적 욕망이 있어서 고운 목소리와 미색을 좋아하는 바, 이 본성을 좇기 때문에 음란이 발생하고 예의문리(禮儀文理)등은 없어진다. 그런즉 인간이 본래의 본성을 따르고 본래의 정욕을 좇으면 반드시 쟁탈전이 발생하고 자연히 신분질서가 무너지고 사회기강이 문란하게 되어 결국 흉포한 난동에 귀착된다. 따라서 반드시 스승과 법도에 의한 교화와 예절과 의리에 바탕한 교도를 실시해야 비로소 사양지심이 생기고 법식과 사리에 부합하고 태평성세에 귀착하게 된다. 이로서 보건대 인간의 본성은 악함이 분명하고 善하게 되는 것은 인위(人僞)의 덕분이다.(『荀子』)

배울 수 없고 도모할 수 없는 천성적인 것을 성(性)이라고 한다. 배워서 얻을 수 있고 도모하여 성취할 수 있는 인위적인 것을 위(僞)라고 한다. 이것이 바로 본성(性)과 인위(僞)의 분별이다.(『荀子』)

윗글들을 살펴보면 性은 자연에 속하므로 그 자체의 법칙(자연법칙)에 따를 뿐 그 가운데에는 이상도 없고 도덕적 원리도 없다. 따라서 사람이 도덕적으로 善해지려면 인위적인 노력(僞)이 필요하다. 이 인위적 노력이 스승과 법도에 의한 교화이고 예절과 의리에 바탕 한 교도이다. 따라서 사람은 타고난 본성의 악함을 인위적인 예의와 교화에 의해 후천적으로 교정해야만 성인(군자)이 될 수 있다는 것이다.

3) 성선설과 성악설의 비교

성선설은 우리 마음속의 본성이 갖고 있는 善端을 확충하여 성인으로 나아갈 수 있다고 하고, 성악설은 우리 본성의 惡함을 인위적으로 교화해 나감으로서 성인이 될 수 있다고 한다.

이러한 차이는 어디에서 오는 것일까.

먼저 본성의 연원을 다르게 본다.

성선설의 경우는 사람의 본성은 하늘의 이치를 따르는 것으로 보아 그 자체가 절대적으로 善하다는 입장인 반면 성악설은 사람의 본성은 인간 생래의 그러한 것(즉, 자연적인 것)으로 봄으로 하늘과는 무관하다.

孟子는 하늘을 사람과 서로 감응하는 존재로 보아 사람이 태어날 때 그 몸과 함께 하늘의 이치가 사람의 몸에 부여되는 것으로 생각하였다. 이때에 하늘은 이른바 義理之天(우주의 최고원리)으로서 자사가 『中庸』에서 '하늘의 명을 일러 성이라 한다.'(天命之謂性)고 할 때의 그 하늘을 의미한다.

이렇게 되면 인간의 본성은 하늘의 마음을 품수 받아 그 자체가 善한 것으로 간주된다.

이와 반면 荀子는 하늘을 自然之天(자연의 운행)으로 보아 자연 그 자체의 운행원리가 있을 뿐 그 중에는 결코 도덕적 원리가 없는 것으로 보았다. 이렇게 되면 하늘은 사람의 본성과는 전혀 무관한 존재가 된다. 다시 말해 하늘은 하늘의 법칙(자연의 법칙)이 있고 사람은 사람의 법칙을 따르며 이 둘은 상호 무관한 것이 되어 사람의 본성은 '생태적으로 그런 것'(生之所以然)으로 악한 것이 된다.

다음은 道의 성격이 근본적으로 다르다.

孟子의 경우는 하늘의 이치를 따르는 것이 道가 되지만 荀子의 경우는 예의문리, 인의법정과 같은 인위적인 판단기준이 道가 된다. 이에 따라 善에 도달하는 방법, 통제의 성격 등도 상이해진다. 즉 성선설의 경우는 하늘이 사람에게 준 본성을 따르면 그것이 곧 善이므로 善에 이르기 위해서는 修養(내면적 통제)이 중요한 반면 성악설의 경우는 무엇이 善인지를 인위적으로 형식화 · 법정화(외부적 통제)하는 것이 중요하다.

그러나 孟子도, 荀子도 궁극적으로 성인이 되는 것을 지향하는 점에서는 동일하다.

孟子의 성선설과 荀子의 성악설은 이처럼 전혀 상이한 입장을 취하는 것 같기도 하지만 이들을 종합해 보면 孟子나 荀子 다 같이 도덕과 교화를 중시하고 있고 그 지향하는 목표가 성인(聖人)이라는 점을 생각해 보면 두 설은 상반된 것이 아니라 보완적인 것으로도 볼 수 있다.

孟子는 마음의 善端을 기점으로 이를 확충해 나갈 것을 강조한 반면, 荀子는 정욕의 惡端을 기점으로 이를 억제해 나갈 것을 주장했을 뿐 그 교화수단으로 예의와 법도를 중시하는 점에서 차이가 없다. 이를 다른 관점에서 보면 孟子는 사람의 본연지성(本然之性)에 착안한 것이고 荀子는 사람의 기질지성(氣質之性)에 착안한 것이라 할 것이다.

이와 관련 진례(陳澧)는 '성악설은 성선설과 서로 모순되지 않을뿐더러 상보적(相補的)인 해명이 될 듯하다.'는 대진(戴震)의 말을 인용하면서 〈 荀子가 '거리의 사람이 다 禹가 될 수 있다.'고 한 말은 孟子의 '모든 사람은 다 요순이 될 수 있다.'고 한 말에서 '요순'을 '우'로 바꾸었을 뿐이니 그렇다면 굳이 또 하나의 설을 수립할 필요가 있을까? 〉 26)라 하

---

26) 『孟子』 고자상에서 孟子와 고자가 "性"을 논할 때 孟子의 "性"에 대한 개념은 무불선인 본연지성의 입장에서 주장한 것이다. 그래서 孟子가 고자에게 금수의 성도 인간의 성과 같은가 물었을 때 답변을 못한 것이다. 孟子의 경우 기질지성이 악한 경우는 생각지 않았다고 할 수 있다. 荀子의 경우는 무불선인 본연지성은 논외로 하고 인간이 갖는 기질지성(情)의 입장에서 성악을 주장한 것이다. 그래서 孟子의 성선설과 荀子의 성

고 있으니 음미해 볼만한 생각이라 하겠다.

이러한 관계를 도표로 정리해보면 다음과 같다.

〈 성선설과 성악설 비교 〉

구 분	성 선 설	성 악 설
하늘(天)의 성격	義理之天 (하늘은 선하다)	自然之天 (하늘은 자연이다)
人性의 성격	善(本然之性)	惡(氣質之性)
道의 의미	天道 (率性之謂道)	人道 (예의문리, 인의법정)
善에 이르는 방법	修養 (내면적 통제)	僞 (외부적 통제)
도달 목표	聖人 (人皆可以爲堯舜)	聖人 (途之人可以爲禹)

악설은 상호보완 된다고 한 것이다. 만일 孟子가 荀子에게 똑같은 질문을 하였다면 荀子는 조용히 웃으며 대답하기를 "그렇다. 사람이 금수와 다른 것은 '性'에 있지 않고 '인위적인 노력(僞)', '변별'과 '의(禮義)'에 달려있다."고 하였을 것이다.(路德斌 著, 『荀子與儒家哲學』 참조)

제3강 儒家가 지향하는 人格人은 어떤 자인가?

　　『論語』를 보면 儒家가 지향하는 이상적 인간상의 범칭을 군자(君子)란 말로 표현하고 있음을 볼 수 있다.

　　물론 지고지선(至高至善)의 인간상으로 성인(聖人)이란 개념이 제시되고는 있지만 이는 누구나 될 수 없는 이상적 인간상일 뿐이며 보통 사람이 의욕을 갖고 추구해봄직한 목표의 인간상을 말한다면 역시 군자인 것이다.

1. 군자(君子)의 의미

　　군자란 원래 孔子 이전의 시대에도 있어 왔던 개념으로서 글자 그대로의 의미인 '임금의 자식'을 뜻하였으나 당시 임금의 친인척을 제후국의 왕으로 봉하고 그들 또한 그 자식들을 경·대부로 봉했던 봉건제도가 정착되어 감에 따라 그들의 자식들을 총칭하는 개념으로 확대되고, 이것이 다시 귀족사회의 구성원이란 의미로 일반화 되어졌다고 한다.

즉, 군자란 계급적 신분을 말하는 개념으로 당시 人(일반백성), 또는 民(노예 등 천민)의 대칭개념으로 쓰인 것이다.

그러나 이 개념이 孔子 당시의 시대에 이르러서는 점차 인격적 개념으로 바뀌기 시작했다고 한다. 그리하여 인격이 높은 사람은 군자로, 이에 대비하여 인격이 낮은 사람은 '소인'(小人)으로 지칭되기 시작한 것이다.(풍우란, 『중국철학사』)

이러한 까닭에 『論語』에 등장하는 '군자'는 인격적 개념으로의 군자(이를 成德之君子라고 한다)와 계급적 개념으로서의 군자(이를 在位之君子라고 한다)가 혼용되거나 이들을 통합한 개념으로 사용되고 있어 개별 문장에 따라 그 의미를 구별해야 될 경우가 있다.

뿐만 아니라 당시 수많은 군소 국가들의 몰락과 이합집산으로 인해 대량의 귀족계급이 서민의 신분으로 바뀌어 이들이 '士'란 계급을 형성하게 됨에 따라 군자를 '士'로 표현하기도 한 문장도 등장함을 볼 수 있다.

2. 군자란 어떤 사람인가?

朱子는 『論語』의 주석에서 군자를 '成德之人'으로 풀이하고 있다. 또 그 속성을 '體無不具 用無不周'(체가 갖추어 지지 않음이 없고 용이 두루하지 않음이 없음)로 풀이하기도 하였다. 『論語』에서 군자를 속 시원하게 정의한 문장을 찾기 어렵지만 다음 글이 군자가 어떤 사람인지를 상징적으로 나타내고 있다.

■ **子曰 質勝文則野**요 **文勝質則史**니 **文質彬彬然後君子**
니라 (옹야편 16)
孔子께서 말씀하셨다. "바탕이 꾸밈을 이기면 거칠고 꾸밈이 바탕을 이기면 호화로우니 꾸밈과 바탕이 어우러진 다음에야 군자이다."

즉, 文과 質이 잘 어우러진 사람(文質彬彬)이 군자라는 말이다.
그럼 文質彬彬의 구체적 의미는 무엇인가?

우선 質은 바탕, 자질 등의 의미를 간직한 말로써 사람의 본바탕, 즉 개인의 내면적 덕성과 관련된 말이고 文은 무늬(紋)나 문채(文采), 문식(文飾)을 뜻하니 이는 사람의 외면적 덕성 즉 禮·樂 등에 의한 꾸밈을 말하는 것이라 볼 수 있다.
文·質을 이와 같이 본다면 文質彬彬은 결국 내면적 덕성과 외면적 덕성이 잘 길러진 모습을 말하며 이러한 모습을 갖춘 사람이 군자란 뜻이 될 것이다.

文質彬彬과 군자의 의미를 보다 자세히 이해할 수 있는 글이 헌문편에 다음과 같이 보인다.

▣ 子路問成人한대 子曰若臧武仲之知와 公綽之不欲과 卞莊子之勇과 冉求之藝에 文之以禮樂이면 亦可以爲成人矣니라 (헌문편 13)
자로가 成人<군자의 완성형>에 대해 물으니 孔子께서 말씀하셨다. "만일 장무중의 지혜와 공작의 탐욕하지 않음<仁>과 변장자의 용기와 염구의 재예(才藝)에다가 예악으로 문채를 내면 역시 성인(成人)이라고 할 수 있을 것이다."

이 글에서 成人은 군자로서의 德이 수준급에 오른 사람, 즉 全人의 뜻이다. 위에 언급된 네 사람은 당시 노나라의 대부들로서 각기 언급한 특징을 가진 사람들이다. 우리가 이 글을 주목하는 것은 이 글을 朱子와 정자(程子)가 주석한 내용이 文質彬彬을 설명해 주고 있다는 점이다.[27]

즉 朱子는 이 네 사람의 장점을 겸한다면, 즉 지혜는 이치를 궁구할 수 있고 청렴은 마음을 수양할 수 있고, 용기는

---

[27] 『論語』에는 군자란 말이 수 없이 등장한다. 그러나 군자란 어떤 사람인지를 문답한 내용은 없다. 다만 曾子가 군자상을 자문자답 식으로 표현한 내용(曾子曰 可以託六尺之孤, 可以寄百里之命, 臨大節而 不可奪也, 君子人與, 君子人也, 태백편 6)은 있으나 이것은 재위지군자(在位之君子)를 지칭한 것이며 성덕지군자(成德之君子)를 표현한 것은 아니다. 또 孔子가 거백옥(遽伯玉), 복자천(宓子賤), 남궁괄(南宮适)을 각자 '군자로다!' 하면서 칭찬한 글만 보일 뿐이다. 이는 당시 군자를 군이 정의할 필요가 없을 정도로 개념이 보편화되었음을 말한다 할 것이다.

족히 힘써 행할 만하고 재예는 두루 응용할 수 있으며 여기에 예(禮)로써 절제하고 악(樂)으로써 화(和)하여 德이 안에 이루어지고 文이 밖에 나타나게 한다면 이는 재주가 완전하고 德이 갖추어진 '成人'이 될 수 있다고 하고 있으며, 또 정자가 풀이하기를 '지혜가 밝고 신의가 독실하고, 행하기를 과감히 하는 것은 천하의 달덕(達德)이니 孔子께서 말씀하신 成人도 이 세 가지에서 벗어나지 않는다. 장무중은 智이고, 공작은 仁이고, 변장자는 勇이고, 염구는 才藝니 모름지기 네 사람의 장점을 합하고서 여기에 禮樂으로 문채를 낸다면 또한 成人이 될 수 있을 것이다'라고 하고 있다. 이로서 미루어 보면 '文質彬彬'에서의 質은 내면의 德(仁·義·知·勇 등)이며 文은 禮樂으로 꾸며진 외면의 德이 드러남을 말하며 이 양자가 잘 갖추어진(彬彬) 사람을 君子라 할 수 있음을 알 수 있다.

3. 군자의 속성(屬性)

위에서 군자가 어떤 사람인지를 알았다면 여기서는 군자란 어떤 속성을 가진 사람이며 어떤 마음과 태도를 가져야 군자가 될 수 있는지를 살펴보기로 하자. 그런데 『論語』에 이와 관련 언급된 내용이 너무나 많다. 여기서는 이를 모두 거론하지 않고 나름 몇 가지로 압축 설명해 보기로 한다.

1) 군자는 義를 바탕으로 삼는다.

■ 子曰 君子는 義以爲質이요 禮以行之하며 孫以出之하며
信以成之하나니 君子哉라 (위령공편 17)
孔子께서 말씀하셨다. "군자는 義로서 바탕을 삼고 禮로서 그
것을 행하며, 겸손으로 그것을 드러내며 信으로 그것을 이루
나니 이것이 군자다."

■ 子曰 君子는 喩於義하고 小人은 喩於利니라 (이인편 16)
孔子께서 말씀하셨다. "군자는 義에 깨닫고<밝고> 소인은 利
에 깨닫는다<밝다>."

■ 子曰 君子之於天下也에 無適也하며 無莫也하여 義之
與比니라 (이인편 10)
孔子께서 말씀하셨다. "군자는 천하에 오로지 주장함도 없으
며 오로지 부정함도 없어서 義를 좇을 뿐이다."

군자의 마음가짐과 행동의 기준은 義일 뿐이다. 또 義를
판단함에도 독단이 없다. 반면에 소인은 利에 집착한다. 이
말을 달리 표현하면 군자는 公을 따르고 소인은 私를 따른다
는 말과 같다. 이 점이 군자와 소인의 다른 점 중 가장 크다
할 것이다.

2) 군자는 남을 먼저 배려하는 사람이다.

■ 子曰 君子는 成人之美하고 不成人之惡하나니 小人은
反是니라 (안연편 16)
孔子께서 말씀하셨다. "군자는 남의 아름다움을 이루어주고
남의 좋지 않은 점은 이루어 주지 않으니 소인은 이와 반대이
다."

■ 子曰 君子는 懷德하고 小人은 懷土하며 君子는 懷刑하고
小人은 懷惠니라 (이인편 11)
孔子께서 말씀하셨다. "군자는 德을 생각하고 소인은 처하는
곳을 생각하며 군자는 법을 생각하고 소인은 은혜를 생각한
다."

군자는 私的인 것보다 公을 먼저 생각하고 나를 이룸으로
서 남을 이룰 것을 생각하며(以己及人), 내가 하기 싫어하는
것을 남에게 베풀지 아니한다(己所不欲 勿施於人). 이러한
관계로 남과의 관계에 있어서 항상 원만하고 화합함을 생각
한다(和而不同, 泰而不驕, 周而不比, 矜而不爭, 群而不黨). 그
러므로 남보다 앞서 솔선하며 어려움을 먼저하고 얻는 것을
뒤로 미룬다(先難而 後獲).

3) 군자는 배움을 중시하며 노력하는 사람이다.

■ 子曰 驥는 不稱其力이라 稱其德也니라 (헌문편 35)

孔子께서 말씀하셨다. "훌륭한 말(馬)에 대하여 그 힘을 칭찬
하는 것이 아니라 그 德을 칭찬하는 것이다."

■ 子曰 君子는 不器니라 (위정편 12)

孔子께서 말씀하셨다. "군자는 국량(局量: 사람을 포용하는
도량과 일을 처리하는 능력)이 국한되려 하지 않는다."

사람은 재주만으로 德을 이룰 수는 없다. 천리마가 천리를
달릴 수 있는 것은 그 힘에 있는 것이 아니라 주인을 위해
천리를 마다 않고 달리려는 그 마음에 있다. 그러므로 군자
의 德을 이루려면 스스로 쉼이 없이 힘써야 한다(自強不息).
또 군자는 그 마음과 능력이 두루함이 있어야 한다. 일의 처
리가 편벽되거나 능력이 한 군데에 치우쳐서는 큰 사람이 될
수 없다. 이러한 관계로 孔子가 그의 제자 재여(宰予)의 낮
잠 자는 것을 호되게 나무라며[28] 또 염구(冉求)가 능력 없
음을 탓함에 '스스로 한계를 짓는 자'라고 질책하는 것[29]을
볼 수 있다.

---

28) 宰予 晝寢이어늘 子曰 朽木은 不可雕也며 糞土之牆은 不可杇也
니 於予與에 何誅리오. 子曰 始吾가 於人也에 聽其言而信其行
이러니 今吾於人也에 聽其言而 觀其行하노니 於予與에 改是니
라.(공야장편 9)

29) 冉求曰 非不說子之道언마는 力不足也로이다 子曰 力不足者는
中道而廢하나니 今女畫이로다.(옹야편 10)

4) 군자는 항심(恒心: 떳떳한 마음)의 소유자며 주어진 상황에 만족하는 사람이다.

■ 子曰 君子는 謀道요 不謀食하나니 耕也에 餒在其中矣요 學也에 祿在其中矣니 君子는 憂道요 不憂貧이니라
(위령공편 31)
孔子께서 말씀하셨다. "군자는 道를 도모하고 밥을 도모하지 않는다. 밭을 갊에도 굶주림이 그 가운데에 있고 학문을 함에도 녹이 그 가운데에 있는 것이니 군자는 道를 걱정할 뿐 가난함을 걱정하지 않는다."

■ 子曰 君子는 食無求飽하며 居無求安하며 敏於事而愼於言이요 就有道而正焉이면 可謂好學也已니라 (학이편 14)
孔子께서 말씀하셨다. "군자는 먹음에 배부름을 구하지 않으며 거처함에 편안함을 구하지 않으며 일은 민첩히 하고 말은 삼가며 道가 있는 이에게 찾아가서 질정<質正:묻거나 따져 바로 잡음>한다면 배움을 좋아한다고 이를 만하다."

■ 子曰 君子道者三에 我無能焉하니 仁者는 不憂하고 知者는 不惑하고 勇者는 不懼니라 (헌문편 30)
孔子께서 말씀하셨다. "군자의 道가 세 가지인데 나는 능한 것이 없다. 仁者는 근심하지 않고, 智者는 의혹하지 않고, 勇者는 두려워하지 않는다."

■ 子曰 不在其位하여는 不謀其政이니라 (헌문편 27)

孔子께서 말씀하셨다. "그 지위<입장, 처지>에 있지 않으면 그 정사를 도모하지 않아야 한다."

이 말들을 보면 군자는 애써 잘 먹고 잘 살려고 하는 사람이 아니라 오로지 道에 힘쓰는 사람, 자기가 나설 처지가 아니면 나서지 않는 사람, 근심하거나 의혹하거나 두려워함이 없는 사람을 말한다.

마음이 편안하고 넓어(君子 坦蕩蕩) 현실을 있는 그대로 받아들이니 부귀에 처해서는 부귀에 마땅한 道를 행하며 빈천에 처해서는 빈천에 마땅한 道를 행할 뿐이다. 또 윗자리에 있으면서 아래를 업신여기지 않으며 아랫자리에 있으면서 위를 잡아당기지 않는다.30)

그러므로 군자는 자기 분수를 알아 스스로 그침이 있으며 (安分知足) 현재의 상황과 처지를 편안히 여길 줄 아는 恒心의 소유자인 것이다.

5) 군자는 말보다 실천을 앞세우는 사람이다.

■ 子曰 君子는 欲訥於言而敏於行이니라 (이인편 24)

孔子께서 말씀하셨다. "군자는 말에 어눌하고<말을 아껴서 하고> 행하는 데에 민첩하고자 한다."

---

30) 『中庸』 13章 "素富貴, 行乎富貴, 素貧賤, 行乎貧賤, (중략) 在上位, 不陵下, 在下位 不援上"

■ 子曰 躬自厚而薄責於人이면 則遠怨矣니라 (위령공편 14)

孔子께서 말씀하셨다. "자신을 책망하기를 두텁게 하고 남을 책망하기를 가벼이 하면 원망을 멀리 할 수 있을 것이다."

군자는 실천을 중시한다. 배운 것을 본받아 익혀 자기 것이 되게 해야 하고 말이 행동보다 앞서는 것을 부끄러워 할 줄 알아야 한다.

그러므로 모든 일은 자기 스스로에 돌이켜 생각하여야 하고(反求諸己) 자기 자신을 엄히 다스려 하늘을 원망하거나 남을 허물하지 말아야 한다(不怨天 不尤人).

4. 바람직한 君子像

군자는 全人(온전한 인격자), 聖人을 지향하므로 바람직한 군자상이라면 당연히 성인의 모습이어야 할 것이다.

儒家에서는 성인의 모습을 '生而知之者, 安而行之者'(태어날 때부터 온전한 지혜를 다 갖추고 道를 실천함에 편안하여 부자연스러움이 없는 사람)로 지칭하면서도 누구나 노력하면 성인이 될 수 있다고 한다.[31]

---

31) 孟子는 안연의 말을 빌어 '순임금은 누구이고 나는 누구인가 누구든 스스로 노력한다면 순임금처럼 될 것이다.' (舜何人也 予何人也 有爲者亦若是: 『孟子』 등문공상 1)라고 하고 있고, 荀子 역시 '거리의 사람은 다 禹임금이 될 수 있다.' (途之人 可以爲禹: 『荀子』 성악편)라 하고 있으며 『中庸』 역시 '혹은 태어나면서 道를 알고 혹은 배워서 알고, 혹은 애를 써서 아

그러나 그게 어디 쉬운 일인가 그러므로 우리는 그래도 실천 가능함직한, 노력하면 될 성 싶은 군자상을 필요로 한다. 본인은 그 해답을 『論語』의 첫 장(학이편 1장)과 끝 장(요왈편 3장)에서 발견할 수 있다고 본다.

　■　子曰 不知命이면 無以爲君子也요 不知禮면 無以立也
　　요 不知言이면 無以知人也니라 (요왈편 3)
　　孔子께서 말씀하셨다. "천명을 알지 못하면 군자가 될 수 없
　　으며 禮를 알지 못하면 설 수 없으며 말을 알지 못하면 사람
　　을 알 수 없다."

윗글은 부정문 형식으로 되어 있으나 이를 긍정문으로 바꾸어 생각해 보면 일상에 있음직한 바람직한 '군자상'이 다음과 같이 떠오를 것이다.

천명을 아는 사람!
군자는 천명이 무엇인지를 아는 것이 아니라 천명이 있으며 그것이 善하며 한결같다는 것을 알아 천리를 좇아 믿고 따르려는 사람이니 그에게는 安分知足이 있고 세상을 떳떳한 마음으로 편안히 누릴 줄 아는 여유가 있을 것이다.

는데 그 앎에 미쳐서는 다 똑같다. 혹은 편안히 이것을 행하고 혹은 이롭게 여겨서 이것을 행하고 혹은 억지로 힘써서 이것을 행하는데 그 성공함에 미쳐서는 다 똑같다.'(或生而知之, 或學而知之, 或困而知之, 及其知之, 一也. 或安而行之, 或利而行之, 或勉强而行之, 及其成功, 一也. 『中庸』 20章)라 하고 있다.

禮를 아는 사람!

군자는 사람이 더불어 살아감에 높게 처함과 낮게 처함의 분별이 있고 일을 행함에 있어서 성실함과 공경함이 있으며 또 때를 알아 마땅함에 처할 줄 알아야 할 것이다.

마지막으로 남의 말을 알고 남을 알아볼 줄 아는 사람!

군자는 총명한 지혜를 갖추어 남의 말이 옳은지 그른지를 알 수 있으며 이를 통해 그 사람의 善惡을 알아 대처할 줄 알아야 할 것이다.

이러한 모습의 군자가 되기 위해서는 학이편 제1장의 노력하는 군자가 되지 않으면 안 될 것이다.

■ 子曰 學而時習之면 不亦說乎아 有朋自遠方來면 不亦樂乎아 人不知而不慍이면 不亦君子乎아 (학이편 1)

孔子께서 말씀하셨다. "배우고 때때로 익히면 기쁘지 않겠는가, 벗이 먼 곳으로부터 찾아온다면 즐겁지 않겠는가, 사람들이 알아주지 않더라도 노여워하지 않는다면 군자가 아니겠는가."

윗글을 다소 의역해보면 다음과 같이 될 것이다.

인간의 道를 실천하기 위하여 열심히 즐거운 마음으로 성현의 말씀을 배우고 익히며, 학문을 넓혀 나감에 벗과 함께하여 이를 사회로 넓혀 나가며, 남이 나를 몰라주는 것을 걱정하는 사람이 아니라 내가 남의 훌륭함을 알지 못 할 것을 걱정하는 그러한 사람! 그런 사람이 곧 군자이니 우리는 모름지기 군자가 되기에 힘써야 할 것이다.

제4강 君子가 되는 길(博文約禮)

앞서 儒家는 이상적 인격인상(人格人像)으로 君子[32]를 내세웠음을 보았다.

君子는 '孔孟의 道'를 실천함으로써 그 德行이 갖춰진 자라 할 수 있는데 그 君子는 어떻게 하면 될 수 있을까? 아마도 옹야편 제25장의 다음 글이 가장 간명한 해답이 될 것이다.

■ 子曰 博學於文이요 約之以禮면 亦可以弗畔矣夫인저
 (옹야편 25)
 孔子께서 말씀하셨다. "군자가 文을 널리 배우고 禮로서 단속하면 또한 <道에> 어긋나지 않을 수 있을 것이다."

널리 배운다는 것은 지혜를 확충하는 수단이요. 禮로서 단속(요약)한다는 것은 그 배운 것을 몸에 익혀 지켜 나가는

---

32) 『禮記』 曲禮上에 "博聞强識而讓, 敦善行而不怠, 謂之君子." 참조.

것이니 이른바 知와 行이 다 갖추어진 모습이니 이러한 노력을 하는 사람이 바로 군자라 할 수 있을 것이다.

1. 널리 배우고 이를 지켜 나감

배움은 道를 이루고 군자로 나아가는 길이다, 보통사람은 배우지 않으면 성인에 이를 수 없다.

『中庸』은 다음과 같이 말한다.

◼ 或生而知之하며 或學而知之하며 或困而知之하나니 及其知之하여는 一也니이다 或安而行之하며 或利而行之하며 或勉强而行之하나니 及其成功하여는 一也니이다 (『中庸』 20장)
혹은 태어나면서부터 道를 알고 혹은 배워서 이것을 알고 혹은 애를 써서 이것을 아는데 그 앎에 미쳐서는 똑같습니다. 혹은 편안히 이것을 행하고 혹은 이롭게 여겨서 이것을 행하고 혹은 억지로 힘써서 이것을 행하는데 그 성공함에 미쳐서는 똑같습니다.

누구나 노력하면 道에 이를 수 있고 누구나 힘써 행하면 성인군자에 이를 수 있다는 말이다. 孔子의 제자 자하(子夏)는 孔子님의 '널리 배우라'는 말씀을 다음과 같이 부연 설명하고 있다.

■ **子夏曰 博學而篤志**하며 **切問而近思**면 **仁在其中矣**니라
(자장편 6)
자하가 말하였다. "배우기를 널리 하고 뜻을 독실히 하며 절
실하게 묻고 현실에 가까운 것 <필요한 것>부터 생각해 나가
면 仁은 그 가운데에서 저절로 이루어지는 것이다."

博學의 수단으로 篤志와 切問近思를 부연하고 있다. 자기
의 일상에 있는 가까운 일부터 모름이 있으면 앎이 있을 때
까지 확실하게 물어야 제 것이 될 수 있고 뜻이 독실하지 않
으면 배움이 수고롭기만 하고 실제의 공효가 없기 때문이다.

또 『中庸』에서는 博文約禮를 다음과 같이 설명하고 있다.

■ **博學之**하며 **審問之**하며 **愼思之**하며 **明辨之**하며 **篤行之**
하라 (『中庸』 20장)
널리 배우며 자세히 물으며 신중히 생각하며 밝게 분별하며
독실히 행하여야 한다.

이른바 '學問思辨'해야 하며 篤行해야 한다는 것으로, 배움
의 요체를 말하고 있다. 우리가 배운다는 것은 결국 지혜를
통하여 善이 무엇인지를 아는 것(擇善)이며 篤行한다는것은
그것(善)을 굳게 지키는 것(固執之)이라 할 수 있는 것이다.

2. 무엇을 배우고 가르치는가?

儒家에서 널리 배운다고 할 때 그 배워야할 내용이 무엇인지는 구체적으로 언급된 것이 없는 듯하다. 儒家에서 말하는 배움이란 孔子의 道를 깨우치는 것이고 그것을 배운다는 것은 儒家의 경전을 배우는 것이니 굳이 말할 필요가 없는지도 모른다. 아니면 『大學』에 하필이면 '知'를 설명하는 내용이 闕文(있었는데 빠져버림)이 되어, 이를 朱子가 보충함에 미진한 부분이 있기 때문인지도 모를 일이다. 아무튼 배움의 내용과 관련해서 『論語』에 다음 글들이 보인다.

> ▣ 子以四敎하시니 文行忠信이러시다 (술이편 24)
> 孔子께서는 네 가지로 가르치셨으니 文, 行, 忠, 信이었다.

> ▣ 子所雅言은 詩書執禮니 皆雅言也러시다 (술이편 17)
> 孔子께서 평소 늘 말씀하시는 것은 詩經의 말씀, 書經의 말씀, 그리고 禮를 지키는 것이었으니 이것이 평소에 늘 하시는 말씀이셨다.

> ▣ 子曰 小子는 何莫學夫詩오 詩는 可以興이며 可以觀이며 可以羣이며 可以怨이며 邇之事父며 遠之事君이요 多識於鳥獸草木之名이니라 (양화편 9)
> 孔子께서 말씀하셨다. "너희들은 어찌하여 詩를 배우지 않느냐? 詩는 <성정을> 일으킬 수 있으며, <인정세태풍속을> 살

필 수 있으며 <사람과 조화롭게> 무리 지을 수 있으며, <위
정자 등에게 시로서> 원망을 표할 수 있으며, 가까이는 어버
이를 섬길 수 있게 하며, 멀리는 임금을 섬길 수 있게 하며
새와 짐승 풀과 나무의 이름을 많이 알게 한다."

■ **子曰 興於詩**하며 **立於禮**하며 **成於樂**이니라 (태백편 8)
孔子께서 말씀하셨다. "詩에서 <착한 것을 좋아하고 나쁜 것
을 싫어하는 마음을> 흥기시키며, 禮에서 <하늘의 이치를 알
아 사람 살아가는 도리를 깨우쳐> 서게 되며, 樂에서 <義와
仁이 정일해지고 완숙해져 자연히 도덕에 화순해 짐으로써>
배움이 완성되게 된다."

윗글들을 보면 孔子님의 가르치심이 대개 어떠하였는지 그
윤곽을 알 수 있다. 여기서 분명한 것은 孔子님이 가르치신
것은 지식 자체가 아니라 지식의 체득을 통한 인격의 완성이
었음을 알 수 있다.
　孔子님은 詩를 중요시했다. 옛날의 시는 글자와 함께 음률
이 붙어있는 노래였는데 시야말로 한편으로 사람의 성정을
가장 잘 표현하는 도구이자 또 한편으로는 사람의 감정을 순
화시키는 매체였기 때문이다.

　『詩經』의 詩는 인간의 善惡을 노래하되 그 생각에 간사
함이 없으니(詩三百을 一言以蔽之하니 曰思無邪니라. 위정편
2장), 善을 노래하면 사람의 착한 마음을 감동시켜 분발하게
할 수 있고 惡을 노래하면 사람의 방탕한 마음을 징계할 수

있으니 詩야 말로 사람의 성정을 바르게 하는 매체였기 때문이다.

제자 중 자공(子貢)이 '如切如磋 如琢如磨'라는 싯귀를 통해 배움을 깨우치고(학이편 15), 자하(子夏)가 '巧笑倩兮며 美目盼兮여 素以爲絢兮'란 詩句를 통해 禮를 깨우침(팔일편 8)에, 孔子께서 '비로소 더불어 詩를 논할 만하구나!'(始可與言詩已矣)라며 기뻐한 모습을 떠 올린다면, 그리고 孔子께서 그의 아들 백어(伯魚)에게 시를 배우지 않으면 말할 수 없다(不學詩無以言, 계씨편 13)고 한 말을 생각한다면, 孔子께서 시를 배움의 수단으로 얼마나 중시했는지를 알 수 있을 것이다.

자! 이제 孔子의 가르침을 좀 더 학문적으로 접근해 보자.

풍우란은 孔子가 가르친 내용은 결국 '六藝'로 집약 할 수 있으며 이러한 가르침의 목적은 '人材養成'에 있었다고 말한다.(풍우란, 『중국철학사』) 우리가 儒學의 의미를 修己治人에서 찾는데 이 修己治人은 궁극적으로 국가를 위한 인재양성인 것이다.

다음 글은 六藝가 어떤 내용이고 무엇을 가르치려 한 것인지를 말해준다.

孔子는 말했다. 한 나라에 들어가면 교화의 수준을 알 수 있다. 그 나라 인민들의 품성이 온유하고 돈후하면 『詩』에 의한 교화이고, 일에 통달하고 옛 것에 밝으면 『書』에 의한 교화이고, 관대하고 명랑하고 선량하면 『樂』에 의한 교화이고, 은미함을 헤아리고 기미에 밝으면 『易』에 의한 교화이고, 공손하고 겸손하고 엄숙하고 경건하면 『禮』에 의한 교화이고, 선례를 들어 사건을 비유하면 『春秋』에 의한 교화이다. (『禮記』經解篇)

윗글을 음미해보면 孔子 당시의 학문이란 오늘날의 인성학·윤리학·정치학·역사학 등의 범주를 아우르는 이른바 인문학이었으며 그 중에서도 사람과 사람사이의 관계에 역점을 둔 人間學이라고 볼 수 있을 것이다.

자! 그러면 이런 六藝를 어디서 어떤 방법으로 가르쳤을까? 『禮記』 學記篇의 내용을 이해하기 쉽게 간추려 보면 다음과 같다.[33]

옛날에 가르치던 곳은 家(閭를 말한다. 25家를 1閭라 함)에는 塾이 있고 黨(500家를 말함)에는 庠이 있고 州(12,500家를 말함)에는 序가 있고 나라에는 學이 있었다.

---

33) 「學記」 는 본편이 있고 그 내용을 해설한 〈鄭注〉가 있고 또 다른 해설을 모은 〈集說〉이 있는 형식으로 구성되어 있는데 여기에 인용한 것은 이들의 내용을 이해하기 쉽게 축약하고 본문과 〈鄭注〉와 〈集說〉의 내용을 혼합하여 기술하였다.

해마다 입학하면 한해 걸러서 시험을 치렀다. 1년이 되면 구절을 끊어 뜻을 분별하는 것을 보고, 3년이 되면 학업을 공경하여 벗들과 잘 지내는지를 보고, 5년이 되면 널리 배워 스승을 친애하는지를 보고, 7년이 되면 학문을 논하여 벗을 택하는 것을 보았다. 7년이 되어야 조금 이루었다고 할 수 있다. 9년이 되어 유비적 관계(類比的 關係: 같은 類를 비교하여 사물의 진리를 터득함)를 아는데 통달하여 굳건히 자립하여 스승의 道를 어기지 않게 된다. 이렇게 되어야 크게 이루었다고 할 수 있다.

大學의 교육이란 때에 맞추어 반드시 정업(正業, 선왕의 경전)을 가르쳐야 하고 학교에서는 『樂』 『詩』 『禮』를 배우고, 물러나서는 (집에서는) 操縵(금슬의 현을 고름), 博儀(비유를 풍부히 함), 雜服(冕, 弁, 衣, 裳등의 복식)을 익힌다. 반드시 거처에서 행하는 배움이 있어야 학문에 편안해질 수가 있게 된다. 六藝[34)]를 즐기지 않으면 학문을 즐거워할 수가 없다.

그러므로 군자는 배운 것에 대해서 품고 익히고 쉬고 노닐어야 한다(藏焉, 修焉, 息焉, 游焉). 무릇 군자는 배우는 것을 편안하게 여기고 스승을 친애하며 자신의 벗들과 화락하고 자신의 道에 대한 믿음을 가져야 한다.

---

34) 六藝는 두 가지 해석이 있다. 그 하나는 『詩經』, 『書經』, 『禮記』, 『樂記』, 『周易』, 『春秋』를 일컫는 것이고, 다른 하나는 禮, 樂, 射, 御, 書, 數의 일반적 학과 명칭을 말한다. 여기서는 후자에 가까운 것으로 보인다.

우리는 윗글을 통해 고대의 배움의 과정과 내용을 어렴풋이나마 윤곽을 알 수가 있는데 여기서 우리가 볼 수 있는 것은 배움의 내용이 지식과 정서교육을 고루하고 있다는 것, 배움의 과정에서 벗과 스승의 인간관계를 중시하며, 배움의 과정자체를 敎學相長(가르치는 것과 배우는 것은 서로를 길러준다)의 기회로 삼고 있다는 것, 그리고 학문은 스스로 편안하고 즐기는 마음이 중요하다는 것 등을 들 수 있다. 「學記」는 당시의 교육의 목적이 군자가 되는 것이며 군자가 되려는 것은 자기의 인격완성을 통해 化民成俗(백성을 교화하고 아름다운 풍속을 이루게 함)하고자 하는 것임을 말해주고 있다.

3. 학문하는 자세와 방법

■ 玉不琢 不成器 人不學 不知道 (『禮記』 「學記」)
  옥은 쪼지 않으면 그릇이 되지 못하고 사람은 배우지 않으면 道를 알지 못한다.

사람은 배우지 않으면 안 된다. 그런데 어떻게 배워야 하는가? 먼저 대인(大人, 君子)의 학문을 말하고 있는 『大學』의 내용을 중심으로 학문하는 방법을 살펴보고 이어서 배움의 자세와 관련된 내용을 『論語』 등에서 살펴보기로 하자.

1) 학문하는 방법

『大學』에서는 大人(큰사람, 즉 修己治人에 뜻을 둔 사람)의 사명은 하늘이 준 본성의 德을 밝히며(明明德) 이것을 백성에게 미치게 하여(親民) 이 세상 모두가 지극한 善의 경지에 머물게 하는데 있다(止於至善)고 하면서 본성의 德을 밝히는 첫 번째 노력을 格物致知 하는 것이라고 하고 있다.

그런데 이 格物致知는 말 그대로 풀이하자면 모든 사물의 이치를 끝까지 파고 들어가면 앎에 이른다는 정도의 뜻인데 그 구체적 내용이 失傳됨으로서 논란이 있어 왔다.[35]

이에 관하여는 앞서 살펴본 바 있거니와(제2장 성리학의 개괄적 이해, 居敬窮理) 이를 위해서는 마음을 하나에 집중하여 다른 데로 흘러가지 않게 하고(主一無適) 또 그 하고자 하는 마음에 전일하여 스스로 속임이 없으며(毋自欺) 스스로 홀로 있을 때에도 삼감이 있어야 할 것이다(愼獨). '日新 又日新'(날마다 새롭고 또 새롭게 함)이란 말 표현은 이러한

---

35) 格物致知는 크게 두 가지로 해석이 갈린다. 그 하나는 朱子가 해석한 것으로 '格'자를 '이르다'로 해석하여 '모든 사물의 이치를 끝까지 파고 들어가면 앎에 이르게 된다.'로 해석하는 것인데 이것은 知에 중점을 둔 해석으로 '性卽理說'의 기초를 이룬다. 다른 하나는 양명학파[陽明學派]의 해석으로 '格'자를 '물리치다'로 해석하여 격물치지를 '물욕(物慾)을 물리침으로써 앎에 이르게 된다.'로 해석한다. 이것은 사람의 마음(心)에 중점을 둔 해석으로 '心卽理說'의 기초를 이룬다.

노력을 포괄적으로 함축하고 있는 말이라 할 것이다.

2) 학문하는 자세

『大學』에서는 格物致知라는 구체적 학문 방법이 제시되었다면 『論語』에서는 학문하는 자세에 관한 일반론을 다음과 같이 제시하고 있다.

> ■ 子曰 志於道하며 據於德하며 依於仁하며 游於藝니라 (술이편 6)
>
> 孔子께서 말씀하셨다. 道에 뜻을 두며 德을 굳게 지키며 仁에 의지하며 藝에 노닐어야 한다.

이 말을 道가 무엇이고 德이 무엇이고 또 志는 어떤 뜻 據는 어떤 뜻 하고 새기려면 무척 힘들다. 道, 德, 仁은 孔子의 道란 뜻의 다른 표현이고, 藝는 이른바 六藝라 하는 禮, 樂, 射, 御, 書, 數로서 孔子 당시의 공부 과목을 말하며 志, 據, 依, 遊는 뭉뚱그려 뜻을 두어 굳게 지키고 따른다는 뜻으로 새겨도 아무런 문제가 없다.

우리는 이미 孔子의 道는 五倫(父子有親, 君臣有義, 夫婦有別, 長幼有序, 朋友有信)을 지켜 나가는 것이고 그 핵심 사상은 우리 마음속에 품고 있는 본성의 仁임을 잘 알고 있다. 그러므로 위의 말은 孔子님이 내 道에 뜻을 두어 이를 실천함에 올인 하라고 하신 것에 다름 아니라 할 것이다. 그러면 올인 하려면 어떤 마음가짐이 필요한가? 다음 글들이 이를 설명해 줄 것이다.

▣ **子曰 學如不及**이요 **猶恐失之**니라 (태백편 17)
孔子께서 말씀하셨다. "배움에는 따라가지 못할 듯 하면서도 행여 잃을까 두려워해야 한다."

▣ **子曰 溫故而知新**이면 **可以爲師矣**라 (위정편 11)
孔子께서 말씀하셨다. "옛 것을 잊지 않고 돌이켜 새 것을 알면 스승이 될 만하다."

▣ **子曰 譬如爲山**에 **未成一簣**하여 **止**도 **吾止也**여 **譬如平地**에 **雖覆一簣**나 **進**도 **吾往也**니라 (자한편 18)
孔子께서 말씀하셨다. "<학문을> 비유하면 산을 만듦에 마지막 흙 한 삼태기를 <붓지 않아 산을> 못 이루고서 중지하는 것도 내 자신이 중지하는 것과 같으며, 비유하면 <땅을 고르는데> 평지에 흙 한 삼태기를 붓는 것이라 하더라도 나아감은 내 자신이 나아가는 것과 같다."

이 말들은 학문을 함에 항상 미치지 못함이 있을까를 걱정하며 배운 것도 잃을까를 걱정하며 그리하여 이미 배운 지식을 돌이켜 익히고 이것을 통해 새로운 것을 찾아 분발하며 그러한 노력이 오로지 자기 스스로에게 달려 있음을 말하고 있다. 自强不息(스스로 힘써 그치지 않음), 優游涵泳(서두르

지 않고 끊임없이 학문의 깊은 뜻을 완미함)과 같은 말들도
이와 비슷한 뜻이다.

또 『論語』에서는 修身의 자세로서 反求諸己(자기에게 돌
이켜 구함)를 제시하고 있는데 이 또한 학문의 자세라 할 것
이다. 다음 글들이 이를 말해주고 있다.

▣ 子曰 見賢思齊焉하며 見不賢而內自省也니라 (이인편
  17)
  孔子께서 말씀하셨다. "어진이의 행동을 보고는 그와 같기를
  생각하며 어질지 못한 이의 행동을 보고는 안으로 〈나도 그
  런 허물이 있을까를〉 스스로를 반성해야 한다."

▣ 子曰 三人行에 必有我師焉이니 擇其善而從之요 其不
  善者而改之니라 (술이편 21)
  孔子께서 말씀하셨다. "세 사람이 길을 감에 반드시 나의 스
  승이 있으니 그 중에서 善한 자를 가려서 따르고 善하지 못한
  자를 가려서 자신의 잘못을 고쳐야 한다."

4. 오늘날 무엇을 가르치고 배워야 하는가?

학문은 시대적 수요를 충족시켜야 한다. 따라서 학문의 내
용도 그 시대적 조류에 의해 부침해 왔다. 그러면 지금 우리
는 어떤 시대적 조류 속에 살고 있는가?

우리의 근세사를 돌아보면 그것은 개인주의 시대였고 물질주의 시대였다고 볼 수 있다. 전통적인 계급사회 그리고 일제의 억압시대를 살아 온 우리는 그 이후 밀려든 서구의 개인주의, 자유와 평등에 열광하였고, 찌들리고 궁핍한 삶을 살아왔던 우리는 서구의 물질주의를 환호하였다.

이것은 우리만의 조류가 아니라 서구의 시민혁명과 산업사회 이후의 세계적 조류였으며, 다만 우리는 이것을 폭풍 흡입할 시대적 여건 속에 살고 있었던 것이다.

이러한 시대적 조류 속에 우리의 학문적 경향도 민감하게 반응하였다. 우리의 大學 강단은 이른바 실용학문이라는 경제학, 과학기술 등이 대세를 차지하였고 이른바 文, 史, 哲의 인문학은 그 자취가 희미해졌다.

그리하여 오늘날 우리의 머릿속에는 자유, 평등, 인권, 나, 풍요와 같은 생각으로 가득 찼으며 화합, 배려, 인성, 더불어 사는 삶과 같은 공동체 중심의 생각은 저 멀리 사라지고 말았다.

우리민족은 그동안 산업화와 민주화의 두 마리의 토끼를 한꺼번에 잡았다는 칭찬을 들어왔다. 그렇다면 우리는 우리가 바랐던 것을 성취한 것인데 오늘날 우리는 그만큼 행복해졌는가? 물질적 풍요만큼 정신적 각박에, 인권의 쟁취만큼 인성의 실종에 목말라 하는 것은 아닌가?

헤겔은 역사의 발전을 변증법으로 설명하고 있다. 하나의 바람직한 상태(正)는 반드시 그 이후의 상황변화에 의해 부

정되어지고(反) 이는 다시 새로운 바람직한 상태로 나아간다
(合)는 것이다.

이제는 물질과 개인 쪽으로 치우쳤던 시계추가 정신과 사
회 쪽으로 돌아올 때가 된 것이 아닐까?

이제는 人權보다 人性이 강조되어야 할 시기가 온 것은 아
닌가?

그렇다면 학문도 과학보다 人文으로 그 방향을 틀어야 되
는 것이 아닌가?

그러면서 가르치는 방법과 내용도 옛날 양반자제들을 교육
시켰던 '大學'에서 왜 개오동나무와 가시나무가 회초리로 필
요했는지, 왜 천자가 대제를 올리기 전(여름)까지는 학업에
대해 시험을 치지 않았는지, 왜 스승은 학생을 때때로 살펴
보기는 하되 일일이 일러 주지는 않았는지(矢而不發), 왜 아
직 어린 자는 윗사람의 해설을 듣기만하고 묻지 않게 가르쳤
는지, 그리고 왜 詩와 禮와 樂을 그토록 중시했는지를 곰곰
이 살펴보아야 하지 않을까?

제5강 사람이 어질지 못하면(人而不仁)

孔子가 사람이 사람다운 사람으로 살아가기 위해 갖추어야 할 덕목 '仁'을 주장한 것은 나름 당시의 시대 상황을 성찰한 결과였을 것이다. 孔子 당시의 춘추시대를 한마디로 말하면 정치, 경제, 사회, 문화 모든 분야에 새로운 질서가 태동하기 시작한 과도기의 시발점이었다고 볼 수 있다. 정치적으로 천자국과 제후국이라는 일극 중심의 봉건제도가 무너지고 다극의 군웅할거 시대가 펼쳐지기 시작했으며 경제·사회적으로 제후국들의 이합집산으로 인해 '士'라는 새로운 사회계급이 등장하는 한편 씨족 단위의 대가족제도가 점차 소가족 독립경제단위로 세분화되어 가는 시기였다. 문화적으로는 더 극심한 변화가 잉태되고 있었으니 극심한 국가 사회 혼란을 어떻게 극복할 것이며 어떻게 사는 것이 행복한 삶인가에 관한 고민이 태동됨으로써 儒家, 墨家, 農家, 道家 등 전국시대 제자백가의 원류가 되는 사상이 등장하였다. 孔子는 이러한 시대적 혼란을 극복해 나가기 위해서는 군주가 德을 바탕으로 한 어진 정치를 베풀어나가야 하며 이를 통해 무너져버린 예악을 바로잡고 사람의 마음을 계도할 필요가 있다고 보아 한편으로는 귀족 계급 중 몰락한 '士' 계급에 대해 대중교육을 실시하는 한편 또 한편으로는 직접 지배계급을 상대로 德의 정치를 펼 것을 유세하였던 것이다. 仁은 곧 이러한 노력을 위한 중심사상이었던 것이다.

1. 仁이란 무엇인가?

仁은 개념하기 쉽지 않다.

孔子 사상의 핵심으로서 『論語』에 수많은 仁에 관한 문답이 있음에도 불구하고 '仁이란 이것이다'라고 명쾌히 결론 내릴 수 없다. 그것은 孔子가 仁을 정의하려는 마음이 없었고 또 정의할 수도 없었기 때문일 것이다. 아니 그 보다는 仁이란 한마디로 정의할 수 없는 큰 개념이기 때문일 것이다.

■ 子曰 人而不仁이면 如禮何며 人而不仁이면 如樂何리오
  (팔일편 3)
  孔子께서 말씀하셨다. "사람으로서 어질지 못하면 예의가 무슨 소용이며 사람이 어질지 못하면 음악이 무슨 소용인가!"

이 말은 仁의 실제가 사람의 마음속에 없다면 밖으로 행해지는 외부규범인 禮樂은 그 실질이 없으므로 아무 의미가 없다는 뜻으로, 여기서 우리는 仁이 우리 내면에 있는 마음의 德이란 것을 알 수 있을 뿐이다.

仁의 개념을 추상적으로나마 정의해 보려 한다면 아무래도 儒學의 학문화에 힘쓴 朱子의 도움이 필요하다. 朱子는 『中庸』의 주석에서 仁을 '天地生物之心而人得以生者'로 풀었다.
이 말은 仁은 하늘(땅)이 천지만물을 내는(만드는) 마음으로 사람이 얻어 태어난 것이란 뜻인데 이 말을 제대로 이해하려면 또 『中庸』 제1장의 다음 글을 살펴봐야 한다.

■ **天命之謂性** (『中庸』 1장)
　하늘이 명한 것을 性이라 하고

이 말의 요지는 우리마음의 본성(性)은 하늘이 품수한 것이라는 것인데 위의 朱子의 '仁'의 풀이와 연결하여 생각해 본다면 仁은 곧 하늘의 마음(天心)이다.

자! 그럼 하늘의 마음(天心)이란 어떤 마음인가? 앞에서 이미 살펴보았거니와 儒家가 보는 하늘은 천지만물을 낳고 기름에 그 재질에 따라 독실히 하고자 하는 따뜻한 마음이며 (天地生物必因其材而篤焉), 천지가 제자리를 찾아 편안해지며 만물이 잘 자라기를 바라는 것을 근본 이치로 삼으며(治

中和天地位焉萬物育焉), 그 운행하는 원리는 진실되고 망령
됨이 없이 언제나 한결같다(誠)는 전제 위에 존재한다. 그러
므로 하늘의 마음은 언제나 善하며 공평한 마음이라 할 것이
다.

맹자(孟子)는 하늘의 착한 마음이 우리의 본성임을 주장하
는 성선설(性善說)을 펴면서 仁을 다음과 같이 정의한다.

▣ 孟子曰 仁은 人心也요 義는 人路也라 (『孟子』 고자상
11)
孟子께서 말씀하셨다. "仁은 사람의 마음이요. 義는 사람의
길이다."

▣ 孟子曰 仁也者는 人也니 合而言之하면 道也니라 (『孟
子』 진심하 16)
孟子께서 말씀하셨다. "仁은 사람이란 뜻이니 합하여 말하면
道이다."

이 말은 孟子가 성선설을 주장한 사람이란 것을 생각하고
풀어야 한다. 즉 孟子가 풀이한 仁은 본성이 착한 사람 또는
본성이 착한 사람의 마음이니 이를 朱子식으로 풀면 사람이
사람된 소이의 이치(人之所以爲人之理)가 된다.

또 朱子의 仁에 대한 다른 시각의 풀이를 보자. 朱子는

『論語』의 주석에서 仁을 '本心之全德'(타고난 본성이 갖고 있는 온갖 德)이라 풀면서 이를 다시 '私欲盡去而 心德之全也'(사사로운 욕심을 완전히 떨쳐 버려 마음의 德이 온전한 것)이라고 부연 설명하고 있다. 『論語』를 보면 仁과 관련 '恭, 敬, 忠, 恕, 寬, 信, 敏, 惠, 勇, 直' 등 온갖 德을 때로는 나누어 설명하기도 하고, 때로는 묶어서 설명하기도 하는 것을 볼 수 있으며, 군자가 행하여야 할 德을 말할 때에도 각종 仁의 개념이 등장함을 볼 수 있다.

결국 仁이란 德은 소위 君子라는 인격자가 갖추어야 할 善의 바탕이 되는 모든 德을 다 포함하는 매우 큰 개념이라는 것을 알 수 있다.

『論語』를 보면 孔子 스스로도 어느 정도 仁을 설명하려고 시도한 듯하다. 다만 그 방법이 직설적이지 못하고 은유적이다.

■ 子曰 巧言令色이 鮮矣仁이니라 (학이편 3)
　孔子께서 말씀하셨다. "번지르르한 말과 알랑거리는 낯빛에 어진 마음(仁)은 거의 없다."

■ 子曰 剛毅木訥이 近仁이니라 (자로편 27)
　孔子께서 말씀하셨다. "강직하고 의롭고 소박하고 어눌함은 仁에 가깝다."

仁은 이처럼 정의내리기 쉽지 않다. 오죽하면 정자가 말하기를 '巧言令色이 仁이 아님을 안다면 仁을 알 것이다.'(학이편 3 주석)라고 했겠는가!

2. 仁의 바탕(屬性)

仁을 心之全德이라고 한 데서 알 수 있겠지만 仁의 바탕이 되는 속성은 수없이 많을 수 있다. 여기서 그 중 대표적인 바탕으로 直, 忠, 恕를 살펴보기로 하자.

1) 直

정직(直)은 안으로 자신을 속이지 않고, 밖으로 남을 기만하지 않고 심중의 좋고 싫음을 사실 그대로 나타내는 것을 말한다.(풍우란, 『중국 철학사』) 朱子는 直을 至公無私(지극히 공정하여 사심이 없음)로 풀었지만 다소 무미건조한 느낌이 든다.

▣ 子曰 人之生也直하니 罔之生也는 幸而免이니라 (옹야편 17)
孔子께서 말씀하셨다. "인간이 태어날 때부터의 모습은 정직이다. 허위의 삶은 용케 화를 면하는 것일 뿐이다."

정직은 사람이 바르게 살아감에 있어서 가장 기본적인 바탕이 된다. 그러므로 정직이란 마음속에서 우러나오는 것으로 자기 마음에 스스로 만족함이 따른다. 진실된 마음이 아니면 정직이 아니다.

■ 葉公이 語孔子曰 吾黨에 有直躬者하니 其父攘羊이어늘 而子證之하니이다. 孔子曰 吾黨之直者는 異於是하니 父爲子隱하며 子爲父隱하나니 直在其中矣니라 (자로편 18)
섭공(초나라 섭지방의 현의장)이 孔子에게 말하기를 "우리 고장에 정직을 몸소 실천한 사람이 있는데 아버지가 양을 훔치자 아들이면서도 그 사실을 일러바쳤습니다." 孔子께서 말씀하셨다. "저희 고장의 정직한 사람은 그와 다릅니다. 아버지는 자식을 감싸주고 자식은 아버지를 감싸줍니다. 정직은 바로 그 가운데 있다고 봅니다."

자식은 아버지의 잘못이 드러나지 않기를 바라는 것이 인지상정(人之常情)일 것이니 자식이 아버지의 잘못을 일러바치는 것은 스스로 마음이 흔연하지 못할 것이다. 정직이란 자기 마음을 있는 그대로 드러내는 것이니, 이런 흔연할 수 없는 행동을 정직이라 할 수 없는 것이다.

■ 子曰 孰謂微生高直고 或乞醯焉이어늘 乞諸其隣而與之로다 (공야장편 23)
孔子께서 말씀하셨다. "누가 미생고를 정직하다 했는가? 어떤 사람이 식초를 빌리려고 하자 이웃에서 빌려다 주기까지 했다."

밖으로 남을 의식하는 것은 정직이 아니다. 집에 식초가 없으면 사양하면 될 것을 굳이 남에게 빌려서까지 구해 주는 것은 안으로 자신에게 묻지 못하고 밖으로 남의 의향을 의식하여 행동하는 것이니 정직이라 할 수 없다. 朱子는 '曲意徇物(자기의 뜻을 굽혀서 남의 비위를 맞춤)'이나 '掠美市恩(아름다움을 빼앗아 <욕심으로 남의 美行을 빼앗아>은혜를 베풂)' 같은 것은 정직함이 될 수 없다고 윗글 관련 주석에서 말하고 있다.

　▣ 子曰 巧言令色足恭을 左丘明恥之러니 丘亦恥之하노라 匿怨而友其人을 左丘明恥之러니 丘亦恥之하노라 (공야장편 24)
　　孔子께서 말씀하셨다. "번지르르한 말과 알랑거리는 낯빛, 그리고 지나친 공손을 좌구명은 수치로 여겼는데 나 역시 수치로 여긴다. 원망을 감추고 그 사람과 사귐을 좌구명이 부끄럽게 여겼는데, 나 또한 이를 부끄럽게 여긴다."

巧言令色足恭은 언행을 꾸며서 하는 것이니 정직하지 못한 태도이다. 또 원망하는 마음을 감추고 겉으로 친한 척 하는 것도 옳지 않은 짓이다.
　그러므로 이러한 언행을 仁을 주장하는 孔子가 부끄러워하는 것은 너무나 당연할 것이다.

　▣ 子貢問曰 鄕人皆好之면 何如잇고 子曰 未可也니라 鄕

人皆惡之면 何如잇고 子曰 未可也니라. 不如鄕人之善
者好之요 其不善者惡之니라 (자로편 24)

자공이 묻기를 "고장 사람 모두가 좋아하는 사람은 어떻습니
까?" "그가 진정 좋은 사람인지는 알 수 없다." "고장 사람
모두가 미워하는 사람은 어떻습니까?" "그가 진정 나쁜 사람
인지는 알 수 없다. 고장의 착한 사람한테는 사랑을 받지만
부정한 사람에게는 미움을 받는 사람이야말로 진짜 좋은 사람
일 것이다."

모든 사람들이 다 좋아하는 사람은 무언가 꾸밈없이는 불
가능하다. 이른바 향원(鄕原: 선비가 차지하는 사회적 위치
를 이용하여 사리사욕을 추구하는 사이비군자)이 이런 부류
에 속한다. 모든 사람이 다 미워하는 사람은 인정을 벗어난
사람일 것이다.

정직은 仁의 바탕이 되는 德이지만 정직하다는 것이 반드
시 仁한 것은 아니다. 반드시 禮에 의해 가공되어야만 仁에
합치된다. 다음 글이 이것을 말해 준다.

■ 子曰 恭而無禮則勞하고 愼而無禮則葸하고 勇而無禮則
亂하고 直而無禮則絞니라 (태백편 2)

孔子께서 말씀하셨다. "공손도 禮가 없으면 수고롭고, 신중도
禮가 없으면 두려움이 되고, 용맹도 禮가 없으면 난폭이 되
고, 정직도 禮가 없으면 각박이 된다."

▣ **好直不好學**이면 **其蔽也絞**하고 (양화편 8)

정직을 숭상하되 공부를 게을리 하면 각박의 병집이 생긴다.

2) 忠·恕

忠이란 일을 이루기 위해 자기의 마음을 다하는 것(盡己之心)이고, 恕란 자기가 하기 싫은 것을 남에게 베풀지 않는 마음(己所不欲 勿施於人)을 말한다.

▣ **子曰 參乎**아 **吾道**는 **一以貫之**니라 **曾子曰 唯**라 **子出**이어시늘 **門人問曰 何謂也**잇고 **曾子曰 夫子之道**는 **忠恕而已矣**시니라 (이인편 15)

孔子께서 말씀하시기를 "삼아 나의 道는 한 가지 이치가 만가지 일을 꿰뚫고 있다."하시니 증자가 "예"하고 대답하였다. 孔子께서 나가시자 문인들이 "무슨 말입니까?"하고 물으니 증자가 말했다. "선생님의 道는 忠과 恕일 뿐이다."

일반적으로 忠恕를 仁의 가장 큰 바탕으로 <또는 그 자체로> 풀기도 하고 충서를 묶어 풀어 '자기의 진실된 마음을 다하여 자기를 남에게 미루어 나가는 마음'으로 풀이하기도 한다. 어쨌거나 忠恕는 사람과 사람 사이의 관계에 있어서 다음 글에서 보는 바와 같이 우리가 내면에 갖추어야 할 소중한 바탕이 된다.

▣ 曾子曰 吾日三省吾身하노니 爲人謀而不忠乎아 與朋友交而不信乎아 傳不習乎이니라 (학이편 4)

증자가 말씀하셨다. "나는 날마다 세 가지로 내 몸을 살피노니, 남을 위해 일을 도모함에 내 마음을 다하지 않았는가? 붕우와 더불어 사귐에 성실을 다하지 않았는가? 전수받은 것을 복습하지 않았는가? 이다."

▣ 子曰 君子不重則不威니 學則不固니라 主忠信하며 無友不如己者요 過則勿憚改니라 (학이편 8)

孔子께서 말씀하셨다. "군자가 중후(重厚)하지 않으면 배우는 것도 견고하지 못하다. 그러므로 진실되고 믿음이 있도록 하는 것을 위주로 삼고, 자기만 못한 자를 벗 삼으려 하지 말고 허물이 있으면 고치기를 꺼려하지 말라."

▣ 定公問 君使臣하며 臣事君하되 如之何잇고 孔子對曰 君使臣以禮하며 臣事君以忠이니이다 (팔일편 19)

정공이 묻기를, "임금이 신하를 부리며, 신하가 임금을 섬김에 어찌해야 합니까?" 孔子께서 말씀하시기를, "임금은 신하를 禮로써 부리며 신하는 임금을 마음을 다하여 섬겨야 합니다."

▣ 子貢問曰 有一言而可以終身行之者乎잇가 子曰 其恕乎인저 己所不欲을 勿施於人이니라 (위령공편 23)

자공이 "한 말씀으로써 종신토록 행할 만한 것이 있습니까?" 하고 묻자, 孔子께서 말씀하셨다. "아마도 恕일 것이다. 자기가 하고자 하지 않는 것을 남에게 베풀지 말려는 것이다."

이 글을 요약하면 忠이란 자기의 진실된 마음을 다하는 것이며 恕란 이러한 자기의 마음을 미루어 남에게 미치게 하는 것이니, 忠과 恕는 자기를 이루고 남과 사귐하는 마음의 요체임을 알 수 있을 것이다.

3. 仁의 실천

孔子의 핵심사상이 仁이므로 仁의 실천은 『論語』 전 편에서 孔子님이 하신 말씀이 仁의 실천이 아닌 것이 없을 것이다. 그러나 여기서는 仁의 실천방법으로 생각해 볼 수 있는 '能近取譬', '克己復禮', '推己及人' 이 세 가지를 살펴보기로 한다.

1) 能近取譬

이것은 仁을 실천함에 있어서 가까운데서 취하며 비유할 수 있어야 함을 말한 것이다.

▣ 子貢曰 如有博施於民而能濟衆이면 何如하니잇고 可謂
仁乎잇가 子曰 何事於仁이리오 必也聖乎인저 堯舜도 其
猶病諸시니라 夫仁者는 己欲立而立人하며 己欲達而達

人이니라 能近取譬면 可謂仁之方也已니라 (옹야편 28)
자공이 말하였다. "만일 백성에게 널리 은혜를 베풀어 많은
사람을 구제한다면 어떻겠습니까? 仁이라 부를만하겠습니
까?" 孔子께서 말씀하셨다. "어찌 仁을 일삼는데 그치겠는가,
그런 일을 일삼는 사람은 성인일 것이니 요순같은 성인도 그
런 것은 어려워하셨을 것이다. 무릇 仁이란 것은 자기가 서고
자 함에 남도 서게 하며 자신이 통달하고자 함에 남도 통달하
게 하는 것이다. 가까운 데서 취해 비유할 수 있으면 仁을 하
는 방법이라고 말할만하다."

　仁을 실천함에 큰 것부터 찾으면 천하에 이를 것이요 그런
仁을 행할 수 있는 사람은 찾기 어려울 것이다. 자기 주변에
가까운 일, 하기 쉬운 일부터 찾아 실천하는 것이 仁을 행하
는 요령이다. 그래서 『中庸』은 '군자의 道는 부부에서 단서
를 만든다(君子之道 造端乎夫婦)'고 하고 있고 『論語』에서
도 다음과 같이 말함을 볼 수 있다.

■ 子曰仁遠乎哉아 我欲仁이면 斯仁至矣니라 (술이편 29)
　孔子께서 말씀하셨다. "仁이 멀리 있겠는가? 내가 仁을 하고
　자 하면 仁은 당장 이르는 것이다."

■ 君子去仁이면 惡乎成名이리오 君子無終食之間 違仁이
　니 造次에 必於是하며 顚沛에 必於是니라 (이인편 5)
　군자가 仁을 떠나면 어찌 이름을 이룰 수 있겠는가. 군자는
　밥을 먹는 동안이라도 仁을 떠남이 없어야 하니 경황중이라도

이 仁에 반드시 하며 위급한 상황이라도 이 仁에 반드시 하는
것이다.

여기서 造次는 시간의 급박성을 말하고 顚沛는 상황의 어
려움을 말한다.

문제는 실천의 의지이다. 그리고 실천해 나가기 위해서는
일상생활에서 부딪히는 가까운 일부터 살펴야 할 것이다.

仁을 실천하는 것을 일상에 필요한 물과 불보다 더 절실하
게 느끼고(民之於仁也 甚於水火, 위령공편 34), 仁을 행함에
있어서는 스승에게도 양보하지 않는 의지가 있어야 하는 것
이다.(當仁 不讓於師, 위령공편 35)

2) 克己復禮

仁을 실천하는 것은 일상생활에서 자기의 사사로운 욕심
을 줄여 나가는데서 시작해야 한다.

▣ 顔淵問仁한대 子曰 克己復禮爲仁이니 一日克己復禮면
   天下歸仁焉하리니 爲仁由己니 而由人乎哉아 顔淵曰請
   問其目하노이다 子曰 非禮勿視하며 非禮勿聽하며 非禮
   勿言하며 非禮勿動이니라 顔淵曰 回雖不敏이나 請事斯
   語矣리이다 (안연편 1)
   안연이 仁을 묻자 孔子께서 말씀 하셨다. "자기의 사욕을 이

겨 禮에 돌아감이 仁을 실천하는 것이니 하루 동안이라도 사욕을 이겨 禮에 돌아가면 천하가 仁을 허여하는 것이다. 仁을 실천하는 것은 자기 몸에 달려 있으니 남에게 달려 있는 것이겠는가?" 안연이 "그 조목을 묻겠습니다."하자 孔子께서 말씀하셨다. "禮가 아니면 보지 말며, 禮가 아니면 듣지 말며, 禮가 아니면 말하지 말며, 禮가 아니면 행동하지 말아야 하는 것이다." 안연이 말하였다. "제가 비록 불민하오나 청컨대 이 말씀을 받들겠습니다."

예(禮)란 하늘이 우리에게 준 이치(仁, 어짊)를 때와 상황에 맞게 절제하고 격식화한 것(天理之節文)이니 이것은 곧 仁을 실천하는 주요 수단이 된다. 이것은 자기의 사사로운 마음을 다스리는 데부터 시작해야 한다. 그런데 이 사사로움은 우리의 마음이 외물과 접하는 데에서 생기는 것이니 외물을 접하는 데 신중함이 필요하다. 禮가 아닌 것, 즉 자기의 사사로운 욕심을 일으키는 것은 보지도 듣지도 말아야 하며 (어찌 눈에 보이고 들리는 것을 보지도 듣지도 않을 수 있는가! 보이고 들리더라도 마음을 다스려 거기에 이끌리지 말아야 함을 말한 것이다.) 또 자기의 사사로운 욕심을 말과 행동으로 옮기지 말아야만 禮를 실천하는 것이 된다. 그러므로 禮를 실천하고 아니하는 것은 모두 자기 마음에서 비롯되니 (爲仁由己) 남에게 달려 있는 것이 아니라 내 스스로 자기의 착한 본성을 굳게 지켜 나가야 하는 데에 달려 있는 것이다.

3) 推己及人

이것은 자기의 마음을 헤아려 그 마음을 남에게 적용하는 것을 말한다. 자기의 욕망을 확인하고 이윽고 남도 그와 같은 욕망이 있을 것임을 이해하는 것이야 말로 예의바른 행동의 시발점이자 仁을 실천하는 요체가 된다.

> ▣ 仲弓問仁한대 子曰 出門如見大賓하고 使民如承大祭하며 己所不欲을 勿施於人이니 在邦無怨하며 在家無怨이니라 仲弓 曰 雍雖不敏이나 請事斯語矣리이다 (안연편 2)
> 중궁이 仁을 묻자 孔子께서 말씀하셨다. "문을 나설 때는 큰 손님을 뵈온 듯 하며 백성들에게 일을 시킬 때에는 큰 제사를 받들 듯 하고, 자신이 하고자 하지 않는 것을 남에게 베풀지 말아야 하니, 이렇게 하면 나라에서도 원망함이 없으며 집안에서도 원망함이 없을 것이다." 중궁이 말하였다. "제가 비록 불민하오나 청컨대 이 말씀을 받들겠습니다."

사람을 대할 때 또는 일을 처리할 때 큰 손님, 큰 제사를 받들 듯 존경과 겸손의 마음으로 하며 자기가 싫은 것은 남에게도 하게 하지 않으면 이런 사람을 원망할 사람은 없을 것이다. 사람은 누구나 자기 입장을 먼저 생각하고 남의 입장을 살펴보려는 마음을 갖기 어려우니, 남의 입장을 살펴 남을 배려하는 것이야 말로 仁을 실천하는 요체라 할 것이다.

『中庸』에서 보이는 다음 글은 나를 미루어 남에게 미치는 것이 어떤 것이며, 어떻게 해야 하는 것인가를 이해하는데 도움이 될 것이다.

▣ 君子之道四에 丘未能一焉이로니 所求乎子로 以事父를 未能也하며 所求乎臣으로 以事君을 未能也하며 所求乎弟로 以事兄을 未能也하며 所求乎朋友로 先施之를 未能也로니 庸德之行하며 庸言之謹하여 有所不足이어든 不敢不勉하며 有餘어든 不敢盡하여 言顧行하며 行顧言이니 君子胡不慥慥爾리오 (『中庸』 13장)

군자의 道가 네 가지인데 나(孔子)는 그중에 한 가지도 능하지 못하니, 자식에게 바라는 것으로써 부모 섬김을 능히 하지 못하며, 신하에게 바라는 것으로써 군주 섬김을 능히 하지 못하며, 아우에게 바라는 것으로써 형을 섬김을 능히 하지 못하며 붕우에게 바라는 것을 내가 먼저 베풂을 능히 하지 못한다. 떳떳한 德을 행하며 떳떳한 말을 삼가서 <行>에 부족한 바가 있으면 감히 힘쓰지 않지 못하며 <言>이 有餘하면 감히 다하지 못하는 것이니, 말은 행실을 돌아보며 행실은 말을 돌아보아야 하니 군자가 어찌 독실하지 않을 수 있겠는가?

이와 관련하여 孔子는 『論語』 이인편에서 '參아 나의 道는 한 가지 理가 만 가지 일을 꿰뚫고 있다(吾道 一以貫之, 이인편 15)'라고 하면서 그 하나를 그의 제자인 증자(曾子)의 입을 통해 '忠恕'라고 표현하고 있고 또 이를 위령공편에서 그의 제자인 자공의 물음을 통해 한 말씀으로서 '종신토록 행할 만한 것'이 곧 '恕'라고 강조하고 있음을 볼 수 있다.

또 『大學』에서는 이 '恕'를 이른 바 '구(矩)로서 재는 道(絜矩之道)'라 하여 재위의 군자(在位之君子, 위정자)가 갖추어야 할 중요한 德目으로 삼아 다음과 같이 말하고 있다.

■ 所謂平天下在治其國者는 上老老而民興孝하여 上長長而民興弟하며 上恤孤而民不倍(背)하나니 是以로 君子有絜矩之道也니라 (『大學』 전문 10장)

이른바 천하를 평(平)히 함이 그 나라를 다스림에 있다는 것은, 윗사람(위정자)이 늙은이를 늙은이로 대우함에 백성들이 효(孝)를 흥기하며, 윗사람이 어른을 어른으로 대우함에 백성들이 우애(弟)를 흥기하며, 윗사람이 고아를 구휼함에 백성들이 배반하지 않는다. 이러므로 군자(재위지군자)는 혈구지도〈絜矩之道〉가 있는 것이다.

역시 같은 책(『大學』)에서 이 絜矩之道를 다음과 같은 例로서 풀이하는 글이 보인다.

■ 所惡(오)於上으로 毋以使下하며 所惡於下로 毋以事上하며 所惡於前으로 毋以先後하며 所惡於後로서 毋以從前하며 所惡於右로 毋以交於左하며 所惡於左로 毋以交於右가 此之謂絜矩之道니라 (『大學』 전문 10장)

윗사람에게 싫었던 것으로써 아랫사람을 부리지 말며, 아랫사람에게 싫었던 것으로써 윗사람을 섬기지 말며, 앞사람에게 싫었던 것으로써 뒷사람에게 가(加)하지 말며, 오른쪽에게서 싫었던 것으로써 왼쪽에게 시키지 말며, 왼쪽에게 싫었던 것으로써 오른쪽에게 사귀지 말 것이니, 이것을 일러 絜矩之道라고 하는 것이다.

요컨대 위정자는 백성이 좋아하는 바를 좋아하고 백성이 싫어하는 바를 싫어하는 마음을 가져야 하며 이러한 마음으로 백성을 다스릴 때 '백성의 부모'(民之父母)가 될 수 있다는 것이다.

4. 오로지 仁하다는 것

仁은 진실된 마음으로 남에게 다가가는 자세라 할 수 있을 것이다. 그렇다고 한없이 남을 사랑하고 조건 없이 남을 배려하고 어떤 것이든 좋아하는 것인가? 그것은 물론 아니다. 仁에도 원칙이 있고 지킴이 있고 한계가 있는 것이다.

■ 或曰 以德報怨이 何如하니잇고 子曰 何以報德고 以直報怨이요 以德報德이니라 (헌문편 36)
혹자가 말하였다. "德으로써 원한에 갚는 것이 어떻습니까?"
孔子께서 말씀하셨다. "무엇으로 德에 갚을 것인가? 정직함으로써 원한에 갚고 德으로써 德에 갚아야 한다."

■ 子貢曰 君子亦有惡乎잇가 子曰有惡하니 惡稱人之惡者하며 惡居下流而訕上者하며 惡勇而無禮者하며 惡果敢而窒者니라 曰 賜也 亦有惡乎아 惡徼以爲知者하며 惡不孫以爲勇者하며 惡訐以爲直者하노이다 (양화편 24)

자공이 묻기를 "군자도 미워함이 있습니까?"하니 孔子께서 말씀하셨다. "미워함이 있으니 남의 단점을 말하는 자를 미워하며 아래에 처하면서 윗사람을 헐뜯는 자를 미워하며 용기만 있고 禮가 없는 자를 미워하며 과감하기만 하고 융통성이 없는 자를 미워한다." 孔子께서 말씀하시기를 "사(賜)야 너도 미워함이 있느냐?" 자공이 말하였다. "남을 엿봄을 지혜로 여기는 자를 미워하며, 겸손하지 않는 것을 용맹으로 여기는 자를 미워하며, 들추어내는 것을 정직함으로 여기는 자를 미워합니다."

仁을 행함에 있어서는 분별함이 전제되어야 한다. 원한은 그에 상응한 공평하고 사심 없는 대응으로 풀어가야 할 것이고 무조건 은혜나 베풂으로서 풀어서는 안 되며, 남이 행하는 옳지 않은 행동에 대해서는 그것이 싫은 것임을 분명히 해야 한다. 그러기 위해서는 내 마음에 지극히 공평하고 사사로움이 없는 분별심이 갖추어져 있어야 하는 것이다. 그래서 孔子는 다음과 같이 말한다.

■ 子曰 惟仁者아 能好人하며 能惡人이니라 (이인편 3)

孔子께서 말씀하셨다. "오직 仁한 자라야 남을 좋아할 수도 있으며, 남을 미워할 수도 있는 것이다."

이 말은 내가 먼저 사사로운 마음이 없고 시시비비를 가릴 줄 아는 분별심을 갖춘 뒤에야 남의 좋은 점 나쁜 점도 보이는 것이니, 오직 그런 자라야 좋은 사람을 진실한 마음으로 좋아할 수 있고 나쁜 사람을 공정한 마음으로 미워할 수가 있다는 것이니, 내가 먼저 仁한 마음을 가지는 것이 우선이라는 뜻이다. 우리는 진실로 내가 仁한 뒤에야 남도 仁하게 할 수 있다는 것을 잊지 말아야 할 것이다.

제6강 禮를 배우지 않으면(不學禮 無以立)

孔子께서 어느 날 뜰에서 그의 아들 리(鯉)를 만나 禮를 배웠는지를 물었는데 鯉가 미쳐 못 배웠음을 고하자 孔子께서 다음과 같이 말씀하셨다.

▣ **不學禮**면 **無以立**이니라 (계씨편 13)
  예를 배우지 않으면 온전한 사회인이 될 수 없다.

禮는 仁과 더불어 孔子의 道를 이루는 양대 축이다. 仁은 안으로 자기 내면의 덕성을 이루는 바탕인 반면에 禮는 밖으로 타인과의 관계에서 자기를 서게 하는 수단이다. 사람이 선다는 것은 타인과의 관계에 있어서 사람으로서의 구실을 다 할 수 있음을 말하는 것으로 스스로 구체적 인격자가 됨을 말한다.

『論語』에서는 孔子의 道를 이루는 방법으로 博文約禮 (널리 배우고 禮로서 요약함, 옹야 편25)를 들고 있다. 博文

이라함은 지식의 확장을 통해 무엇이 善인지를 분별해 내는
과정을 말하고 約禮란 禮로서 몸을 단속하여 善을 지켜나가
는 과정이라 볼 수 있는데 이 두 가지가 합해져야 비로소 온
전한 인격인이 될 수 있다. 여기서는 禮라는 것이 무엇인지,
그 실천방법이 무엇인지를 살펴보기로 하자.

1. 禮란 무엇인가?

禮는 仁과 마찬가지로 개념하기가 좀 까다롭게 느껴진다.
仁이란 개념이 그 개념의 추상성과 속성의 광범위함으로 인
해서 개념하기 어려웠다면, 禮라는 개념은 추상적인 禮와 구
체적(격식화되고 제도화 된)인 禮가 개념상 혼재되어 있어서
혼돈을 가져오기 쉽기 때문이다. 우리가 禮라고 말할 때 그
禮는 때로는 孟子가 말하는 五常의 하나로서의 禮, 즉 추상
적 관념으로서의 禮일 때가 있는가 하면, 때로는 禮, 樂, 刑,
政이라고 말 할 때의 禮처럼 사회적으로 제도화된, 즉 구체
적으로 격식화된 禮로서 존재할 때도 있는 것이다. 환언하면
禮는 관념상의 禮의 개념도 있고 구체화된 격식으로서의 禮
의 개념도 있을 수 있으며 이 점이 다른 德, 예컨대 仁, 義
등이 관념상의 형태로서만 존재하는 것과 다르다.

자, 이런 생각을 전제로 하여 儒家에서는 禮를 어떻게 개
념하고 있는지 살펴보자.

朱子는 주석에서 禮를 '天理之節文, 人事之儀則'으로 풀이
하고 있다. 여기서 天理는 하늘이 사람에게 품수한 이치, 즉
본성(性)을 말하며 이 본성이 발현될 때 사회관계에 적합하
게 절제(節)하고 격식화(文)하는 것을 節文이라고 하며 人事
之儀則이란 천리를 절문한 결과로서 사람의 일상사에 따라야
할 규범으로 제도화 된 것을 의미한다고 볼 수 있다.

이렇게 보면 朱子의 풀이는 내면의 본성으로서의 禮(관념
적인 禮)보다는 다분히 밖으로 드러난 행위규범으로서의 禮
(격식화된 禮)에 초점을 맞춘 것으로 보인다. 그러나 우리가
경전을 볼 때에는 본성으로서의 禮의 개념도 존재한다는 것
을 유의할 필요가 있을 것이다. 예컨대 『論語』 안연편에
'克己復禮爲仁'의 경우의 禮는 어디까지나 본성으로서의 禮
(관념적인 禮)로 해석되어져야 하는 것이다.

아무튼 현실적으로 존재하는 禮는 우리 본성의 관념적인
禮가 우리 마음에서 밖으로 표현될 때에는 외물과 접하는 과
정에서 사사로운 욕망이 개입되고 이 욕망은 자칫 사회관계
를 해칠 수도 있으므로 이를 적절히 제재할 필요가 있게 되
는데 그 제재방법이 위에서 말한 節文이다.

이제 이 節文의 의미를 보다 구체적으로 살펴보자.

풍우란 (『중국철학사』) 에 따르면 禮의 기능은 두 측면
이 있는데 하나는 인간의 성정을 '절제' 하는 측면이고 다른

하나는 인간의 성정을 '격식화'하는 측면이라고 한다. 여기서 인간의 성정을 절제하는 것을 '節'이라고 하고 격식화 하는 것을 '文'이라 한다는 것이다.

다음 두 가지 사례는 節(절제)의 이미를 이해하는데 도움이 되는 글이다.

증자가 자사에게 말했다. "급(及)아 나는 부모상에 7일 동안 물과 미음을 입에 대지 않았다." 이에 대해 자사가 대답했다. "선왕께서 禮를 정하신 뜻은 과도하게 행하는 자는 禮에 맞게 절제하게 하고, 그에 미치지 못하는 자는 禮에 미치도록 노력하게 하려는 것입니다. 따라서 군자가 부모상을 치를 경우 물과 미음을 3일간만 입에 넣지 말게 하여 지팡이를 붙잡으면 곧 일어설 수 있을 정도로 하셨다고 생각합니다." (『禮記』)

자하가 喪을 마친 다음 孔子를 찾아뵈었다. 그에게 거문고를 주자 조율도 못했고 연주도 가락을 이루지 못했다. 마치고 일어나 말하기를 "아직 슬픔을 이길 수 없습니다만 선왕이 제정하신 禮인지라 감히 넘어설 수 없었습니다." 라고 했다. 자장이 喪을 마친 다음 孔子를 찾아뵈었다. 그에게 거문고를 주자 조율도 잘 했고 연주도 가락이 잘 맞았다. 마치고 일어나 말하기를 "선왕이 제정한 禮인지라 감히 미치지(준수하지) 않을 수 없었습니다." (『禮記』)

다음 두 글은 '文'(격식화)의 이미를 이해하는데 도움이 되는 예이다.

무릇 禮란 친소(親疎)를 규정하고 의심쩍음을 해결하며 변별하고 옳고 그름을 밝히는 것이다. (『禮記』)

인류의 생활 중에서 禮가 가장 중요하다. 禮가 없으면 법도에 맞게 천지신명을 섬길 수 없고 禮가 없으면 군신 상하 및 장유의 위계질서를 변별할 수 없고 禮가 없으면 남녀, 부자, 형제간의 친밀한 정, 그리고 혼인과 인척간의 교제의 빈도 등에서 분수를 정할 수 없다. (『禮記』)

위의 글들을 종합해보면 '節'은 인간 내면의 성정을 제재하는데 초점을 맞춘 것이고 '文'은 사회관계에서의 질서, 차별화에 초점을 맞춘 개념임을 알 수 있다.

이러한 것들을 모두 감안하여 볼 때 禮란 어떻게 정의될 수 있을까?

■ 禮者 因人之情而爲之節文 以爲民坊者也라 (『禮記』 坊記篇)
禮란 인간의 성정에 의거하여 그것을 절제하고(節) 격식화하여(文) 인민의 단속을 도모하는 것을 말한다.

이 말은 인간의 본성이 구체적 행위로서 발현될 때 구체적 사회관계에 적합하도록 절제하고 격식화한 것이 禮가 된다는 것으로 선진유학(先秦儒學)시기에서의 禮의 정의로서는 상당히 근사한 듯하지만 '인간의 단속을 도모한다.'는 부분에서는 오늘날의 禮의 정의로는 다소 문제가 있는 것 같다. (이는 뒤에 다시 논한다.)

2. 禮와 樂

樂은 소리로서 인간의 정감(情感)을 표현하는 수단이다. 인간의 정감은 외물을 접함으로서 생기게 되는데 그것은 일차적으로 소리로서 표현된다. 따라서 소리에는 인간의 정감이 묻어 있다. 슬픈 마음이 감(感)하면 소리는 가늘고 급하며, 즐거운 마음이 감하면 소리는 화평하고 여유가 있다. 기쁜 마음이 감하면 소리는 발산적이며 분노의 마음이 감하면 소리는 거칠고 사납게 나타난다. 즉 소리는 인간의 감정을 나타내는 도구인 것이다. 이것을 바꾸어 생각하면 소리는 인간의 감정을 통제하는 수단으로 쓰일 수 있다. 가늘고 급한 소리를 냄으로서 슬픈 마음을 불러일으키고 화평하고 여유 있는 소리를 냄으로서 즐거운 마음을 불러일으킬 수 있는 것이다.

儒家에서는 이 점을 중시하여 음악을 인간의 정감을 절제하는 매우 유용한 수단으로 삼는다. 이것은 禮가 추구하는 목적과 전혀 동일하다. 따라서 禮가 인간의 성정을 절제하고 격식화하여 인민의 단속을 도모하는 수단이 되듯이 樂도 인간의 성정을 화평하게 하고 조화롭게 하여 인간의 성정을 다스리는 수단이 되는 것이다.

　이러한 관계로 禮와 樂은 숟가락에 젓가락이 붙어 다니듯 늘 같이 따라붙는다. 그리하여 刑과 政이 나라를 다스리는 강제적, 사후적 규범으로서 함께 기능하듯 禮와 樂도 사람의 마음을 다스리는 임의적, 사전적 규범으로서 함께 기능하는 것이다.

　『論語』를 보면 孔子가 예악의 무너짐을 개탄하는 장면들이 여러 곳에 등장하는데 인간의 감정이 무너짐, 그 자체를 개탄하는 의미도 있지만 나라를 다스리는 통치규범으로서의 禮樂의 무너짐을 개탄함이 더 크게 느껴진다. 다음은 그 전형적인 내용이다.

　▣ 孔子謂季氏하시되 八佾로 舞於庭하니 是可忍也면 孰不可忍也리오 (팔일편 1)
　　孔子께서 계씨를 두고 말씀하셨다. "팔일무를 <일개 대부의 집의> 뜰에서 춤추게 하니 이 짓을 차마 한다면 무엇을 차마 하지 못하겠는가?"

　▣ 三家者以雍徹이러니 子曰 相維辟公이어늘 天子穆穆을 奚取於三家之堂고 (팔일편 2)

三家에서 〈제사를 마치고〉 『詩經』의 雍章을 노래하면서 철상을 하였다. 孔子께서 말씀하셨다. "제후들이 제사를 돕거늘 천자는 엄숙하게 계셨다는 가사를 어찌 해서 三家의 집에서 취해다 쓰는가?"

이것은 천자가 행하는 의식(八佾舞)이나 제사에 쓰이는 禮(雍徹)를 제후국의 일개 大夫가 버젓이 행하는 孔子 당시의 노나라의 현실을 孔子께서 개탄한 것으로, 이는 곧 천자국의 권위가 땅에 떨어져 통치 질서로서의 격식화된 규범인 禮가 사회적으로 실천되지 아니하는 상황을 개탄한 것이라 볼 수 있다.

3. 禮의 실천

1) 실질(實質)이 중요하다.

우리가 인간의 性情을 節文하는 것은 그 性情을 바르게 나타내어 사람과 사람과의 관계를 원만하고 화평하게 유지하기 위한 것이다. 그런데 禮는 구체적인 행위규범으로 나타남으로 사람들은 드러난 행위 그 자체를 정해진 규범에 따라 이행하기만 하면 곧 禮가 이루어지는 것으로 생각하기 쉽다. 그러나 이것은 큰 착각이다. 禮에는 반드시 그 추구하려는 실질(내용)이 있으므로 그 실질을 찾아 실천하는 것이 예의 실천인 것이다.

▣ 子曰 人而不仁이면 如禮何며 人而不仁이면 如樂何리오
(팔일편 3)
孔子께서 말씀하셨다. "사람으로서 仁하지 않으면 禮를 어떻
게 할 것이며 사람으로서 仁하지 않으면 樂은 또 어떻게 할
것인가?"

▣ 林放이 問禮之本한대 子曰 大哉라 問이여 禮는 與其奢
也론 寧儉이요 喪은 與其易也론 寧戚이니라 (팔일편 4)
임방이 禮의 근본을 묻자 孔子께서 말씀하셨다. "훌륭하도다.
질문이여! 禮는 사치스럽기보다 차라리 검소해야 하고, 상사
(喪事)는 형식적으로 잘 치르기보다는 차라리 슬퍼하는 것이
낫다."

이 글들은 禮를 행하는 것이 그 형식에 있는 것이 아니라
그 실질에 있는 것임을 말하고 있다. 孔子께서 克己復禮(안
연편 1)를 말씀하실 때 그 禮는 바깥에 드러난 禮의 모습이
아니라 인간의 본성에 내재된 실질의 禮를 말하는 것임을 이
미 말했거니와 양화편 제11장에서 '禮라 禮라 말하지만 그것
이 옥과 비단만을 말하겠는가, 음악이라 음악이라 말하지만
그것이 종과 북만을 말하겠는가(子曰 禮云禮云이나 玉帛云乎
아 樂云樂云이나 鍾鼓云乎哉아)'라는 말씀도 禮의 실질을 강
조하신 말씀인 것이다.

팔일편 제8장을 보면 孔子와 제자 자하(子夏)가 禮의 실질의 중요성과 관련하여 문답하는 다음 대화가 보인다.

■ 子夏問曰 巧笑倩兮여 美目盼兮여 素以爲絢兮라하니 何謂也잇고 子曰 繪事後素니라 曰禮後乎인저 子曰 起予者는 商也로다 始可與言詩已矣로다 (팔일편 8)
자하가 물었다. "예쁜 웃음에 보조개가 예쁘며 아름다운 눈에 눈동자가 선명함이여! 흰 비단으로 채색한 것 같구나 하였으니 무엇을 말한 것입니까?" 孔子께서 말씀하셨다. "그림을 그리는 일은 흰 비단을 마련하는 것보다 뒤에 하는 것이다." 〈그러자 자하가〉 "禮가 〈忠信보다〉 뒤이겠군요?"라고 말하자 孔子께서 말씀하셨다. "나를 흥기시키는 자는 商<자하>이로구나! 비로소 함께 시를 말할 만하다."

윗글의 요지는 繪事後素에 있다. 그림을 잘 그리고 못 그리는 것(겉으로 형식적인 禮를 실천하는 것)은 그림을 그릴 흰 비단을 마련(禮의 실질인 仁한 마음을 갖는 것)하는 문제보다 뒤에 생각할 일인 것이다. 이것은 禮의 실질이 없으면 밖으로 드러나는 禮로서의 행위가 아무런 의미가 없음을 잘 말해주고 있다할 것이다.

그렇다면 禮의 실질은 무엇일까? 그것은 위의 글에서처럼 忠信(진실 되고 성실한 마음)일 수도 있고 敬(공경하고 겸손함)일 수도 있고 辭讓(겸손하여 양보함)일 수도 있고 恭順(자기를 낮추어 따름)일 수도 있거니와 크게 봐서 仁(어짊)

자체일 수도 있다 하겠다.

다음의 팔일편 제15장은 禮의 실질로서의 '敬'이 어떤 것 인지를 이해하는데 도움이 된다.

■ 子入大廟하사 每事問하신대 或 曰 孰謂鄹人之子知禮 乎아 入大廟하여 每事問이온여 子聞之하시고 曰 是禮也 니라 (팔일편 15)

孔子께서 태묘〈주공의 사당〉에 들어가 매사를 물으시니 혹 자가 말하기를 "누가 추땅 사람의 아들〈孔子를 지칭〉을 일 러 禮를 안다고 하는가, 태묘에 들어가 매사를 묻는구나!"하 였다. 孔子께서 이 말을 들으시고 "이것이 바로 禮이다."라고 하셨다.

이 글은 나라의 어른인 周公(魯나라의 시조)의 제사를 모 심에 있어 혹여 잘못이 있을까를 걱정하는 조심스러운 마음, 그것이 敬이며 그 敬을 실천하는 것이 곧 禮라는 것으로 禮 의 실질이 무엇인가를 잘 말해주고 있다할 것이다.

2) 禮貴得中

禮의 실천은 '中'을 얻음을 귀하게 여긴다. 인간의 성정을 節文하는 것은 그 '中'을 취하기 위함이다.

그렇다면 '中'을 취한다는 것은 어떤 의미일까? 다음 글들이 이를 설명해 준다.

▣ 有子曰 禮之用이 和爲貴하니 先王之道斯爲美라 小大由之니라 有所不行하니 知和爲和요 不以禮節之면 亦不可行也니라 (학이편 12)

유자가 말하였다. "禮의 用은 和가 귀함이 되니 선왕의 道는 이를 아름답게 여겼다. 그리하여 작은 일과 큰일에 모두 이것을 따른 것이다. 행하지 못할 것이 있으니 和를 알아서 和만 행하고 禮로서 절제하지 않는다면 이 또한 행할 수 없을 것이다."

무릇 禮는 敬을 주된 것으로 삼기 때문에 그 격식이 자칫 嚴해지기 쉽다. 너무 敬만을 생각하면 지리해지고 때론 和를 해치기 쉽다. 또 음악은 和를 주된 것으로 삼기 때문에 그것이 지나치면 자칫 방탕으로 흐르기 쉽다. 和가 귀하다는 것만을 생각하여 和에만 한 결 같이 하면 방탕으로 흘러 돌아올 것을 잊게 되기 쉽다. 그러므로 禮(樂)을 실천함에는 엄숙하면서도 편안함이 있고(嚴而泰) 화평하면서도 그 가운데 節制가 있어야(和而節) 한다. 이것이 위에서 말하는 '中'의 의미인 것이다[36].

---

36) 『論語』 學而篇12章에 朱子는 "禮者, 天理之節文, 人事之儀則也. 和者, 從容不迫之意. 蓋禮之爲體雖嚴, 而皆出於自然之理, 故其爲用, 必從容而不迫, 乃爲可貴."라 하고 또 "以其徒知和之爲貴而一於和, 不復以禮節之, 則亦非復理之本然矣, 所以流蕩忘反, 而亦不可行也."라 했다. 또 범조우는 "「凡禮之體主於敬, 而

태백편 제2장은 '中'을 취하는 것이 비단 禮樂에 그치는 것이 아니라 다른 德도 마찬가지임을 설명하고 있다.

■ 子曰 恭以無禮則勞하고 愼以無禮則葸하고 勇以無禮則亂하고 直以無禮則絞니라 (태백편 2)

孔子께서 말씀하셨다. "공손하되 禮가 없으면 수고롭기만 하고, 삼가되 禮가 없으면 두려운 것으로 비칠 뿐이고, 용맹스럽되 禮가 없으면 어지러움만 일으키고, 정직하되 禮가 없으면 너무 급박하기만 하다."

윗글에서 禮가 없다는 것은 節文이 없어서 한 편에 너무 치우치게 되어 '中'을 잃은 것을 말한다고 볼 수 있다.

사실 孔子의 道는 中庸(中)을 취하는 것을 이상으로 삼고 있다. 『中庸』에서 "君子는 中庸이요 小人은 反中庸이니라 (『中庸』 2장)한 것도 中庸이 군자가 취해야 할 길임을 말하고 있는 것이다. 이렇게 본다면 '禮란 인간에게 중도를 얻게 하는 표준적인 외부규범'이라고 할 수도 있겠다.37)(풍우란, 『중국철학사』)

其用則以和爲貴. 敬者, 禮之所以立也; 和者, 樂之所由生也. 若有子可謂達禮樂之本矣.」 愚謂嚴而泰, 和而節, 此理之自然, 禮之全體也. 毫釐有差, 則失其中正, 而各倚於一偏, 其不可行均矣."라 했다.

37) 『禮記』 仲尼燕居篇 "子貢越席而對, 曰 敢問將何以爲此中者也? 子曰, 禮乎禮. 夫禮所以制中也."와 『禮記』 坊記篇의 "禮者, 因人之情而爲之節文, 以爲民坊者也." 참조.

3) 禮의 損益

禮는 '격식화'의 결과로 나타나는데 이 격식화는 그 시대상
을 반영하기 마련이다. 그래서 『禮記』는 다음과 같이 말하
고 있다.

■ 五帝殊時 不相沿樂 三王異世 不相襲禮 (『禮記』)
   五帝는 각각 시대가 달랐으므로 이전 시대의 음악을 인습하지
   않았고 三王 역시 각각 세상이 달랐으므로 앞 왕조의 禮를 답
   습하지 않았다.

이것은 禮의 실질은 변하지 않지만 禮의 드러나는 형식은
시대에 따라 달라야 함을 말한 것이다. 이러한 생각은 孔子
의 다음 말씀에도 그대로 나타나고 있다.

■ 子曰 周監於二代하니 郁郁乎文哉라 吾從周하리라 (팔일
   편 14)
   孔子께서 말씀하셨다. "周나라는 夏, 殷 二代를 보았으니 찬
   란하다, 그 文이여! 나는 周나라를 따르겠다."

■ 子曰 麻冕이 禮也어늘 今也純하니 儉이라 吾從衆하리라
   拜下禮也어늘 今拜乎上하니 泰也라 雖違衆이나 吾從下
   하리라 (자한편 3)
   孔子께서 말씀하셨다. "삼베로 된 면류관이 禮에 맞지만 지금
   은 생사로 만든 관을 쓰니 검소하다. 나는 대중을 따르겠다.

당 아래서 절하는 것이 禮인데 지금은 당 위에서 절하니 이는 교만하다. 나는 비록 대중들과 어긋난다 하더라도 당 아래서 절하는 것을 따르겠다."

중국은 周나라 때에 이르러 문물제도가 크게 정비되고 문명이 꽃피우는 시대로 접어들게 되었는데 이는 앞서의 夏나라와 殷나라에 이르는 문물제도를 周나라가 잘 損益(줄일 것은 줄이고 늘릴 것은 늘림)한 결과라 볼 수 있다.

또 周나라 초기의 文王과 周公 등 걸출한 인물들이 德治를 표방하여 모든 제도를 사람에 근본한 제도로 탈바꿈시켜 나갔으므로 이것 역시 孔子의 뜻에 부합하는 것이었다. 孔子께서 주나라 제도를 따르겠다고 한 것은 이러한 의미로 해석될 수 있을 것이다.

두 번째 글은 시대에 따라 문물제도가 변한다 하더라도 그 상황은 한결같지 않음이 있을 것인데 그 어느 것을 따를 것인가는 판단이 따라야 함을 말하고 있다. 孔子가 생사면류관을 따르는 것은 검소함 때문이고 당 아래서 절하는 것을 따르는 것은 교만함을 싫어함 때문인 것이니 일반적, 보편적판단기준을 들라면 그것은 禮의 실질이 추구하는 바의 것이며 그것은 바로 옳음(義)이라 할 것이다.

4. 禮의 實踐에 있어서 생각해야 할 것들

올바른 禮의 실천과 관련하여 반드시 생각해야할 것으로는 禮의 형식화의 문제와 손익의 문제가 있다.

먼저 형식화의 문제를 생각해 보자.

이것은 고대로부터 禮를 통치의 주요수단으로 삼아왔던 것과 관련이 있다. 앞서 禮를 정의할 때 禮는 인간의 성정을 節文한 것이고 또 이것은 '인민을 단속하기 위한 것'이라는 『禮記』 방기편을 살펴본 바 있는데 이는 禮가 당시에 주요한 통치수단으로 쓰이고 있음을 말한 것이다.

孔子께서 일개 대부 신분인 계강자가 어찌 천자의 의식인 팔일무(八佾舞)를 자기 집 뜰에서 추느냐고 개탄했지만(팔일편 1) 기실 팔일무는 천자의 위의(威儀)를 드러내는 형식적 수단이기도 한 것이다. 청나라 말엽까지 중국은 외국의 사신이 천자를 접견하는 禮로서 '三拜九叩頭'(세 번 절하고 아홉 번 머리를 조아림)를 강요했었다. 또 우리나라에서도 민간사대부는 아무리 벼슬이 높고 부유해도 99칸 이상의 집을 소유할 수 없게 했다. 이러한 禮의 형식화는 점차 그러한 형식이 곧 禮인 것으로 둔갑하기도 하는데 이것이 禮의 형식화의 문제이다. 우리는 이러한 禮의 형식화가 가져온 폐해를 너무나 많이 보아왔다. 다음은 그 단편적인 예시에 불과하다.

◆ 인조 때 조척(趙滌)이란 사람이 있었는데 그 아버지가 돌아가심에 삼년상(三年喪)을 치르면서 밤낮으로 호곡하였고 그 이후에도 묘역을 떠나지 않고 지키다가 끝내 그 몸을 상해 죽고 말았다. 나라에서는 이러한 소식을 듣고 그를 효자라 하여 효행의 정려비(旌閭碑)를 세워주었다. (『인조실록』)

◆ 조선시대의 양반들은 효자소리를 듣기위해 조상이 돌아가시면 아침저녁 조곡을 위하여 돈으로 곡비(哭婢)나 곡노(哭奴)를 사는 것이 다반사였다고 한다.(이덕일, 『내 인생의 論語, 그 사람 孔子』

◆ 조선의 현종과 숙종 대에 효종과 효종비가 승하하자 그 복상기간을 둘러싸고 어느 禮를 택하는 것이 맞는가에 관하여 논쟁이 벌어졌는데 이를 禮訟爭論이라고 한다. 이것은 순전히 禮의 형식화 문제가 정쟁으로 비화된 전형적인 사례로 꼽힌다.

위의 사례들은 우리가 禮의 실질과는 동떨어진 형식화된 禮를 禮의 실질로 여겨왔던 바를 반성케 한다. 禮의 실질은 내면의 마음속에 있다는 것을 깊이 인식해야 할 것이다.

또 하나의 문제는 損益이다.

시대가 달라지면 禮의 격식도 달라져야함은 이미 살펴보았다. 그러나 그것을 우리의 현실에서 깨닫는 것은 쉽지 않다.

예를 들어보자. 지금 우리는 부모 봉양의 문제를 어떻게 생각하고 있는가? 부모님이 잠자리에 들 때에는 그 방이 안온한지 이부자리가 펴져있는지를 살피고 아침에 일어나시면 밤새 잠자리가 편안하셨는지를 살핀다. 이른바 혼정신성(昏定晨省)이라는 고래의 禮란 것인데 이것이 오늘날에도 가능한가? 曾子는 부모에게 음식을 올릴 때 반드시 술과 고기를 올리며 상을 치우려 할 때 누구에게 줄 것을 묻는 것이 孝라고 말하고 있는데 이것이 오늘날에도 가능한가?

우리의 현실은 이미 소가족제(小家族制)가 보편화되고 있는데 대가족제를 전제로 한 고래의 이러한 禮는 전혀 무의미한 것이다. 그렇다고 봉양(奉養)이란 개념이 없어져도 되는 것인가? 그것은 물론 아니다. 그렇다면 이 시대에 맞는 봉양은 어떻게 해야 하는가? 이것이 이른바 禮의 損益과 관련된 문제라 할 것이다. 우리는 損益의 필요성은 공감하지만 어떻게 하는 것이 損益인가에는 소홀하다. 작금의 TV를 보면 부모를 모시는 문제를 희화화(戱話化)하여 하나의 코미디 감으로 삼고 있음을 볼 수 있는데 통탄할 일이다.

이 시대에 맞는 禮의 발견, 우리 내면의 사양(辭讓)하고 공경(恭敬)하는 마음을 잃지 않고 어떻게 밖으로 드러난 禮를 損益해 낼 것인가 이것은 오늘날을 살아가는 우리가 근심해야 할 준엄한 과제가 되고 있다할 것이다.

제7강 부모의 뜻을 이어 펼침(繼志述事)38)

　　어버이와 자식의 관계는 하늘이 맺어준 관계(天合)이므로 부모가 자식을 사랑하고 자식이 부모에게 효도하는 것(父慈子孝)은 자연스러운 이치이다.

　　이것은 배움을 통해서 체득되는 것이 아니라 본성의 자연스러운 발현인 것이다.

　　孔子 당시의 세상은 물질적 측면에서는 아마 지금처럼 풍요롭지 않았을 것이고 한발이나 가뭄 등 자연재난에 따른 수확의 변동이 지금보다 더 극심했을 것이다. 그러함에도 부모를 물질적으로만 봉양하는 것은 제대로 된 효도의 근방에도 끼이지 못했다.

---

38) 孔子께서는 세상에 통달하는 대표적인 孝로 주공과 무왕의 孝를 들고 있다. 주공과 무왕의 孝는 바로 繼志述事였다. 『中庸』19章:"子曰, 武王 周公, 其達孝矣乎! 夫孝者: 善繼人之志, 善述人之事者也"라 하고 『集註』에 "武王 周公之孝, 乃天下之人通謂之孝, 猶孟子之言達尊也. 武王纘大王 王季 文王之緖以有天下, 而周公成文武之德以追崇其先祖, 此繼志述事之大者也."라 했다.

『孝經』을 지었다는 증자(曾子)는 다음과 같이 말했다.

▣ 曾子 曰 孝有三 大孝尊親 其次弗辱 其下能養 (『禮記』)

증자가 말했다. 孝에는 세 가지가 있다. 가장 큰 孝는 부모를 존경하는 것이고 그 다음은 부모를 욕되게 하지 않는 것이고 그 아래가 봉양을 잘하는 것이다.

또 『論語』에서 孔子께서는 다음과 같이 말씀하셨다.

▣ 子游問孝한대 子曰 今之孝者는 是謂能養이니 至於犬馬하여도 皆能有養이니 不敬이면 何以別乎리오 (위정편 7)

자유가 孝에 대하여 묻자 孔子께서는 말씀하셨다. "지금의 孝라고 하는 것은 〈부모의〉 몸을 잘 봉양하는 것을 말한다. 개와 말도 잘 길러주는데 공경하지 아니하면 〈부모를 공경하는 것과 개와 말을 기르는 것을〉 무엇으로 구별하겠는가?"

윗글을 보면 孝는 부모를 존경하는 마음이 가장 중요함(大孝尊親)을 알 수 있다. 그러나 孝는 이러한 정신적 측면만 강조해서 이루어질 수 있는 것도 아니다. 孝는 仁이라는 관념적 德目을 구체적으로 실천하는 수단(孝弟, 爲仁之本)이므로 우리는 일상에서 정신적으로나 또는 물질적으로 구체적 행위로서 드러나야 하는 실천규범이기도 한 것이다.

자! 오늘날의 孝 과연 무엇이 문제인가?

1. 孝에 관한 일반론

孝를 朱子가 풀이하기를 부모를 잘 모시는 것(善事父母爲孝)이라 하고 있다. 또 『禮記』에서는 부모의 생명과 사업을 계승하여 이를 이어나감(嗣親)을 孝라고 보기도 한다.

일반적으로 孝는 두 가지 측면에서 살펴 볼 수 있다고 한다. (풍우란, 『중국철학사』)

그 하나는 육체적 측면에서 바라보는 것인데 이는 또 부모의 신체를 봉양하는 측면, 자식의 몸이 부모가 남겨준 것임을 명심하여 신중히 보호하는 측면, 새로운 나를 만들어 부모의 생명을 계속 전하는 측면으로 나누어 볼 수 있다.

다른 하나는 정신적 측면의 것으로 살아 계실 때 부모의 뜻을 봉양하고[39] 부모의 과실이 있으면 이를 고쳐 바르게 사시도록 권하는 것이며 부모가 돌아가신 후에는 부모의 뜻을 이어 받고 일을 받들어 이룸(繼志述事)으로써 우리의 추모와 기억 속에서 '不朽'할 수 있게 하는 것이다.

---

[39] 부모를 봉양함에 그 뜻을 살펴 봉양하는 것을 '養志'라 한다. 『孟子』 이루상편 19장을 보면 曾子가 그 아버지 증석을 술과 고기로 봉양할 때에는 남은 음식을 누구에게 줄까 더 필요한가를 물어 행하였는데 曾子의 아들 증원이 그 아버지 曾子를 봉양할 때에는 이를 묻지 않고 봉양하였는데 曾子의 봉양방법을 '養志'라 하고 증원의 봉양방법을 '養口體'라 하여 養志를 바람직한 봉양으로 보고 있다.

『孝經』은 다음과 같이 말한다.

■ 夫孝 德之本也 教之所由生也…. 身體髮膚 受之父母
不敢毁傷 孝之始也 立身行道 揚名於後世 以顯父母
孝之終也 夫孝始於事親 中於事君 終於立身 (『孝
經』)

무릇 孝란 모든 도덕의 근본이요 모든 가르침의 원천이다.
…. 몸의 머리털과 피부는 부모에게서 받은 것이니 함부로 훼
상하지 아니함이 孝의 시작이요, 출세하여 道를 행하여 후세
까지 이름을 떨쳐 부모를 영광스럽게 하는 것이 孝의 마침이
다. 무릇 孝는 부모 섬기는데서 시작하여 임금 섬기는 일이
중간이고 출세하는데서 끝맺는 것이다.

또 『論語』 에서 유자(有子)는 다음과 같이 말한다.

■ 有子 曰 其爲人也孝弟요 而好犯上者鮮矣니 不好犯上
이요 而好作亂者 未之有也니라 君子는 務本이니 本立
而道生하나니 孝弟也者는 其爲仁之本與인저 (학이편 2)

유자〈孔子의 제자〉가 말하였다. "그 사람됨이 효성스럽고
우애가 있으면서 윗사람을 범하기를 좋아할 자가 적으니, 윗
사람을 범하기를 좋아하지 않으면서 난을 일으키기를 좋아하
는 자는 있지 않다. 군자는 근본을 힘쓰니 근본이 서면 道가
생기니 효성과 우애는 仁을 행하는 근본인 것 같다."

이 말의 요지는 자신의 가족과 자신과의 관계는 더없이 친

밀한 관계이므로 仁의 본질이 '推己及人'(자기를 미루어 남에게 미침)인 점에 비추어볼 때 만약 자신의 가족에 대해서도 미루어 공경할 수 없다면 다른 사람에 대해서는 더더욱 미루어 공경할 수 없을 것이므로 仁의 실천인 '推己及人'은 자기의 가족부터 시작하여야한다. 그러므로 仁의 실천은 가장 먼저 효성과 우애에서 비롯되어야 하는 것이니 효성과 우애가 仁을 행하는 근본이 된다는 것이다.

이러한 생각을 바탕으로 하여 孝의 실천에 관한 『論語』의 말씀들을 살펴보기로 하자.

2. 孝行(효의 실천)

첫 번째 가장 기본적인 孝의 실천은 奉養이다.

이는 부모의 몸과 마음을 건강하게 부지할 수 있도록 음식과 거소 등을 잘 보살펴 드리는 것인데 여기에는 반드시 공경함이 따라야 한다. 단순히 시키는 일을 해서 부모의 수고로움을 들어 드리고 술과 음식을 대접한다고 해서는 孝가 되지 못함을 다음 글에서 우리는 알 수 가있다.

▣ **子夏問孝**한대 **子曰 色難**이니 **有事**어든 **弟子服其勞**하고 **有酒食**(사)어든 **先生饌**이 **曾是以爲孝乎也**아 (위정편 8)
자하가 孝에 대해서 묻자 孔子께서 말씀하셨다. "얼굴빛을 부드럽게 하는 것이 어려우니, 부모에게 일이 있으면 동생이나 자식이 그 수고로움을 대신하고 술과 밥이 있으면 아버지나 형에게 잡수시게 하는 것을 도대체 孝라 할 수 있겠는가?"

앞의 글 (子游問孝, 위정편 7)에서 孔子께서 공경이 없는 봉양은 개나 말을 잘 먹이는 것과 무엇이 다른가 하신 뜻이 바로 이것이다.

두 번째는 부모께서 주신 몸과 이름을 잘 보전하는 것이다.

이를 위에서는 자기신체를 훼상하지 않아야 할 뿐 만아니라 자신의 몸을 욕되게 하지 않아 부모로 하여금 부끄러움이 없게 하여야 한다고 하고 있다. 부모가 온전히 낳아 주셨으니 자식이 그 몸을 온전히 보존하여 부모에게 돌려 드림은 기본일 것이고 자신의 일거수 일투족(一擧手一投足)을 부모가 근심하거나 부끄럽지 않게 함으로서 부모가 자식에게 향하는 사랑하는 마음에 보답해야 하는 것이다. 다음 글은 이러한 내용을 담고 있다.

▣ 孟武伯問孝한대 子曰 父母는 唯其疾之憂시니라 (위정편 6)
맹무백이 孝에 대하여 묻자 孔子께서 말씀하셨다. "부모는 오직 자식이 병들까 근심하신다."

▣ 子曰 父母在어시든 不遠遊하며 遊必有方이니라 (이인편
19)

孔子께서 말씀하셨다. "부모가 생존해 계실 때에는 먼 데 놀
지 말며 놀더라도 반드시 일정한 方所가 있어야 한다."

효행으로 유명한 曾子가 임종에 앞서 그 제자들에게 자기
의 손발을 내 보이게 하면서 '이제야 나는〈몸을 훼상하여
부모를 근심케 하는 것을〉면한 것을 알겠구나, 제자들아'라
고 한 말(태백편 3)에서 몸을 온전히 보전하는 것이 얼마나
큰 孝인지, 그리고 曾子가 실천으로 보여준 효행의 끝이 어
디인가를 우리는 느낄 수 있다.

세 번째는 부모의 생명을 이어가는 것이다.

『孟子』는 다음과 같이 말한다.

▣ 不孝有三하니 無後爲大하니라 舜不告而娶는 爲無後也
시니 (『孟子』 이루상 26)

不孝가 세 가지 있으니〈그 중에〉후손이 없는 것이 가장 크
다. 순임금이〈부모에게〉아뢰지 않고 장가든 것은 無後때문
이었다.

儒家는 영혼불멸을 주장하지는 않으나 자신의 생명이 후손
에게 이어져 대가 끊기지 않는 것을 매우 편안하게 여겼던

것은 사실이다. 오늘날 그것이 꼭 남자의 계통으로 이어져야 한다는 생각은 많이 희석되었으나 아직도 대가 끊어지지 않아야 한다는 생각은 상당히 남아있다.

네 번째는 부모의 뜻을 받드는 것이다.

여기에는 소극적인 측면과 적극적인 측면으로 나눌 수 있다. 또 생전과 사후로 나누어 생각해 볼 수도 있다.

> ▣ 子曰 事父母하되 幾諫이니 見志不從하고 又敬不違하여 勞而不怨이니라 (이인편 18)
> 孔子께서 말씀하셨다. "부모를 섬기되 은미하게 간해야 하니 부모의 뜻이 내 말을 따르지 않음을 보고서도 더욱 공경하여 어기지 않으며 수고롭되 원망하지 않아야 한다."

이는 참 어려운 문제이다. 오늘날처럼 어른의 권위가 쉽게 자식의 지식에 압도당하고 노인의 경험이 무시되기 십상인 세태에서, 또 실제로 자식의 지식이 부모의 지식을 능가할 수 있는 현실에서 윗글을 문면 그대로 받아들이기는 쉽지 않다. 그러나 이는 마음가짐의 문제라 할 것이다.

『孝經』의 다음 글귀를 생각해 보자.

> ▣ 子之事親也에 三諫而不聽이면 則號泣而隨之하라 (『孝

經』)

자식이 부모를 섬김에 세 번 간해도 들어주지 않으면 소리 내 울며 따라야 한다.

이 말은 자식이 부모의 말씀을 무조건 따르라는 뜻이 결코 아니다. 세 번 간한다는 것은 물리적 숫자의 개념이 아니라 진심을 다해 최선을 다하라는 뜻이다.

자식이 이렇듯 진심을 다한다면 어느 부모가 맹목적 반대를 할 수 있을 것인가!

■ 子曰 父母之年은 不可不知也니 一則以喜요 一則以懼

니라 (이인편 21)

孔子께서 말씀하셨다. "부모의 나이는 기억하고 있지 않으면 안 되는 것이니 한편으로는 기쁨을 느껴야 하고 한편으로는 두려움을 느껴야 한다."

부모와 자식은 생의 주기가 다르다. 자식의 성장기에는 부모는 무소불위(無所不爲)의 능력자로 비춰질 수도 있지만, 자식이 왕성한 활동기에 접어들면 부모는 하강국면에 접어들지 않을 수 없다. 이러한 라이프 사이클에 때에 맞게 부모의 뜻을 받들어 그때그때 부모의 뜻을 받든다는 것은 쉬운 일이 아닐 것이다. 그러므로 자식으로서는 부모의 나이 드심에 '愛日之誠'(부모의 여생의 하루하루를 아끼는 정성)을 갖지 않을 수 없고 하루하루 '父母俱存'의 기쁨을 갖지 않을 수 없을 것이다.

세월이 흐른 뒤에 風樹之歎(樹欲靜而風不止, 子欲養而親不待)을 아무리 되읊은들 무슨 소용이 있을 것인가!

다음은 부모의 뜻을 적극적으로 받드는 繼志述事(뜻을 잇고 일을 펼쳐 전술함)의 문제이다.

▣ 子曰 父在에 觀其志요 父沒에 觀其行이니 三年을 無改
於父之道라야 可謂孝矣니라 (학이편 11)
孔子께서 말씀하셨다. "아버지 계실 때는 그 뜻을 살피고 아
버지가 돌아가셨을 때에는 그 행동을 살피는 것이니 삼년동안
아버지의 도(일 또는 뜻)를 고치지 않아야 孝라고 말할 수 있
다."

이것 역시 마음가짐의 문제이다. 기계적인 文義를 따를 일
이 아닌 것이다. 부모 생전의 뜻이 합당하고 또 이루려는 일
이 바람직한 것이었다면 어느 자식이 이를 바꾸려 하겠는가?
설령 합당하지 못하고 바람직하지 못한 것이라 할지라도 충
분히 생각한 연후에 바꾸어야 함을 말한 것일 뿐이다.
어느 부모든 물리적 죽음이야 불가항력이지만 부모님이 가
졌던 뜻과 일은 자식이 이루어 주기를 원할 것이며 자식이
이것을 이루어 줄 수 있다면 부모는 죽어도 죽은 것이 아닐
것이다.

繼志述事라고 하면 사마천이 연상된다. 그는 '훌륭한 역사

서를 집필하라'는 아버지의 유지(遺志)를 받들어 선비로서는
감내하기 힘든 궁형(宮刑)을 감수하면서 『史記』라는 중국
대표적 역사서를 기술한 사람이다. 그는 20여년이란 긴 세월
동안 중국각지를 편력하고 궁중도서를 섭렵하여 紀傳體 역사
서의 효시라 할 수 있는 『史記』를 마침내 완성함으로써 아
버지도 살고 그도 사는 '不朽의 孝'를 성취한 사람으로서 繼
志述事의 전형이라 할 것이다.

3. 孝의 현대적 의미와 祭祀

　禮는 실질과 형식의 양면성을 갖는다.
　실질은 본원적 성정을 말하는 것으로 인간 내면의 공경 ·
겸손 · 사양 등을 의미하지만 형식은 그것이 외부로 드러나
사회적 규범화된 것을 말한다. 여기서 소중한 것은 禮의 실
질이며 이는 시간적 공간적으로 불변이다. 그러나 형식은 그
시대 상황이나 환경에 따라 손익(늘거나 줄어 듬)되어야 한
다.

　『禮記』는 다음과 같이 말한다.

■ 禮之所尊 尊其義也 失其義 陳其數 祝史之事也 故其
　數可陳也 其義難知也
　예에서 소중한 것은 그 의미〈義; 원리 원칙 실질〉이다. 그

의미를 상실하고 그 법식(형식)만을 진설하는 것은 祝史(신관)의 일이다. 즉 그 법식은 진설 할 수 있더라도 그 의미는 깨닫기 어려운 것이다.

우리는 앞에서 儒家가 말한 孝의 실천을 봐 왔지만 그것은 시간적으로 2500여 년 전의 일이며, 공간적으로 춘추전국의 상황이다. 우리가 중시해야 할 것은 그 孝의 본질적 의미이고 법식은 그 시대 그 상황에 따라야 한다. 따라서 법식화된 규범은 오늘에 맞게 손익 되지 않으면 안 된다.

이런 의미에서 孝의 실천과 관련해서 오늘날 새로운 실천 방법이 모색되어야 할 것으로 중요한 것이 앞서 말한 바 있는 봉양의 문제와 함께 제사의 문제가 있다. 대가족제도와 종법제도가 무너진 오늘날 현실에서의 제례법식의 손익은 불가피하다.

예컨대 『禮記』에서는 부모가 돌아가시면 '사흘 후에 염해야 하고 3개월 후에 장례를 치르고 삼년상을 마쳐야 된다.'[40]고 규정하면서 그 이유를 구구절절 설명하고 있다.

또 『論語』에서 "삼년상은 너무 길고 1년 복상이 좋을 듯하다"는 재여의 말에 孔子께서 "재여의 불인(不仁)함이여....

---

40) 『禮記』 檀弓上에 "子思曰, 喪三日而殯, 凡附於身者, 必誠必信, 勿之有悔焉耳矣, 三月而葬, 凡附於棺者, 必誠必信, 勿之有悔焉耳矣, 喪三年, 以爲極, 亡則弗之忘矣. 故君子有終身之憂, 而無一朝之患. 故忌日不樂."라고 한 것은 상례에 따른 당시의 예의를 성심으로 다하여 후회가 없도록 하기 위함이다.

재여는 3년의 사랑이 그 부모에게 있었는가!"라고 호되게
질책하시는 장면이 나온다.(양화편 21)[41]

이런 법식화된 禮가 오늘날 현실에 맞지 않음은 너무나 명
백함으로 마땅히 손익 되어야만 하는 것이다.

오늘날 祭祀와 관련된 현실은 어떤가?

'四代奉祭祀'의 개념은 물 건너 간지 이미 오래고, 기껏 할
아버지 · 아버지대의 제사를 모시거나 그것도 합사(合祀)하
여 모시는 경우가 허다하게 발생하고 있다. 또 분묘와 묘제
도 천차만별이다. 이것을 거론하는 것은 이것이 나쁘다는 것
이 아니라 제사를 모시는 의미(실질)를 환기하려는 데 있다.

자, 그럼 儒家에서 말하는 제사의 실질적 의미는 어디에
있는가.

제사는 귀신에 대한 공경의 의식이다. 儒家에서 중요하게
여기는 공경대상은 셋이다.

▣ 禮有三本 天地者生之本也 先祖者類之本也 君師者治
之本也 無天地惡生 無先祖惡出 無君師惡治 三者偏

---

41) 『論語』 양화편 제21장을 보면 재아(宰我) '三年喪은 1년상으
로 치러도 너무 길다.'고 물음에 孔子께서 '쌀밥을 먹고 비단
옷을 입는 것이 네 마음에 편안하냐?' 물으시면서 '군자는 居
喪할 적에는 맛있는 것을 먹어도 달지 않으며, 음악을 들어도
즐겁지 않으며, 거처함에 편안하지 않는 법'이라 하시며 재아
의 仁하지 못함을 질책하는 장면이 나온다.

亡焉無安人 故禮上事天下事地 尊先祖而隆君師 是禮
之三本也 (『荀子』)

禮에는 3대 근본이 있다. 천지는 생명의 근본이요, 조상은 인
류의 근본이요, 임금과 스승은 태평성세의 근본이다. 천지가
없다면 어떻게 생겼겠는가? 조상이 없다면 어떻게 태어났겠
는가? 임금과 스승이 없다면 어떻게 태평할 수 있겠는가? 이
세 가지 중에 하나라도 없으면 안정된 인간사회는 존재할 수
없다. 즉 禮란 위로 하늘을 섬기고 아래로 땅을 섬기고 조상
을 높이고 임금과 스승을 받드는 것인데 이것이 바로 禮의 3
대 근본이다.

儒家에서는 死後세계에 대한 판단을 유보한다. 영혼이 있
다고도 하지 않고 영혼이 없다고도 하지 않는다. 그러면서
귀신을 '敬而遠之'(있는 것으로 믿어 공경은 하되 귀신의 영
묘함에 의존하지도 않음)해야 할 대상으로 여긴다.
  그렇다면 孔子가 제사를 지냄에 '귀신이 그 자리에 임한
듯이 모시라'(祭如在 祭神如神在, 팔일편 12)라고 하신 뜻은
여하히 이해할 수 있는가?

  이것을 풍우란(『중국철학사』)은 다음과 같이 설명한다.

  우리의 마음에는 정감(情感)과 이지(理智)의 두 측면이
있다.
  예컨대 우리와 친한 사람이 죽은 경우 이지적 관점에서
보면 그 사람은 다시 살 수 없고 그 영혼이 계속 존재한

다고 믿기도 어렵다. 그러나 우리의 정감은 죽은 사람이 다시 살아나고 그 영혼이 계속 존재하기를 바란다. 우리가 오직 이지만을 따를 경우 죽은 사람에 대한 장례와 제사는 무의미하다.

반대로 오직 정감만을 따를 경우 미신을 진리로 여겨 이지적 판단을 부인해야 한다. 우리가 죽은 사람에 대해 순전히 이지적으로만 대하면 정감이 허락하지 않고 순전히 정감으로만 대하면 미신에 빠져 진보를 방해한다. 따라서 죽은 사람에 대한 도리는 이 양자를 절충하여 이지와 정감을 아울러 고려하는 것이다. (풍우란, 『중국 철학사』)

이것을 孔子는 한번 죽으면 완전 끝이라고 여김은 어질지 못하기(不仁) 때문에 행할 수 없고, 죽었는데도 살아있다고 여김은 지혜롭지 못하기(不智) 때문에 행할 수 없다고 말한다. 이렇게 본다면 제사는 우리의 정감의 위안을 구하는 것일 뿐이라 볼 수 있다. 그래서 풍우란은 상례나 제사를 '시와 예술이지 종교가 아니며' 죽은 사람에 대한 태도는 '시적이고 예술적이지 종교적이 아니다.'라고 하고 있다. 이것을 바꾸어 말하면 상례나 제사는 논리적 사고의 영역이 아니라 시나 예술적 사고의 영역이라는 뜻일 것이다.

이런 의미로 볼 때 제사(특히 조상에 대한 제사)는 나의 근원에 대한 마음으로의 보답을 표하는 시적 의식이라 말할 수 있을 것이다.

자! 이런 마음가짐으로 『禮記』에서 말하는 제사드릴 때의 마음가짐을 한 편의 시를 감상하는 기분으로 음미해 보자.

안으로는 치재(致齋: 마음에 떠오르는 생각을 다스려 통일시키려는 3일간의 재계) 밖으로는 산재(散齋: 치제 전에 7일 동안 목욕재계하고 행동을 삼가는 일)를 행한다. 이런 재계를 행하는 날은 부모 생전의 거처를 생각하고, 담소하시던 모습을 생각하고, 생전에 뜻하신 바를 생각하고, 즐거워하신 바를 생각하고, 좋아하신 음식을 생각하는데, 치재 3일이면 재계에서 바라는 바를 볼 수 있게 된다. 즉 제사 당일에 사당에 들면 어렴풋하지만 틀림없이 부모의 모습이 보이는 듯 하고, 禮를 마치고 문을 나서려하면 숙연한 분위기에 틀림없이 부모의 음성이 들리는 듯 하고 문을 나서면 틀림없이 귓전에 부모가 우연히 탄식하는 소리가 들리는 듯이 되는 것이다. (『禮記』)

제삿날은 돌아가신 부모를 만나는 날이다. 이제야 '죽은 사람 섬기기를 산 사람 섬기듯 하고 없는 사람 섬기기를 있는 사람 섬기듯 하라[42]'는 의미와 제사를 길례(吉禮)라 하는 의미가 조금은 이해될 수 있지 않는가!

---

42) 『中庸』 19章 "事死如事生, 事亡如事存, 孝之至也"참조.

제8강 孔孟이 꿈꾼 세상, 그리고 聖人政

儒家(적어도 孔孟시대의 儒家)가 그리는 세상은 堯舜시대의 세상이었고 그들이 생각하는 이상적 정치는 聖人政이었다.

孔孟의 道는 모든 사람이 君子가 되는 것을 지향하지만 단순히 거기에만 머무는 것이 아니라 그것을 통해 君子의 세상, 君子의 나라를 만드는 데에 있었다.

이것을 孔孟은 각기 다음과 같이 말하고 있다.

■ 子路問君子한대 子曰 修己以敬이니라 曰 如斯而已乎잇가 曰 修己以安人이니라 曰 如斯而已乎잇가 曰 修己以安百姓이니 修己以安百姓은 堯舜도 其猶病諸시니라 (헌문편 45)
자로가 군자에 대해 물으니, 孔子께서 "敬으로 몸을 닦는 것이다"하셨다. <자로가> "이와 같을 뿐입니까?" 하자 "몸을 닦아서 사람을 편안하게 하는 것이다"하고 대답하셨다. 다시 "이와 같을 뿐입니까?"하고 묻자 다음과 같이 말씀하셨다. "몸을 닦아서 백성을 편안하게 하는 것이니, 몸을 닦아서 백성을 편안하게 함은 堯舜께서도 오히려 부족하게 여기셨다."

■ 古之人이 得志하얀 澤加於民하고 不得志하얀 修身見於世하니 窮則獨善其身하고 達則兼善天下니라 (『孟子』
진심상 9)
옛 사람들은 뜻을 얻으면 은택이 백성에 加해지고 뜻을 얻지 못하면 몸을 닦아 세상에 드러냈으니, 궁하면 그 몸을 홀로 善하게 하고 영달하면 천하를 겸하여 善하게 한다.

윗글 孔子의 '安百姓'이나 孟子의 '兼善天下'는 『大學』에서 말하는 '親民, 止於至善'(백성을 새롭게 하며, 至善에 머무름)이나 『中庸』에서 말하는 '篤恭而天下平'(공손함을 돈독히 하여 천하를 平하게 함)과 같은 맥락의 글들로서 모두 君子의 君子됨이 자기 인격의 완성에만 그치고자 하는 것이 아니라 더 나아가 세상을 편안하게 또는 善하게 하는 데에 있음을 보여주고 있다할 것이다.

그렇다면 孔孟이 꿈꾸었던 군자(聖人)가 다스리는 세상은 과연 어떤 모습이었으며 또 그러한 세상이 이 세상에 존재하기는 했을까?

『論語』를 보면 다음과 같이 孔子가 堯舜을 그리워하고 堯舜의 시대를 찬탄하는 글만 보일 뿐 정작 堯舜 시대의 구체적 세상의 모습이 어떠했는지는 보이지 않는다.

▣ 子曰 大哉라 堯之爲君也여 巍巍乎 唯天爲大어시늘 唯堯則之하시니 蕩蕩乎民無能名焉이로다 巍巍乎其有成功也여 煥乎其有文章이여 (태백편 19)

孔子께서 말씀하셨다. "위대하시다. 堯의 임금 노릇 하심이여! 높고 크도다. 오직 저 하늘이 높고 크거늘, 오직 堯임금만이 그와 같으셨으니, <그 공덕이> 넓고 넓어 백성들이 무어라 형용하지 못하는구나. 높고 높은 그 성공이여! 찬란한 그 문장이여!"

▣ 子曰 巍巍乎라 舜禹之有天下也而不與焉이여 (태백편 18)

孔子께서 말씀하셨다. "위대하시다! 舜임금과 禹임금은 천하를 소유하시고도 그것을 관여하지 않으셨으니"

▣ 子曰 無爲而治者는 其舜也與신저 夫何爲哉시리오 恭己正南面而已矣시니라 (위령공편 4)

孔子께서 말씀하셨다. "無爲로 다스리신 자는 舜임금이실 것이다. 무엇을 하셨겠는가? 몸을 공손히 하고 바르게 南面을 하였을 뿐이셨다."

그러나 우리는 그 堯舜시대가 어떠한 모습의 세상이었는지를 儒家書가 아닌 『十八史略』이라는 歷史書에서 다음과 같이 편린이나마 살펴 볼 수 있다.

■ 立我蒸民이 莫匪爾極이라 不識不知에 順帝之則이라
우리 蒸民<백성>을 세움이 당신 <堯>의 법도 아님이 없다. 깨닫지 못하고 알지 못하는 사이에 임금의 법칙을 따른다.

■ 日出而作하고 日入而息이로다 鑿井而飮하고 耕井而食하니 帝力이 何有於我哉리오
해가 뜨면 농사를 짓고 해가 지면 쉬노라. 목마르면 우물을 파서 마시고 배고프면 밭을 갈아 먹으니, 황제의 힘이 어찌 나에게 미침이 있으리오.

처음 글은 堯임금이 50年동안 다스려왔던 그의 정치가 어떠하였는지를 알기 위해 미복(임금의 복장이 아닌 일상의 복장)으로 변장하여 시가지에 나갔다가 들은 아이들의 동요이고, 뒤의 글은 역시 堯임금의 정치에 대해 어떤 노인이 실컷 마시고 배불리 먹고서 배를 어루만지며 질장군을 두드리면서 부른 노래하고 한다.

『十八史略』을 펴낸 증선지(曾先之)는 그의 책에서 堯임금에게 백성들의 의지함이 '매우 추운 겨울에 따사로운 햇볕을 향함과 같고, 그를 우러러 봄에 마치 큰 가뭄에 비가 내릴 구름을 바라봄과 같다'(如隆冬之向日, 如大旱之望雲)라고 주석하고 있다.

堯舜시대는 이른바 '역사이전의 시대'(先史시대)이긴 하지만 그 때의 세상이 얼마나 평화롭고 행복한 시절이었는지를 우리는 위의 글을 통해 어느 정도는 상상해볼 수 있을 것이다.

□ 孔孟이 꿈꾼 세상

堯舜시대를 孔孟이 그리워했다고는 하나 그것은 어쩌면 先史以前의 가상적 聖人이요, 가상적 현실일 개연성이 높아 보인다.

역사적으로 경험한 현실은 堯舜같은 聖人도, 그들이 펼쳤다는 '無爲의 治'도 용납할 만큼 녹록한 세상이 아님을 孔孟인들 모를 리 없었을 것이다.

그렇다면 실제로 孔孟이 이 세상에 펼치고자 한, 그리고 실현 가능함직한 정치와 그러한 정치가 만들어 가는 세상은 과연 어떤 모습으로 그려 볼 수 있을 것인가?

孔子가 꿈꾼(실현하려 했던) 현실적 정치모델은 周나라였다.

孔子가 꿈꾼 정치모델로서의 周나라는 禮樂의 정치가 무너지고 천자의 권위가 땅에 떨어진 孔子 당시의 周나라가 아니라 夏나라, 殷나라의 문물제도를 損益(늘이거나 줄임)하여 찬란한 문화를 이룩하였던 周나라 초기의 文王, 武王, 周公

이 다스렸던 周나라를 말하는 것이었다.

다음 글들이 이를 보여준다.

■ 子曰 爲政以德이 譬如北辰이 居其所어든 而衆星共之
니라 (위정편 1)

孔子께서 말씀하셨다. "정사를 德으로 하는 것이 비유하면,
북극성이 제자리에 머물러 있으면 뭇별들이 그에게로 향하는
것과 같다."

■ 子曰 周監於二代하니 郁郁乎文哉라 吾從周하리라 (팔일
편 14)

孔子께서 말씀하셨다. "周나라는 夏, 殷 二代를 보았으니, 찬
란하다. 그 文이여! 나는 周나라를 따르겠다."

■ 子曰 甚矣라 吾衰也여 久矣라 吾不復夢見周公이로다
(술이편 5)

孔子께서 말씀하셨다. "심하도다. 나의 쇠함이여! 오래되었도
다. 내 다시는 꿈속에서 주공을 뵙지 못하였다."

윗글들을 보면 孔子는 周나라의 정치제도와 文王, 武王,
周公같은 어진이가 다스리는 德의 政治를 실현가능한 이상적
인 모델로 삼고 있음을 알 수 있을 것이다.

자! 그러면 이러한 정치제도하에서의 孔子가 말하는 '安百
姓'의 세상, 孟子가 말하는 '兼善天下'의 세상은 과연 어떤

모습의 세상일까?

　그 모습을 그려볼 수 있는 글들이 『論語』, 『孟子』에 산견(散見)되고는 있으나 매우 단편적이다. 예컨대 '老子安之, 朋友信之, 少者懷之'(늙은이를 평안히 해주고, 붕우에게는 미덥게 해주고, 젊은이를 감싸주고자 함. 공야장편 25)의 글이라든지, '송사(訟事)가 없는 세상'(聽訟이 吾猶人也나 必也使無訟乎인저, 안연편 13)의 글에서 보이는 孔子의 생각들, 그리고 '養生喪死에 無憾'(산 이를 봉양하고 죽은 이를 장송(葬送)함에 유감이 없게 함, 『孟子』 양혜왕상 3)의 글이나 '머리가 반백이 된 자가 길에서 짐을 지거나 이지 않으며, 늙은이가 비단옷을 입고 고기를 먹으며, 백성이 굶주리고 춥지 않게 하는 것'(『孟子』 양혜왕상 7)과 같은 孟子의 생각들에서 우리는 孔孟이 꿈꾸는 세상이 어떤 모습일지 어렴풋이 짐작해 볼 수 있을 뿐인 것이다.

　그런데 뜻밖에도 그들이 꿈꾸는 세상의 종합판이 『禮記』의 禮運篇에 다음과 같이 보인다.

■ 大道之行也 天下爲公 選賢與能 講信修睦 故 人不獨親其親 不獨子其子 使老有所終 壯有所用 幼有所長 鰥寡孤獨癈疾者皆有所養 男有分女有歸 貨惡其棄於地也 不必藏於己 力惡其不出於身也 不必爲己 是故謀閉而不興 盜竊亂賊而不作 故外戶而不閉 是爲大同 (『禮記』 예운편)

큰 道가 행해지는 세상은 천하가 모든 사람의 것이다. 어진 이와 능한 이를 선출하며, 신의를 가르치고 화목을 닦으니, 사람들이 제 부모만을 부모로 섬기지. 않으며 제 자식만을 자식으로 여기지 않는다. 노인들로 하여금 평안히 일생을 마치게 하며 젊은이는 적절한 일자리를 갖게 하고 아이들은 잘 자라 수 있게 한다. 홀아비와 과부, 고아와 홀몸, 늙고 병든 자도 모두 잘 부양되게 한다. 남자는 모두 일정한 직업이 있고 여자는 합당한 시집을 가게 한다. 재화가 헛되이 낭비되는 것을 미워하고 자기만이 사사로이 독점하지 않으며, 힘이 몸에서 나오지 않는 것을 미워하지만 자기만을 위하지 않는다. 이러므로 모략이 막혀 일어나지 못하며 강도와 도둑과 세상을 어지럽히는 자들이 생기지 않게 되어 대문이 있어도 닫지 않으니 이를 일컬어 大同이라 한다.

이른바 '大同社會'의 모습이다.

大同社會를 이루는 핵심개념은 이른 바 '天下爲公'(이 세상은 모든 사람의 것) 사상이다. 천하의 주인이 곧 백성이라는 뜻이니 바로 오늘날의 민주주의, 국민주권(國民主權)의 뜻에 다름 아니다.

이 글은 孔子께서 魯나라 제사(蠟祭)에 참석했다가 제사를 마친 후 그의 제자인 자유(子游)에게 '내가 大道가 행해졌을 때의 일과 夏, 殷, 周 삼대에 밝았던 일에 대해서는 보지는 못했지만 그 행해진 기록은 알고 있다.'고 운을 떼시며 하신 말씀이라고 한다.

생각해보면 위의 '大同社會'는 오늘날 우리가 지향하는 복지사회(福祉社會)의 모습과 크게 다르지 않다.

다만 오늘날의 복지사회는 제도와 힘과 권력에 의해 인위적으로 만들어질 수 있는 사회임에 반하여 孔子의 大同社會는 '親其親長其長'(가까운 이를 가깝게 모시며 어른을 어른으로서 공경함)하는 어진 성인과 이를 신뢰하고 화목하는 백성들의 공동체 정신이 어우러져 펼쳐지는 '同心同德'(하나의 목표를 이루기 위해 다함께 일치단결하여 마음과 德을 같이함)의 자발적 이상사회라 할 수 있을 것이다.

다시 말하면 法과 制度에 의존하는 他律的 사회가 아니라 治者와 백성 스스로의 人倫道德에 기반한 自律的 사회인 것이다.

□ 孔孟이 꿈꾼 政治

孔孟이 생각한 세상은 人倫의 大道가 펼쳐지는 大同社會이고 그러한 社會는 堯舜과 같은 聖人이어야 만들어 갈 수 있다고 했음을 우리는 앞서 보았다. 그리고 그것은 관념적으로 보면 德治이고 구체적 모델로 보면 周나라 제도를 본받는 것임도 알았다.

여기서는 그러한 세상을 만들기 위해 위정자가 가져야할 생각(政治觀, 思想)과 구체적 정치의 내용이 어떤 것인지를 살펴보기로 하자.

1. 孔孟의 政治思想

孔孟의 政治思想을 요약 표현한다면 그것은 正名論과 民本思想이랄 수 있다. 그리고 그것은 다음의 두 말이 압축 표현하고 있다.

▣ 齊景公이 問政於孔子한대 孔子對曰 君君 臣臣 父父 子子니이다 (안연편 11)

제경공이 孔子에게 정사를 묻자 孔子께서 대답하셨다. "임금은 임금노릇하며, 신하는 신하노릇하며, 아버지는 아버지노릇하며, 자식은 자식노릇 하는 것입니다."

▣ 孟子曰 民이 爲貴하고 社稷이 次之하고 君이 爲輕이니라 是故로 得乎丘民이 而爲天子요 得乎天子爲諸侯요 得乎諸侯爲大夫니라 (『孟子』 진심하 14)

孟子께서 말씀하셨다. "백성이 가장 귀하다. 사직이 그 다음이고 임금은 가볍다. 따라서 구민<일반백성>의 마음을 얻으면 천자가 되고 천자의 마음을 얻으면 제후가 되고 제후의 마음을 얻으면 대부가 된다."

첫 번째 글이 孔子의 이른바 '正名論'이고 두 번째 글이 이른바 孟子의 '民本思想'의 핵심이다.

이제 그 각각을 차례대로 자세히 살펴보기로 하자.

먼저 孔子의 正名論을 보자.

孔子의 正名論의 핵심은 바람직한 사회관계는 사회 구성원 각자가 자기의 이름과 직분에 걸맞는 역할을 행함으로써 이루어진다는 것을 말한 것으로 이 중 君主에 대해서 말하면 '군주는 군주다워야 한다.'로 압축해 볼 수 있다.

孔子는 그의 말년에 고국인 노나라에 돌아와 어린 군주 애공(哀公)에게 다음과 같이 正名의 필요성을 일깨워 준다.

■ **子曰 文武之政**이 **布在方策**하니 **其人存**이면 **則其政擧**하고 **其人亡**이면 **則其政息**이니이다 (『中庸』 20장)
孔子께서 말씀하셨다. "文王과 武王의 정사가 방책에 펼쳐 있지만 그러한 사람이 있으면 그러한 정사가 거행되고 그러한 사람이 없으면 그러한 정사는 종식됩니다."

이 말은 정사가 어질거나 어질지 못함은 그 정사를 펴는 군주가 어지냐 어질지 못하냐에 달린 것(爲政在人)으로서 文王·武王의 어진 정사는 그 文王·武王이 어진 군주였기에 가능했다는 것을 말하고 있다. 다시 말하면 어진 정사는 군주가 군주다웠을 때 이루어지는 결과물로서 군주의 正名이 중요함을 강조하고 있는 것이다.

그러면 어진 군주, 正名의 군주는 어떤 사람을 말하는 것일까?

그것은 군주 스스로 仁者의 자질을 갖추어야하며 또 그가 펼치는 정사가 仁政에 합당하여야 한다는 두 가지를 충족시키는 자라고 말해 볼 수 있겠다.

『論語』를 보면 君主로서의 仁者의 자질에 관한 글들을 다수 접해 볼 수 있다. 예컨대, '寬洪簡重'(마음이 너그럽고 도량이 크며, 대범 소탈하고 중후함이 있음, 옹야편 1장 주석), '先之勞之'(솔선수범하며 부지런함, 자로편 1장), '好禮, 好義, 好信'(禮, 義, 信을 좋아함, 자로편 4장), '恭, 寬, 信, 敏, 惠'(공손하고, 너그럽고, 믿음이 있고, 민첩함이 있으며, 은혜로움이 있음, 양화편 6장)와 같은 글들이다.

이 말들은 비단 군주에게 한정된 것은 아닐지라도 정치에 있어서의 군주의 역할이 절대적인 점에 비추어 군주가 반드시 갖추어야 할 덕목이라고 말할 수 있을 것이다.

孟子는 이러한 德目들을 한마디로 압축하여 군주는 모름지기 '차마 해치지 못하는 마음(不忍人之心)'을 가져야 한다고 다음과 같이 말한다.

▣ 先王이 有不忍人之心하사 斯有不忍人之政矣하시니 以不忍人之心으로 行不忍人之政이면 治天下는 可運之掌上이니라 (『孟子』 공손추상 6)
先王이 사람을 차마 해치지 못하는 마음을 두어 사람을 차마 해치지 못하는 政事를 시행하셨으니, 사람을 차마 해치지 못하는 마음으로 사람을 차마 해치지 못하는 政事를 행한다면 천하를 다스림은 손바닥위에 놓고 움직일 수 있을 것이다.

여기서 우리가 놓치지 말아야 할 것은 군주의 정치적 역할의 절대성이다.
다음 글들이 이것을 보여 준다.

■ 政者는 正也니 子師以正이면 孰敢不正이리오 (안연편 17)
"정사란 바로 잡는다는 뜻이니 그대가 바름(正)으로서 솔선수범 한다면 누가 감히 바르지 않겠는가?"

■ 子欲善이면 而民善矣니 君子之德은 風이요 小人之德은 草라 草上之風이면 必偃이니라 (안연편 19)
"그대가 <정사를 함에> 善하고자 하면 백성들이 善해지는 것이니, 군자의 德은 바람이요, 소인의 德은 풀이니, 풀에 바람이 가해지면 풀은 반드시 쓰러진다."

■ 君仁이면 莫不仁이요 君義면 莫不義이요 君正이면 莫不正이니 一正君而國定矣니라 (『孟子』 이루상 20)
군주가 仁해지면 <모든 일이> 仁하지 않음이 없고, 군주가 義로워지면 <모든 일이> 義롭지 않음이 없고 군주가 바루어지면 <모든 일이> 바르지 않음이 없으니 한 번 군주가 마음을 바루면 나라가 안정된다.

위의 두 글은 노나라 실권자인 계강자(季康子)가 정사(政事)를 물음에 孔子께서 하신 말씀이고 그 아래 글은 『孟子』에 나오는 말이니, 이를 통해 正名의 군주는 仁者가 되지 않으면 아니 됨과 함께 군주 역할의 절대성을 이해할 수 있을 것이다.

正名의 君主가 갖추어야 할 合當한 政事가 어떤 것인지는 다음 편의 위정론에서 보기로 하고, 여기서는 孟子의 民本思想을 먼저 살펴보기로 하자.

孟子는 그의 『孟子』에서 "堯가 천하를 舜에게 주셨다하니 그런 일이 있습니까?"라고 묻는 그의 제자 만장(萬章)의 질문을 통해 그의 天命論과 民本思想을 펼쳐 나간다.

이에 대한 孟子의 대답을 압축해 보면 '천하는 천하 사람들의 천하이니 舜이 天下를 소유하게 된 것은 하늘이 준 것이며(天與之), 하늘이 천하를 준다는 것은 천자 될 자가 펼치는 행실과 일을 보고 들음을 통해서 드러나게 되며, 그 하늘이 보고 들음은 결국 백성들의 보고 들음으로 드러나게 되며, 그 백성의 보고 들음은 곧 민심이니 결국 천자는 백성이 만들어 주는 것이다.'가 된다. 이것을 孟子는 『書經』 太誓편의 다음 글을 인용해 설명하고 있다.

▨ 太誓曰 天視自我民視하며 天聽自我民聽이라하니 此之謂也니라 (『書經』 태서편)

태서에 이르기를 '하늘의 봄이 우리 백성들의 봄으로부터 하며, 하늘의 들음이 우리 백성의 들음으로부터 한다.'하였으니 이것을 이른 것이다.

그런데 이 하늘의 命(天命, 즉 民心)은 한결 같지 않아 변하기 마련이다(惟命不干常: 「周書康誥篇」, 天命靡常: 『詩經』). 그러므로 한번 민심을 얻어 천자가 되었을지라도 그 천자는 민심을 잃지 않도록 부단히 노력하지 않으면 안 된다. 이것을 孟子는 또 다음과 같이 말하고 있다.

▣ 孟子 曰 桀紂之失天下也는 失其民也니 失其民者는 失其心也라 得天下 有道하니 得其民이면 斯得天下矣리라 得其民이 有道하니 得其心이면 斯得民矣리라 得其心이 有道하니 所欲을 與之聚之요 所惡를 勿施爾也니라 (『孟子』 이루상 9)

孟子께서 말씀하셨다. 桀·紂가 천하를 잃은 것은 백성을 잃었기 때문이니, 백성을 잃었다는 것은 그 백성의 마음을 잃은 것이다. 천하를 얻음에 길이 있으니, 백성을 얻으면 천하를 얻을 것이다. 백성을 얻음에 길이 있으니, 백성의 그 마음을 얻으면 백성을 얻을 것이다. 마음을 얻음에 길이 있으니, 백성이 원하는 바를 위하여 모아주고, 백성이 싫어하는 바를 베풀지 말아야 한다.

그렇다면 백성의 민심을 잃은 군주는 어떻게 되는가?
다음 글이 이것을 설명해 준다.

▣ 齊宣王이 問曰 湯이 放桀하시고 武王이 伐紂라하니 有諸
잇가 孟子 對曰 於傳에 有之하나이다 曰 臣弑其君이 可
乎잇가 曰 賊仁者를 謂之賊이요 賊義者를 謂之殘이요
殘賊之人을 謂之一夫니 聞誅一夫紂矣요 未聞弑君也니
이다 (『孟子』 양혜왕하 8)

제선왕이 물었다. "湯왕이 桀왕을 추방하고 武왕이 紂왕을 정
벌하였다니, 그러한 일이 있습니까?" 孟子께서 대답하셨다.
"傳에 있습니다." 왕이 말씀하셨다. "신하가 군주를 시해함이
可합니까?" 孟子께서 말씀하셨다. "仁을 해치는 자를 賊이라
하고 義를 해치는 자를 殘이라 하고 殘賊한 사람을 一夫라 이
르니 一夫인 紂를 베었다는 말은 들었고 군주를 시해했다는
말은 듣지 못하였습니다."

결국 孟子의 天命論과 民本思想은 천자는 天命을 받아야
天子가 될 수 있으되 그 天命은 결국 백성의 마음(民心)이니
정사의 으뜸은 민심을 얻는 것이고 이 민심은 또한 한결 같
지 않으므로 천자는 항상 민심을 잃지 않아야 한다는 것으로
요약해 볼 수 있다.

그러므로 이러한 생각에 입각하면 백성의 인심을 잃은 군
주는 더 이상 군주가 아닌 一夫(평범한 한 사람)에 불과하게
되어 당연히 백성의 제거 대상이 될 수 있다는 혁명론 내지
국민저항권으로 확장된다.

결국 儒家의 정치사상은 孔子의 正名論에 입각하여 군주가
德治를 폄과 동시에 孟子의 民本思想에 입각하여 백성이 원
하는 바를 놓치지 않는 것이라고 압축해 볼 수 있을 것이다.

이렇게 보면 孔子의 군주중심의 정치관이 孟子의 백성중심의 정치관에 의해 그 내포(內包)와 외연(外延)이 심화 확장됨으로써 명실상부한 儒家의 정치사상으로 발전되었다고 볼 수 있을 것이다.

2. 孔孟의 爲政論

지금까지 우리는 군주가 仁者의 자질로서 民心을 바탕으로 하는 정치를 행하여야 한다는 儒家의 정치사상의 대강을 살펴보았다.

이제는 앞에서 미루었던 '正名의 군주가 펼치는 합당한 정사, 즉 仁政 또는 德治의 구체적 내용에 대해서 살펴보기로 하자.

그런데 그 내용을 살펴봄에 있어 孔子와 孟子의 그것이 대체적인 맥락은 동일하지만 그 구체적 내용의 전개는 사뭇 다른 느낌으로 다가옴을 느낄 필요가 있다. 예컨대, 孔子는 다분히 원론적이며 우회적인데 반하여 孟子는 다분히 구체적이고 직선적이다. 孔子는 堯舜의 정치를 '德治' 또는 '無爲의 治'라 하여 추상적으로 언급함에 비하여 孟子는 堯舜의 道를 '先王之道'라 하고 그들의 정치를 '王道政治'라 하여 당시의 힘과 利를 바탕으로 하는 '覇道政治'와 구분하여 설명함으로써 보다 구체화하고 있는 것이다.

따라서 여기서는 孔孟의 구체적 정사의 내용을 살펴봄에
있어 먼저 孔子의 그것을 살펴보고 뒤이어 孟子의 그것을 살
펴보되 그가 펼치려했던 王道政治의 내용도 아울러 설명하기
로 한다.

먼저 孔子는 德治의 구체적 내용으로 道德과 禮義가 우선
하는 政事, 民信을 바탕으로 한 政事, 庶·富·敎의 政事,
그리고 이를 위한 賢能한 인재의 등용을 강조하고 있다. 이
하 차례로 살펴보기로 한다.

■ 子曰 道之以政하고 齊之以刑이면 民免而無恥니라 道之
　以德하고 齊之以禮면 有恥且格이니라 (위정편 3)
　孔子께서 말씀하셨다. "<나라를 다스림에> 백성을 인도하기
　를 법으로서 하고, 가지런히 하기를 형벌로서 하면, 백성들이
　형벌은 면할 수 있으나 부끄러움은 없을 것이다. 인도하기를
　德으로서 하고 가지런히 하기를 禮로서 하면 <백성들이> 부
　끄러워함이 있게 되고 또 善에 이르게 될 것이다."

이 글은 法度나 禁令과 같은 강제적 수단보다 道德과 禮儀
와 같은 자율적 수단을 우선시해야 함을 말하고 있다. 본래
道德이란 것이 하늘의 자연스러운 이치가 내 몸의 본성으로
자리 잡은 것이고, 禮란 것이 그러한 본성이 일상사의 사회
관계에 합당하도록 절제되고 격식화된 것(天理之節文, 人事
之儀則)이므로 사람의 내면적 인격의 고양됨이 밖으로 절제

있게 드러나는 모습 그 자체인 것이다.

그러므로 外力, 他力에 마지못해 굴종하는 것보다 자발적 동기에 의해 국가·사회관계가 생성된다면 그것은 스스로의 잘못에 부끄러움을 알게 되고 또 그 행위의 결과는 옳음(正) 또는 善에 이르게 될 것이다.

이것이 이른바 道德과 禮義를 우선하는 정사의 내용이 된다.

■ 子貢이 問政한대 子曰 足食足兵이면 民信之矣리라 子貢曰 必不得已而去인댄 於斯三者에 何先이리잇고 曰去兵이니라 子貢曰 必不得已而去인댄 於斯二者에 何先이리잇고 曰去食이니 自古皆有死어니와 民無信不立이니라
(안연편 7)
자공이 정사를 묻자 孔子께서 말씀하셨다. "양식을 풍족히 하고, 兵을 풍족히 하면 백성들이 믿을 것이다." 자공이 말하였다. "반드시 부득이해서 버린다면 세 가지 중에 무엇을 먼저 해야 합니까?" "兵을 버려야 한다." 자공이 말하였다. "반드시 부득이해서 버린다면 이 두 가지 중에 무엇을 먼저 해야 합니까?" 孔子께서 말씀하셨다. "양식을 버려야 하니, 예로부터 사람은 누구나 죽음이 있거니와, 사람은 신의가 없으면 설 수 없는 것이다."

이 글은 '民信'을 바탕으로 한 정사를 강조한 말이다. 이것은 군주의 제1德目이자 나라의 存立근거가 백성의 믿음이라는 것으로 足兵(나라를 지킬 군사를 충분히 갖춤), 足食(백

성이 편안히 먹고 살 경제를 갖춤)이 중요치 않은 것은 아니지만 그에 앞서 신뢰받는 정사가 더욱 중요함을 말하고 있다.

이 말을 朱子는 '인정을 가지고 말한다면 兵과 양식이 풍족한 뒤에 나의 신의가 백성들에게 믿어질 수 있는 것이요, 백성의 德을 가지고 말한다면 信은 본래 인간의 고유한 것이니, 兵과 양식이 앞설 수 있는 것이 아니다. 이 때문에 위정자들은 마땅히 몸소 백성들에게 솔선수범하여 죽음으로써 지켜야할 것이요, 위급하다고 해서 백성을 버릴 수 있다고 여겨서는 안 되는 것이다.'라고 풀이하고 있다.

■ 子適衛하실새 冉有僕이러니 子曰庶矣哉라 冉有曰 旣庶矣어든 又何加焉이리잇고 曰富之니라 曰旣富矣어든 又何加焉이리잇고 曰敎之니라 (자로편 9)
孔子께서 위나라 가실 때에 염유가 수레를 몰았다. 孔子께서 "백성들이 많기도 하구나."하셨다. 염유가 "이미 백성들이 많으면 또 무엇을 더 해야 합니까?"하고 묻자 "부유하게 해주어야 한다."하셨다. "이미 부유해지면 또 무엇을 더해야 합니까?"하고 묻자 "가르쳐야 한다."하셨다.

이것은 이른바 국가 경영의 순서 또는 정책의 우선순위를 말하고 있다. 孔子 당시 국력의 잣대는 백성의 숫자에서 비롯되니 군주가 백성의 숫자를 늘리려하지 않을 수 없고(庶之), 백성이 늘어나면 그들을 풍족하게 먹여 살리지 않을 수 없고(富之), 백성의 생활이 풍족해진 다음에야 그들의 교화에 힘써야 한다(敎之)는 것이다.

이와 관련한 구체적 내용은 『論語』 자체보다 오히려 『孟子』에 더 많이 보인다(후술함).

▣ 哀公問曰 何爲則民服이니잇고 孔子對曰 擧直錯諸枉이면 則民服하고 擧枉錯諸直이면 則民不服이니이다 (위정편 19)
哀公이 "어떻게 하면 백성이 복종합니까?"하고 묻자 孔子께서 대답하셨다. "정직한 사람을 들어 쓰고 모든 굽은 사람을 버려두면 백성들이 복종하며, 굽은 사람을 들어 쓰고 모든 정직한 사람을 버려두면 백성들이 복종하지 않습니다."

이 글은 '爲政在人 取人以身'(『中庸』 제20장 주석)에 있어서의 '取人'을 강조한 말이다. 모든 정사는 사람에서 비롯되며 군주의 신하는 곧 군주의 확장체이니 군주의 정사는 그들을 통해 펼쳐질 수 있는 것이다. 그러므로 어진 정사는 군주가 賢能해야 하듯이 그 신하도 역시 賢能해야만 한다.

堯와 舜임금이 어진 정사를 펼칠 수 있었던 것은 그들이 舜(신하로서의 舜)과 고요(皐陶)라는 현능한 신하를 들어 썼기 때문이며, 湯임금이 유능했던 것도 그가 이윤(伊尹)이라는 어진 재상을 등용했기 때문인 것이다. 신하가 어질면 임금은 가만히 南面하고 앉아만 있어도 나라는 잘 다스려지며

(子曰 無爲而治者 其舜也與 夫何爲哉 恭己正南面而已矣, 위령공편 4), 仁者를 들어 쓰면 不仁者는 저절로 멀어지게 되는 것이다(擧直錯諸枉 能使枉者直, 안연편 12). 여기서 유념할 것은 현능한 자를 들어 쓰는 것도 중요하지만 굽은 자(정직하지 못한 자, 현능하지 못한 자)를 버리는 것도 중요하다는 점이다.

윗글에서 '굽은 자를 들어 쓰면 백성들이 복종하지 않는다(擧枉錯諸直 則民不服).'고 다시 언급한 까닭이 이를 강조한 것이라 볼 수 있다.

자, 이제는 孟子가 말하는 구체적 정사의 내용을 살펴볼 차례이지만 앞서 언급한대로 孟子의 '王道政治'가 강조하고 있는 특징을 잠깐 살펴 본 뒤에 구체적 정사를 보기로 하자.

孟子의 王道政治! 무엇을 강조했을까?

孟子 당시는 이미 힘의 논리가 천하를 지배하고 있었으므로 儒家의 道와 당시 군주들이 추구하는 道가 분명히 다름을 알게 할 필요가 있었다. 그래서 孟子는 우선 王道와 霸道를 다음과 같이 구분하고 있다.

▣ 孟子曰 以力假仁者는 霸니 霸必有大國이요 以德行仁者는 王이니 王不待大라 湯以七十里하시고 文王以百里하시니라 (『孟子』 공손추상 3)

孟子께서 말씀하셨다. "힘으로서 仁을 빌린 자는 패자이니 패
자는 반드시 대국을 소유하여야 하고 德으로서 仁을 행하는
자는 王者이니 왕자는 대국을 필요로 하지 않는다. 湯王은
70里를 가지고 하셨고 文王은 100里를 가지고 하셨다."

이처럼 王道政治는 德으로 仁을 행하는 것이므로 큰 나라,
큰 힘이 필요치 않음을 강조하여 당시 힘만을 강조하던 군주
들을 각성시키려 했던 것이다.

王道政治의 또 다른 특색은 백성들에게 다가가는 정치란
점을 강조하고 있는 점이다. 그것은 다음 글에 나타나는 '與
民同樂', '爲民父母' 등의 개념들이 이를 설명해 주고 있다.

■ 樂民之樂者는 民亦樂其樂하고 憂民之憂者는 民亦憂其
憂하나니 樂以天下하며 憂以天下하고 然而不王者未之
有也니이다 (『孟子』 양혜왕하 4)
백성의 즐거움을 즐거워하는 자는 백성들 또한 그 군주의 즐
거움을 즐거워하고, 백성의 근심을 근심하는 자는 백성들 또
한 그 군주의 근심함을 근심합니다. 즐거워하기를 온 천하로
서 하고 근심하기를 온 천하로서 하며 이렇게 하고도 왕 노릇
하지 못하는 자는 있지 않습니다.

■ 庖有肥肉하며 廐有肥馬요 民有飢色하며 野有餓莩면 此
는 率獸而食人也니이다 獸相食을 且人이 惡之하나니 爲
民父母하여 行政하되 不免於率獸而食人이면 惡在其爲

民父母也리잇고 (『孟子』 양혜왕상 4)

<임금의> 푸줏간에는 살진 고기가 있고 마구간에는 살진 말이 있으면서 백성들은 굶주린 기색이 있고, 들에는 굶어 죽는 시체가 있다면, 이것은 짐승을 몰아서 사람을 잡아먹게 하는 것입니다. 짐승들이 서로 잡아먹는 것도 사람들이 미워하는데, 백성의 부모가 되어 정사를 행하되, 짐승을 몰아 사람을 잡아먹게 함을 면치 못한다면 백성의 부모 된 것이 어디에 있습니까?

윗글은 與民同樂, 爲民父母의 정치가 어떤 것인지를 설명하고 있거니와(『孟子』 양혜왕하 1, 2, 4 등 참조) 그 근본은 결국 '推己及人'(恕: 자기의 마음으로서 남에게 미침)에 있음을 다음과 같이 말하고 있다.

▣ 老吾老하여 以及人之老하며 幼吾幼하여 以及人之幼면 天下를 可運於掌이니 詩云 刑于寡妻하여 至于兄弟하여 以御于家邦이라하니 言擧斯心하여 加諸彼而已라 故로 推恩이면 足以保四海요 不推恩이면 無以保妻子니 (『孟子』 양혜왕상 7)

내 노인을 노인으로 섬겨서 남의 노인에 까지 미치며, 내 어린이를 어린이로 사랑해서 남의 어린이에게까지 미친다면 천하를 손바닥 안에 놓고 움직일 수 있습니다. 『詩經』에 이르기를 '내 아내에게 모범이 되어서 형제에 이르러 집과 나라를 다스린다.'하였으니 이 마음을 들어서 저기에 加할뿐임을 말한 것입니다. 그러므로 은혜를 미루면 족히 四海를 보호할 수

있고, 은혜를 미루지 않으면 처자(妻子)도 보호할 수 없는 것
입니다.

이처럼 孟子는 '王道政治'란 용어를 통해 당시 횡행했던 覇
道政治와 구별하려 하였을 뿐, 이 王道政治가 孔子의 德治의
내용을 벗어난 것은 아니었다. 오히려 孔子의 원론적 표현을
보다 구체화시켜 실천적 내용으로 탈바꿈시켰다고 볼 수 있
다.

또 孟子는 아무리 군주가 어진 마음을 가지고 있더라도 그
것이 구체적 정사로 펼쳐져서 백성들이 그 혜택을 실제로 입
지 않으면 그것은 바람직한 정치가 될 수 없다고 다음과 같
이 말한다.

■ 孟子曰 離婁之明과 公輸子之巧로도 不以規矩면 不能
成方員(圓)이요 師曠之聰으로도 不以六律이면 不能正五
音이요 堯舜之道로도 不以仁政이면 不能平治天下니라
(『孟子』 이루상 1)
孟子께서 말씀하셨다. "이루의 눈 밝음과 공수자의 솜씨로도
規矩를 쓰지 않으면 方形과 圓形을 이루지 못하고, 사광의 귀
밝음으로도 六律을 쓰지 않으면 五音을 바로 잡지 못하고, 堯
舜의 道로도 仁政을 쓰지 않으면 천하를 平治하지 못한다."

■ 今有仁心仁聞이로되 而民이 不被其澤하여 不可法於後
世者는 不行先王之道也일새니라 故로 曰 徒善이 不足
以爲政이요 徒法이 不能以自行이라 하니라 (『孟子』 이

루상 1)

이제 <군주가> 仁心, 仁聞<사랑하는 마음 및 사랑한다는 소
문이 사람들에게 알려짐>이 있으나 백성들이 그 혜택을 입지
못하여 후세에 법이 될 수 없는 것은 先王의 道를 행하지 않
기 때문이다. 그러므로 말하기를 "한갓 善心만으로는 정사를
할 수 없고 한갓 법<제도>만으로는 스스로 행해질 수 없는
것이다."

이 말들은 군주가 요순 같은 어진 마음을 가졌더라도 그것
이 구체적으로 제도화·정책화되고 또 그것이 실제로 실현
되어 백성들이 피부로 그 혜택을 누리기 전에는 결코 바람직
한 정치가 될 수 없다는 것을 말함으로써 정사의 구체적 실
천을 강조한 것이라 할 것이다.

孟子는 이러한 맥락에서 그의 王道政治의 내용을 매우 구
체성 있게 제시하고 있다. 孟子 역시 이러한 주장을 받아들
일 왕을 찾아 魏나라, 齊나라, 滕나라 등을 주유하였지만 끝
내 그의 주장을 받아들인 왕은 없었다. 그러나 그의 주장은
孔子의 德治사상의 실증으로서 孔子가 말한 民信(안연편 7),
庶·富·敎(자로편 9), 近者說遠者來(자로편 16)등의 내용
을 보다 확실히 이해하게 해주고 있다.

이하에 그가 주장한 내용을 발췌 인용해 보면 다음과 같
다.

■ 不違農時면 穀不可勝食也며 數罟를 不入洿池면 魚鼈을 不可勝食也며 斧斤을 以時入山林이면 材木을 不可勝用也니 穀與魚鼈을 不可勝食하며 材木을 不可勝用이면 是는 使民養生喪死에 無憾也니 養生喪死에 無憾이 王道之始也니이다 (『孟子』 양혜왕상 3)

농사철을 어기지 않게 하면 곡식을 이루다 먹을 수 없으며, 촘촘한 그물을 웅덩이와 연못에 넣지 않으면 물고기와 자라를 이루다 먹을 수 없으며, 도끼와 자귀를 때에 따라 산림에 들어가게 하면 재목을 이루다 쓸 수 없을 것입니다. 곡식과 물고기와 자라를 이루다 먹을 수 없으며, 재목을 이루다 쓸 수 없으면 이는 백성으로 하여금 산 이를 봉양하고 죽은 이를 葬送함에 유감이 없게 하는 것이니, 산 이를 봉양하고 죽은 이를 葬送함에 유감이 없게 하는 것이 王道의 시작입니다.

■ 五畝之宅에 樹之以桑이면 五十者可以衣帛矣며 鷄豚狗彘之畜을 無失其時면 七十者可以食肉矣며 百畝之田을 勿奪其時면 八口之家可以無飢矣며 謹庠序之敎하여 申之以孝悌之義면 頒白者不負戴於道路矣리니 老者衣帛食肉하며 黎民이 不飢不寒이오 然而不王者未之有也니이다 (『孟子』 양혜왕상 7)

5무의 집주변에 뽕나무를 심게 한다면 50세 된 자가 비단옷을 입을 수 있으며, 닭과 돼지와 개와 큰 돼지를 기름에 새끼 칠 때를 잃지 않게 한다면 70세 된 자가 고기를 먹을 수 있으며, 100무의 토지에 농사철을 빼앗지 않는다면, 여덟 식구의 집안이 굶주리지 않을 것이며, 庠序<학교>의 가르침을 삼가서 효제의 의리를 펼쳐 나간다면 머리가 흰 자가 도로에서 짐을 지거나 이지 않을 것이니, 늙은 자가 비단 옷을 입고 고기를 먹으며 백성이 굶주리지 않고 춥지 않게 한다면 이렇게 하고서도 왕 노릇하지 못 하는 자는 있지 않습니다.

▣ 王曰 王政을 可得聞與잇가 對曰 昔者文王之治岐也에 耕者를 九一하며 仕者를 世祿하며 關市를 譏而不征하며 澤梁을 無禁하며 罪人을 不孥하시니 老而無妻曰鰥이요 老而無夫曰寡요 老而無子曰獨이요 幼而無父曰孤니 此 四者는 天下之窮民而無告者어늘 文王이 發政施仁하시 되 必先 斯四者하시니 (『孟子』 양혜왕하 5)

제선왕이 말씀하셨다. "王政을 얻어 들을 수 있겠습니까?" 孟 子께서 대답하셨다. "옛적에 문왕이 岐를 다스릴 적에 경작하 는 자들에게는 9분의 1의 세금을 받았으며 벼슬하는 자들에 게는 대대로 녹을 주었으며 관문과 시장을 기찰하기만 하고 세금을 징수하지 않았으며 저수지 등에서 고기잡이를 금하지 않았으며 죄인을 처벌하되 처자에게는 미치지 않게 하였습니 다. 늙었으면서 아내가 없는 것을 鰥(홀아비)이라 하고, 늙었 으면서 남편이 없는 것을 寡(과부)라 하고, 늙었으면서 자식 이 없는 것을 獨(무의탁자)이라 하고, 어리고서 부모가 없는 것을 孤(고아)라 하니 이 네 가지는 천하의 곤궁한 백성으로 서 하소연 할 곳이 없는 자들입니다. 문왕은 선정을 펴고 仁 을 베푸시되 반드시 이 네 사람들을 먼저 하셨습니다."

■ 設爲庠序學校하여 以敎之하니 庠者는 養也요 校者는
敎也요 序者는 射也라 夏曰校요 殷曰序요 周曰庠이요
學則三代共之하니 皆所以明人倫也라 人倫이 明於上이
면 小民이 親於下니이다 (『孟子』 등문공상 3)
序, 庠, 學, 校를 설치하여 백성들을 가르쳤으니 庠은 봉양한
다는 뜻이요, 校는 가르친다는 뜻이요, 序는 활쏘기를 익힌다
는 뜻입니다. 夏나라에서는 校라하였고, 殷나라에서는 序라
하였고, 周나라에서는 庠이라 하였으며 學(大學)은 三代가 이
름을 함께 하였으니, 이는 모두 人倫을 밝히는 것이었습니다.
人倫이 위에서 밝혀지면 백성들은 아래에서 친해집니다.

■ 孟子曰 易(이)其田疇하며 薄其稅斂이면 民可使富也니라
(『孟子』 진심상 23)
孟子께서 말씀하셨다. "田疇(농지)를 잘 다스리고 세금을 적
게 거둔다면 백성들을 부유하게 할 수 있다."

■ 孟子曰 伯夷辟(避)紂하여 居北海之濱이러니 聞文王作
하고 興曰 盍歸乎來리오 吾聞西伯은 善養老者라하고 太
公이 辟紂하여 居東海之濱이러니 聞文王作하고 興曰 盍
歸乎來리오 吾聞西伯은 善養老者라하니 天下에 有善養
老면 則仁人이 以爲己歸矣리라 (『孟子』 진심상 22)
孟子께서 말씀하셨다. "백이가 주왕을 피하여 북해에 가서 살
더니, 文王이 일어났다는 말을 듣고 분발하여 말씀하기를 '어
찌 돌아가지 않겠는가, 내 들으니 西伯<문왕>은 늙은이를 잘
봉양한다.'하였으며, 태공이 주왕을 피하여 동해의 가에 살더

니, 문왕이 일어났다는 말을 듣고 분발하여 말씀하기를 '어찌 돌아가지 않겠는가, 내 들으니 서백은 늙은이를 잘 봉양한다.'하였으니, 천하에 늙은이를 잘 봉양하는 자가 있으면 仁人들이 자기의 돌아갈 곳으로 삼을 것이다."

윗글들을 보면 孟子는 德治 · 仁政의 구체적 내용으로서 백성 부림에 대한 시의성(時宜性), 나라 財用에 대한 節用과 합리적 稅政, 정전법(井田法) 등 制民之産(백성의 생업수단에 대한 합리적 관리), 노인과 궁민(窮民)에 대한 우선 배려, 백성들로 하여금 人倫의 道를 알게 하는 敎育의 중시 등을 구체적으로 제시하고 있음을 볼 수 있다.

孟子는 이 외에도 仁賢의 重用과 믿음, 上下간의 예의, 재물의 씀씀이에의 제한(『孟子』 진심하 12), '親其親 · 長其長'(부모를 친히 하며, 어른을 잘 받듦)을 仁政의 출발점으로 삼아야 하며(『孟子』 이루상 11), 정사는 급선무(急先務)를 아는 것이 중요하다(『孟子』 진심상 46)는 등 군주로서의 구체적 실천요목을 제시함으로써 孔子가 말한 德治의 내용을 구체적으로 제시하고 있는 것이다.

제 2 부

聖賢의 삶

제9강 好學의 孔子

孔子의 박학다식(博學多識)은 그의 好學의 산물이다.

孔子를 生而知之者, 安而行之者로 치켜세우는 제자와 후학들을 孔子는 다음과 같이 일깨우고 있다.

▣ 子曰 我非生而知之者라 好古敏以求之者也로라 (술이편 19)

孔子께서 말씀하셨다. "나는 나면서부터 안 자가 아니라 옛것을 좋아하여 급급히 그것을 구한 자이다."

그러면서 넌지시 다음과 같이 말한다.

▣ 子曰 知之者不如好之者요 好之者不如樂之者니라 (옹야편 18)

孔子께서 말씀하셨다. "道를 아는 자는 좋아하는 자만 못하고 좋아하는 자는 즐거워하는 자만 못하다."

孔子는 배움을, 가르침을, 道를 실천함을 즐거워하는 樂之
者였던 것이다. '배우고 때때로 익히면 즐겁지 아니한가!'(學
而時習之면 不亦說乎아, 학이편 1) 이것은 남에게 하는 소리
가 아니라 孔子 스스로의 자기고백이라 할 수 있다.

1. 孔子의 學人으로의 자부심과 好學

▣ 子在齊聞韶하시고 三月不知肉味하사 曰 不圖爲樂之至
　於斯也로라 (술이편 13)
　孔子께서 제나라에 계실 적에 韶樂〈舜임금의 음악〉을 들으
　시고 배우는 3개월 동안 고기 맛을 모르시며 "음악을 만드는
　것이 이러한 경지에 이를 줄은 생각하지 못하였다." 하셨다.

▣ 葉公이 問孔子於子路어늘 子路不對한대 子曰 女奚不
　曰 其爲人也 發憤忘食하고 樂以忘憂하여 不知老之將
　至云爾오 (술이편 18)
　섭공이 자로에게 孔子의 인물됨을 물었는데 자로가 대답하지
　않았다. 孔子께서 말씀하셨다. "너는 어찌 그의 사람됨이 분
　발하면 먹는 것도 잊고, 〈이치를 깨달으면〉 즐거워 근심을
　잊어 늙음이 장차 닥쳐오는 줄도 모른다고 말하지 않았는가."

배움에 빠지면 맛있는 고기 맛도 모르고, 진리를 터득하지
못하면 분발하여 먹는 것도 잊고, 이미 터득하면 즐거워 근
심을 잊는다. 그러면서도 그것에 빠져 나이 드는 것도 잊어

버리니 孔子는 말 그대로 '樂之者'였던 것이다.

孔子께서 만년에 주역(周易)공부에 빠지셨는데 주역 책을 묶은 가죽 끈이 세 번이나 끊어지도록(韋編三絶)43) 몰두했는데 그래도 부족함이 있어 다음과 같은 말을 남겼다.

▣ 子曰 加(假)我數年하여 五十(卒)以學易이면 可以無大過矣리라 (술이편 16)
孔子께서 말씀하셨다. "하늘이 나에게 몇 년의 수명을 빌려주어 마침내 周易을 배우게 한다면 큰 허물이 없을 터인데"

이런 孔子이시니 자기 학문에 대한 자부심 또한 오죽했겠는가!
다음 글들이 이것을 보여준다.

▣ 子曰 十室之邑에 必有忠信 如丘者焉이어니와 不如丘之好學也니라 (공야장편 27)
孔子께서 말씀하셨다. "10호쯤 되는 조그만 읍에도 반드시 나처럼 忠信한 자는 있겠지만 나처럼 배우기를 좋아하는 사람은 없을 것이다."

이런 자부심은 『論語』 곳곳에 자기 겸사(謙辭: 스스로를

---

43) 『史記』 孔子世家 "孔子晩而喜易, 序象·繫·象·說卦·文言. 讀易, 韋編三絶. 曰:"假我數年, 若是, 我於易則彬彬矣." 참조.

낮추어 하는 말)로서 다음과 같이 나타나고 있다.

■ 子曰 述而不作하며 信而好古를 竊比於我老彭하노라 (술
이편 1)

孔子가 말씀하셨다. "전술하기만 하고 창작하지 않으며, 옛것
을 믿고 좋아함을 내 저으기 우리 노팽에게 견주노라."

■ 子曰 黙而識之하며 學而不厭하며 誨人不倦이 何有於
我哉오 (술이편 2)

孔子께서 말씀하셨다. "묵묵히 기억하며, 배움을 싫어하지 않
으며, 사람 가르치기를 게을리 하지 않는 것, 이 중에 어느
것이 나에게 있겠는가?"

■ 子曰 德之不修와 學之不講과 聞義不能徒와 不善不能
改가 是吾憂也니라 (술이편 3)

孔子께서 말씀하셨다. "德이 닦아지지 못함과 학문이 강마되
지 못함과 義를 듣고도 옮겨가지 못함과 不善을 고치지 못하
는 것이 바로 나의 걱정거리이다."

■ 子曰 文莫吾猶人也아 躬行君子는 則吾未之有得호라
(술이편 32)

孔子께서 말씀하셨다. "文은 내 남과 같지 않겠는가마는 군자
의 道를 몸소 행함은 내 아직 얻은 것이 있지 못하다."

孔子는 이렇듯 자부심과 노력이 남달랐지만 결코 자만하지

않았음을 또한 볼 수 있다. 다음 글이 이것을 보여준다.

▣ **子曰 後生**이 **可畏**니 **焉知來者之不如今也**리오 (자한편 22)

孔子가 말씀하셨다. "후생이 두려울 만하니 앞으로 오는 자들이 지금보다 못 할 줄을 어찌 알겠는가!"

孔子가 언제 누구에게 학문을 배웠는지는 자세하지 않다. 일찍이 어려서부터 제기(祭器)를 진설하고 놀았다는 기록, 제자 남궁경숙을 데리고 周나라를 방문하여 禮를 배웠고 노자(老子)를 만났다는 기록, 35세경 제나라에 가서 韶를 배웠다는 기록 등으로 어릴 적부터 배움에 힘썼음을 알 수 있을 뿐이다. 그 결과 孔子는 젊어서부터 박학하고 재주가 있는 사람으로 소문이 나서 젊은 나이에 제자를 가르쳤던 듯하다.

孔子 나이 17살에 노나라 대부 맹희자가 죽음에 앞서 그 아들에게 '내가 죽거든 孔子를 스승으로 모셔라'고 한 사실, 주나라를 방문한 이후 노나라에 돌아와서는 제자가 더욱 늘어났다는 「孔子世家」의 기록 등이 전해지고 있기 때문이다.

2. 孔子의 배움

▣ 子曰 吾十有五而志于學하고 三十而立하고 四十而不惑하고 五十而知天命하고 六十而耳順하고 七十而從心所欲하되 不踰矩호라 (위정편 4)

孔子께서 말씀하셨다. "나는 열다섯 살에 학문에 뜻을 두었고 서른 살에 자립하였고 마흔 살에 사리에 의혹하지 않았고 쉰 살에 천명을 알았고 예순 살에 귀로 들으면 그대로 이해되었고 일흔 살에 마음에 하고자 하는 바를 좇아도 법도를 넘지 않았다."

이 말을 程子나 朱子식 儒家의 해석으로 접근하면 너무 싱겁다.

程子는 孔子를 나면서부터 아는 사람(生而知之者)으로 치부해 버리고 여기서 孔子가 하신 말씀은 '후학들을 힘써 나아가게 하기 위함이다'라고 하고 있으니 이 얼마나 힘 빠지는 얘기인가! 孔子 스스로 '나는 옛것을 좋아하여 급급히 구한 자'라고 하였듯이 윗글은 孔子 스스로가 말하는 평생공부의 자화상의 모습이라고 새겨야 우리에게 다가옴이 더 크지 않을까.

또 孔子는 다음과 같이 말씀하시기도 했다.

▣ 子曰 若聖與仁은 則吾豈敢이리오 抑爲之不厭하며 誨人

不倦은 則可謂云爾已矣니라 (술이편 33)

孔子께서 말씀하셨다. "聖과 仁으로 말하면 내 어찌 감히 자처할 수 있겠는가? 그러나 그 〈聖과 仁을〉 행하기를 싫어하지 아니하며 남을 가르치기를 게을리 하지 않는 것으로 말하면 그렇다고 말할 수 있을 뿐이다."

이 말씀의 뜻을 좇아 위정편 제4장의 말씀을 좀 더 자세히 풀이해 보자.

먼저 十有五而志于學(열다섯 살에 학문에 뜻을 두다.)

여기서 '學'은 孔子 당시의 大學에서 가르치는 道를 뜻한다. 즉 군자의 학문인 것이다. 윗글은 孔子 나이 15세에 자기 인생의 목표를 세우고 이를 배움에 뜻을 두었다는 뜻이니 이른바 立志(뜻을 세움)이다. 立志란 자기 인생에서 지향하는 바를 세웠다는 뜻이니 孔子님은 이때에 인생의 목표로 大學의 가르침인 明明德(하늘이 준 본성의 德을 밝힘), 親民(명덕을 널리 백성에 펼침), 止於至善(그 결과 지극한 善의 경지에 도달함)을 설정하였다는 말이다

다음 三十而立(서른 살에 서다.)

여기서 '선다'는 것은 자신이 스스로 인격적 주체자로서의 능력과 자질을 갖추었다는 의미이다. 『論語』에 '선다(立)'

는 말은 두 군데 보이니 '無信不立'(나라나 개인이나 믿음〈신뢰〉이 없다면 설 수 없다. 안연편 7)이란 말과 '不學禮無以立'(禮를 배우지 않으면 설 수 없다. 계씨편 13)이란 말이 그것이다. 孔子님은 군자 되기로 뜻을 세워 30살에 이르러 禮와 信을 갖춘 하나의 인격자가 되었음을 말하고 있다.

다음 四十而不惑(마흔 살에 사리에 의혹됨이 없다.)

여기서 '惑'이란 외물에 접하여 마음이 흔들리는 것을 말한다. 마음이 흔들리는 경우는 다음 두 가지 원인이 가장 크다. 하나는 무엇이 옳은지를 모를 때이다. 사람이 살아감에 이것이 맞는지 틀리는지(是非), 좋은지 나쁜지(善惡)를 모를 때가 많다. 이것은 그 사람의 지혜가 밝지 못함(不明)에서 비롯되는 것으로 '知'의 문제이다.

또 하나는 행동화의 문제이다. 옳고 좋은 것인 줄 알지만 그것을 실천으로 옮기는 데에는 용기가 필요하다. 즉 마음에서 생기는 人慾을 물리칠 수 있어야 하고 옳고 좋은 것은 반드시 실천하겠다는 굳은 의지가 필요한 것으로 이것은 마음의 의지 곧 '心'의 문제이다. 孔子는 윗글에서 나이 사십에 접어들어 外物의 유혹에 혹하지 않게 知와 心이 굳건해졌음을 말하고 있다.

孟子도 孔子와 마찬가지로 '不動心'(마음이 외래의 유혹에 흔들리지 않음)을 말하고 있다. 그러면서 스스로 돌이킴에 옳다고 생각하는 것을 실천해 나가는 용기와, 남의 말에 반영된 마음의 의도를 간파하는 지혜가 필요함을 강조하고 있는 것이다. (『孟子』 공손추상 1)

孟子는 또 사람은 義를 위해 죽음도 불사하는 용기가 있고 또 밥 한 그릇 국 한 사발을 얻으면 살고 못 얻으면 죽더라도 이것을 무례하게 주면(혀를 차고 꾸짖으며 주거나 발로 밥을 차면서 주면)이를 받지 않는 羞惡之心(옳지 않는 짓을 부끄러워하고 미워하는 마음)도 있지마는, 때로는 萬鍾의 녹을 주면 예의(禮義)따윈 돌보지 않고 이를 받아들이는 것도 역시 사람임을 지적하면서 외물의 유혹에 본심을 지켜 내기가 쉽지 않음을 말하고 있다. (『孟子』 고자상 10) 사람은 仁義를 주장하지만 利慾에 한없이 약한 존재임을 경계하고 있는 것이다.

아무튼 不惑이나 不動心은 외물의 유혹에 흔들리지 않는 경지를 말한다는 점에서는 동일하나 그 방법론에 있어서는 孔子는 은연중 '知'에 孟子는 은연중 '心'을 강조하고 있는 것을 볼 수 있다 하겠다.

다음 五十而知天命(하늘의 명을 알다.)

여기서 천명은 하늘의 이치, 하늘의 가르침 정도로 생각해 봄직하다. 孔子는 천명을 함부로 말하지 않았지만(子 罕言利與命與仁, 자한편 1) 군자는 天命을 두려워 할 줄 알아야 하며(君子有三畏 畏天命, 계씨편 8), 또 天命을 모르면 군자가

될 수 없다(不知命 無以爲君子, 요왈편 3)고 말하여 天命을
알아야 함을 강조하고 있다.

그럼 윗글에서 孔子가 천명을 알았다는 것은 무엇을 말함
인가.

첫째 하늘이 만물을 생성하고 이를 길러주는 이치 그 자
체? 이것은 신의 영역이지 인간의 영역은 아닐 것이다. 둘째
사람의 능력으로는 불가해한 운명론적 숙명? 이것은 그러한
것이 있음을 알아 安分知足(스스로의 분수에 편안히 하며 스
스로의 족함을 아는 것)하여 마음을 다스리는 데는 유용하지
만 너무 소극적이다. 셋째 하늘이 자기에게 부여한 존재이
유? 이것이 가장 근사한 설명이 될법하다. 孔子가 천명을 알
았다는 것은 孔子 스스로 자기가 이 세상에 태어난 존재이
유, 즉 소명(召命)을 알았다는 것이니 스스로 자존하는 자아
의식이 확립되었음을 말한다. 이것이야 말로 객관적 자아가
무엇인지를 알아 무엇을 하며 어떻게 살아야할지를 알게 되
었다는 의미가 될 것이다.

다음 六十而耳順(귀에 들으면 그대로 이해되다.)

耳順이란 남의 말을 내가 들음에 거부반응이 없다는 의미
다. 이것은 마음이 열린 상태(open mind) 또는 아집(我執,
ego)이 없는 상태에 이르렀음을 의미한다. 사람에게 아집이
있으면 남의 말이 귀에 거슬릴 수 있고 그렇게 되면 그 행동

이 올바르지 않을 수 있고 행동이 올바르지 않으면 사람과 사람 사이의 원만한 인간관계는 불가능해질 것이다.

다음 七十而從心所欲不踰矩(마음에 하고자하는 바를 좇아도 법도를 넘지 않는다.)

이렇게 되면 온전한 자기 인격의 완성자, 즉 군자라 할 수 있을 것이다. 마음 가는 데로 마음을 놓아두어도 그 마음이 옳고 좋은 것이 무엇인지를 아는 지혜로움이 있고, 그 행동이 禮와 義에 어긋남이 없는 경지를 말한다. 하늘이 사람에게 품수한 '천지만물을 만들어 내고 이를 길러 주는 따뜻한 마음' 즉 본성에 따라 자기가 이 세상에 태어난 이유를 알아 실천한다면 이 세상 이치에 순응하지 않음이 없을 것이다.

자! 그럼 어떻게 하면 이런 경지에 도달할 수 있을까?

앞서 '博文約禮'를 살펴볼 때 언급이 있었지만 그것은 優游涵泳(편안하고 도타운 마음으로 학문이나 예술의 이치를 밝히는데 무젖음)해야 하고, 躐等(등급과 순서를 뛰어넘어 나아감)하지 말아야 하며, 또 日就月將(나날이 나아가고 다달이 진보함)하여야 하고, 半途而廢(일의 중간에서 그만 둠)해서는 안 될 것이다.

3. 孔子의 제자 가르침

孔子의 수제자 안연(顔淵)이 어느날 스승인 孔子의 가르침의 내용과 방법에 대해 찬탄과 탄식의 말을 다음과 같이 쏟아냈다.

▣ 顔淵이 喟然歎曰 仰之彌高하며 鑽之彌堅하며 瞻之在前이러니 忽焉在後로다 夫子循循然善誘人하사 博我以文하시고 約我以禮하시니라 欲罷不能하여 旣竭吾才하니 如有所立卓爾라 雖欲從之나 末由也已로다 (자한편 10)
안연이 크게 찬탄하며 말하였다. "〈선생님의 道는〉 우러러볼수록 더욱 높고 뚫을수록 더욱 견고하여 바라봄에 앞에 있더니 홀연히 뒤에 있도다. 선생님께서 차근차근히 사람을 잘 이끄시어 文으로서 나의 지식을 넓혀 주시고 禮로서 나의 행동을 요약하게 해 주셨다. 공부를 그만 두고자 해도 그만둘 수 없어 이미 나의 재주를 다하니 〈선생님의 道가〉 내 앞에 우뚝 서 있는 듯하다. 그리하여 그를 따르고자 하나 어디로부터 시작해야 할지 모르겠다."

孔子의 道를 가장 잘 이해하고(默識心通) 가장 잘 실천해온(語之而不惰者, 자한편 19) 수제자 顔淵의 스승님에 대한 경탄과 孔子의 道에 대한 경의의 표현이 이러하다. 새겨보면 제자가 학문에 흠뻑 무젖을 수 있도록 그 가르침이 循循然(아무런 거부감 없이 받아들이는 모습)하여 제자로 하여금 배우고 실천하지 않을 수 없게 만들고 있다는 정도로 새겨볼 수 있을까…….

孔子는 이처럼 한 사람의 훌륭한 스승이었을 뿐 아니라 인류를 올바름으로 인도하는 최초의 대중교육자였다. 그는 교육의 목표를 孔子의 道를 전파하는 데에 그친 것이 아니라 修己治人, 兼善天下의 인재양성에 둔 교육자라 할 것이다.

우리는 그 교육자의 면모와 그 교육방법을 대중교육자로서의 孔子, 인재시교(因材施敎), 참 스승으로서의 孔子로 나누어 다음과 같이 살펴볼 수 있을 것이다.

1) 大衆敎育者로서의 孔子

▣ 子曰 有敎면 無類니라 (위령공편 38)
孔子께서 말씀하셨다. "가르침이 있으면 종류가 없다"

▣ 子曰 自行束脩以上은 吾未嘗無誨焉이로다 (술이편 7)
孔子께서 말씀하셨다. "脯(육포) 한 束 이상을 가지고 와 執贄〈집지: 스승께 처음 배우러 올 때 최소의 물품으로 예의를 표함〉의 禮를 행한 자에게는 내 일찍이 가르쳐 주지 않은 적이 없었다."

이 두 말은 孔子의 교육자적 풍모를 여실히 보여준다. 孔子당시의 교육제도는 귀족 자제들을 위한 관학(官學)이란 것이 존재했으나 일반 서민들을 위한 교육기회는 존재하지 않왔다. 이러한 시기에 孔子는 귀족계급에서 천민으로 몰락한 '士'를 중심으로 한 선비계층, 일반 서민들의 자제들에게 최초의 일반교육을 실시했던 사학(私學)의 개척자였다.

孔子는 귀족 계급이 독점했던 지식을 일반서민들도 공유할 수 있도록 누구에게나 당시 학문의 주요 내용이었던 六藝를 가르치고 이를 배운 자들이 국가의 인재로 진출할 수 있는 기회를 제공하려 했던 것이다.

이러한 孔子의 교육관이 곧 '有敎無類44)'이며 孔子의 제자 가르침의 첫 번째 원칙이다.

이 말은 두 가지 해석이 가능하다. 그 하나는 사람의 질이나 기품의 차이가 설령 다르더라도 결국 사람의 성은 착한 데로 귀일할 것이므로 가르침을 베풀면 사람의 선악 귀천의 차이가 없어진다는 뜻으로 새기는 것이고 다른 하나는 교육 대상을 차별하지 말라는 의미로 풀이할 수도 있다. 실제 孔子는 교육 대상을 차별하지 않았다. 배우는 자가 스승에 대한 존경심으로 최소한의 예의(고기육포 한 속 정도의 조그만 선물)만 갖추면 누구나 다 가르쳤다. 뿐만 아니라 배우는 자의 類도 따지지 않았다.

---

44) 『衛靈公』에 "子曰:'有敎無類.'"라 하고 『集註』에 "人性皆善, 而其類有善惡之殊者, 氣習之染也. 故君子有敎, 則人皆可以復於善, 而不當復論其類之惡矣."라고 했다. 孔子가 말하고자 한 뜻은 교육 앞에 인간은 평등하다는 것을 강조한 것이다.

『論語』를 보면 모든 사람들이 서로 말하기 싫어하는(어울리기 싫어하는) 호향(互鄕)이라는 마을의 동자가 孔子에게 배우기 위해 찾아옴에 孔子께서 이를 받아들이시니 孔子의 제자들이 의아해 하는 장면이 나오는데 여기서 孔子는 다음과 같이 말한다.

▣ 子曰 人潔己以進이어든 與其潔也요 不保其往也며 與其進也요 不與其退也니 唯何甚이리오 (술이편 28)
孔子께서 말씀하셨다. "사람이 몸을 가다듬어 깨끗이 하고서 찾아오거든 그 몸이 깨끗한 것을 허여할 뿐이요, 지난날의 잘잘못을 보장할 수는 없는 것이며, 그 찾아옴을 허여할 뿐이요, 물러간 뒤에 잘못하는 것을 허여하는 것은 아니니 어찌 심하게 할 것이 있겠는가?"

이러한 孔子였으니 孔子께서 그의 아들이라 하여 남다른 교육을 시켰을 리가 없다. 진강(陳亢)이라는 孔子의 후대 제자가 孔子의 아들인 백어(伯魚)에게 孔子께서 일반 제자들과 달리 당신의 아들에게는 특별한 교육이 있었는지를 묻는 장면이 나오는데 백어가 남들처럼 詩나 禮를 배우라는 것 외에 특별한 가르침이 없었다고 함에 진강이 매우 기뻐했다는 내용이 보인다.(계씨편 13) 이처럼 孔子는 배우려는 자의 빈부귀천을 따지지 않았던 것이다.

2) 因材施敎, 矢而不發

　배우는 자의 자질과 능력에 맞추어 가르침을 베풀되, 배우는 자가 배우려는 열의가 없으면 가르쳐 주지 않는다.

　▣ 子路問 聞斯行諸잇가 子曰 有父兄在하니 如之何其聞斯行之리오 冉有問 聞斯行諸잇가 子曰 聞斯行之니라 公西華曰 由也問聞斯行諸어늘 子曰 有父兄在라하시고 求也問 聞斯行諸어늘 子曰 聞斯行之라하시니 赤也惑하여 敢問하노이다 子曰 求也退라 故로 進之하고 由也兼人이라 故로 退之니라 (선진편 21)

　자로가 "〈옳은 것을〉들으면 곧 실행해야 합니까?"하고 묻자, 孔子께서 "부형이 계시니 어찌 들으면 그대로 실행할 수 있겠는가?" 하고 대답하셨다. 염유가 "〈옳은 것을 〉들으면 곧 실행해야 합니까?"하고 묻자 孔子께서는 "들으면 실행해야 한다."고 대답하셨다. 공서화가 물었다. "由가 들으면 곧 실행해야 합니까? 하고 묻자 선생께서는 부형이 계시다고 하셨고 求가 들으면 실행해야 합니까? 하고 물으니, 선생께서 들으면 실행해야 한다고 대답하시니 저는 의혹되어 감히 묻습니다." 孔子께서 말씀하셨다. "求는 물러남(소극적이므로)으로 나아가게 한 것이요 由는 일반인보다 나음(적극적이므로)으로 물러가게 한 것이다."

　이 글이 因材施敎를 설명하는 대표적 문장으로 孔子의 제자 가르침에 있어서의 두 번째 원칙이다. 똑같은 질문에 다

른 대답을 하는 것은 자로(由)와 염유(求)의 성격과 능력을
감안한 孔子의 가르침의 방법인 것이다. 孔子가 제자 질문에
답한 경우 거의 모두에 이 원칙이 적용 된다.

孔子는 배우는 자의 자질(능력)에 따라 가르침을 달리하였
으니 옹야편 제19장의 다음 글이 이를 보여준다.

▣ **子曰 中人以上**은 **可以語上也**어니와 **中人以下**는 **不可
以語上也**니라 (옹야편 19)
孔子께서 말씀하셨다. "〈자질이〉中 이상인 사람에게는 높은
것을 말해줄 수 있으나 中 이하인 사람에게는 높은 것을 말해
줄 수 없다."

이는 가르침의 내용을 그 사람이 따라갈 수 있는 바에 맞
추어야 된다는 것으로 이렇게 해야만 묻기를 간절히 하고 생
각을 가까이 하여(切問而近思) 점차 높고 먼데로 나아가게
할 수 있기 때문이다.

▣ **子曰 不憤**이어든 **不啓**하고 **不悱**어든 **不發**호되 **舉一隅**에
不以三隅反이어든 **則不復也**니라 (술이편 8)
孔子께서 말씀하셨다. "마음속으로 통하려고 노력하지 않으면
열어주지 않으며 애태우지 않으면 말해 주지 않되 한 귀퉁이
를 들어 주었는데 이것을 가지고 남은 세 귀퉁이를 반증하지
못하면 다시 더 알려주지 않아야 한다."

이른바 矢而不發(화살을 활에 메워주되 쏘아주지는 않음) 또는 引而不發(화살시위를 당기게는 해 주되 쏘아 주지는 않음)의 뜻이다. 아무리 훌륭한 스승이라도 배움에 뜻이 없는 사람을 가르칠 수는 없다. 이것을 가르쳐 주면 저것을 깨칠 줄 알아야 가르침의 기쁨이 배가 된다. 다음과 같은 사람은 孔子 같은 성인도 어쩔 수 없는 사람이다.

■ 子曰 不曰如之何如之何者는 吾末如之何也已矣니라 (위령공편 15)
孔子께서 말씀하셨다. "어찌할까? 어찌할까? 라고 말하지 않는 자는 나도 어찌할 수가 없을 뿐이다."

그러나 한 번 가르치려 마음먹었으면 철저히 가르쳐야 한다. 이것이 孔子의 가르침의 세 번째 원칙이다.

■ 子曰 吾有知乎哉아 無知也로라 有鄙夫問於我하되 空空如也라도 我叩其兩端而竭焉하노라 (자한편 7)
孔子께서 말씀하셨다. "내 아는 것이 있는가? 나는 아는 것이 없다. 그러나 어떤 사람이 나에게 묻되, 그가 아무리 무식하다 하더라도 나는 그〈묻는 내용의〉 양쪽 끝을 다 말해준다."

여기서 兩端이라함은 일의 본말(本末), 시종(始終), 상하(上下), 정조(精粗)등을 모두 일컬어줌을 말한다. 따라서 위의 말은 상대방이 비록 지극히 어리석다 하더라도 아는 바를

다 말해주지 않을 수 없다고 한 것이니 가르침에 정성을 지
극히 함을 보여주는 것이라 하겠다.

3) 참스승 孔子

『禮記』의 「學記」 편을 보면 '가르침(教)'과 '훌륭한
스승'에 관하여 다음과 같이 설명함을 볼 수 있다.

- ▣ 敎也者는 長善而救其失者也니라
  가르친다는 것은 그가 잘하는 것을 길러주고 그가 잘못하는
  것을 구제해 주는 것이다.

- ▣ 君子之敎喩也 道而弗牽 强而弗抑 開而弗達 道而弗
  牽則和 强而弗抑則易 開而弗達則思 和易以思 可謂
  善喩矣
  군자의 가르침은 인도해 주되 잡아끌지 않으며, 독려하되 밀
  어붙이지 않으며, 실마리를 열어주되 시시콜콜 다 일러주지
  않는다. 인도해 주되 잡아끌지 않으면 평온하게 되고, 독려하
  되 밀어 붙이지 않으면 쉽게 받아들여지게 되고, 실마리를 열
  어주되 시시콜콜 다 일러주지 않으면 사색하게 된다. 평온함
  과 평이함을 가지고 사색하게 한다면 '잘 가르친다'고 할만하
  다.

위의 '잘못하는 것을 구제해 주는 것'과 관련하여 「學記」
는 배우는 자가 잘못하기 쉬운 것으로 네 가지[45]를 들고 있

다. 즉 사람이 배우는데 있어서 어떤 자는 많이 배우려 하는
데에서 잘못되고, 어떤 자는 조금만 배우려는 데에서 잘못되
고, 어떤 자는 쉽게 얻으려는 데에서 잘못되고, 어떤 자는
자신만의 생각에 머물러 있는데서 잘못된다. 그러므로 훌륭
한 스승은 이것을 알아 배우는 자가 잘못에 빠지지 않도록
하여야 한다고 하고 있다.

  자! 그럼 孔子는 어떤 스승이라 할 수 있는가?

  앞서 孔子의 가르침의 방법으로 因材施教, 矢而不發을 말
했지만,
  그것이야 말로 道而弗牽, 强而弗抑, 開而弗達46)을 그대로
실천한 것이 아닌가.

  또 '잘하는 것을 길러주고 잘못하는 것을 구제해 주는 것'
이것도 孔子님의 장기 중의 하나이다.
  앞서 보았지만 자공이 배움을 논하다가 詩(如切如磋, 如琢
如磨)를 깨우치고, 자하가 詩(巧笑倩兮, 美目盼兮, 素以爲絢

---

45) 『禮記』 學記篇 "學者有四失, 敎者必知之, 人之學也, 或失則多.
    或失則寡, 或失則易, 或失則止, 此四者, 心之莫同也. 知其心, 然
    後能救其失也. 敎也者, 長善而救其失者也. 善歌者使人繼其聲,
    善敎者使人繼其志. 其言也, 約而達, 微而臧, 罕譬而喩, 可謂繼
    志矣." 참조.
46) 『禮記』 學記篇 "故君子之敎喩也, 道而弗牽, 强而弗抑, 開而弗
    達. 道而弗牽則和, 强而弗抑則易, 開而弗達則思. 和易以思, 可
    謂善喩矣." 참조.

今)를 논하다가 禮를 깨우침에 孔子께서 '이제 비로소 詩를 논할 수 있게 되었구나!' 하고 칭찬하는 장면이 『論語』에 나오는데 이것이야말로 잘하는 것을 길러주는 禮라 할 것이다. 또 앞서 설명한 선진편 제21장의 글에서 '子路는 너무 앞서 나가려 함으로 물러나게 하고 염구는 너무 소극적이어서 나아가게 한 것이다.'라고 孔子께서 말씀하신 것은 잘못하는 것을 구제해 주는 예가 될 것이다. 孔子는 칭찬할만한 것을 칭찬해 주고 꾸짖을 만한 것은 준엄하게 꾸짖을 줄 아는 스승이었다.47)

---

47) 孔子는 제자를 북돋아주는 칭찬에 인색하지 않았고 억누름이 필요할 때 그 꾸짖음이 준열하였다. 顔淵에게는 칭찬일색이었고 (학이편 9, 옹야편 5,9, 술이편 10, 자한편 19,20, 선진편 3 등), 子路에게는 칭찬과 꾸짖음이 교차되었고, (칭찬: 공야장편 13, 안연편 12, 선진편 14, 꾸짖음: 술이편 10, 자한편 11, 자로편 3) 재여와 염구에게는 준열한 꾸짖음이 있었다. 여기서는 재여와 염구에 대한 것만 『論語』의 원문을 제시한다.
※ 宰予晝寢이어늘, 子曰 朽木은 不可雕也요 糞土之墻은 不可杇也니 於予與何誅리오.(공야장 9)
(재여가 낮잠을 자자, 孔子께서 말씀하셨다. "썩은 나무는 조각할 수가 없고 거름흙으로 쌓은 담장은 흙손질할 수가 없다. 내 재여에 대하여 꾸짖을 것이 있겠는가!")
※ 冉求曰 非不說子之道언마는 力不足也라. 子曰 力不足者는 中道而廢하나니 今女畫이로다.(옹야편 10)
(염구가 말하였다 "저는 夫子의 道를 좋아하지 않는 것은 아니나 힘이 부족합니다." 孔子께서 말씀하셨다. "힘이 부족한 자는 중도에 그만두는 것이니 지금 너는 〈스스로〉한계를 긋는 것이다.")
※ 季氏富於周公이어늘 而求也爲之聚斂而附益之한대 子曰 非吾徒也로소니 小子아 鳴鼓而攻之可也니라(선진편 16)
(계씨가 주공보다 부유하였는데도 求(염유)가 그를 위해 세금을 걷어 재산을 더 늘려 주었다. 孔子께서 말씀하셨다. "〈求는〉우리 무리가 아니니, 小子들아! 북을 울려 저를 성토함이 옳다.")

또 孔子는 제자들과 마음을 주고받는 스승이었다.

▣ 子曰 二三子는 以我爲隱乎아 吾無隱乎爾로라 吾無行
而不與二三子者 是丘也니라 (술이편 23)
孔子께서 말씀하셨다. "그대들은 내가 무엇을 숨긴다고 여기
는가? 나는 그대들에게 숨기는 것이 없노라. 행하고서 그대들
에게 보여주지 않는 것이 없는 자가 바로 나(丘)이다."

이런 孔子였기에 제자와 함께 장래의 포부(공야장편 25),
인생관(선진편 25)을 주고받을 수 있었을 것이다. 뿐만 아니
라 孔子는 교육 대상에 차별을 두지 않으며(有敎無類), 배우
려는 자는 누구나 가르침으로써(行束脩以上, 吾未嘗無誨焉),
온 세상을 교화하고자 하는 인류의 스승이었으니 그의 문하
에 들어온 제자들에게도 孔子의 학문을 가르친 것이 아니라
'兼善天下48)'의 인재를 양성할 것을 목표 삼았던 것이다.

---

48) 『孟子』 盡心章句上의 글이다. "古之人, 得志, 澤加於民, 不得志,
修身見於世. 窮則獨善其身, 達則兼善天下." 참조.

제10강 剛毅木訥의 孔子

孔子는 어떤 사람인가? 우리는 孔子에게서 무엇을 배울 수 있을까?

孔子하면 삼척동자도 성인인 줄 다 알며, 孔子의 가르침 하면 '仁'이란 것을 장삼이사(張三李四)도 모르는 사람이 없거늘 새삼 이런 질문을 하다니?

여기엔 의도가 있다. 즉 孔子를 성인 孔子가 아닌 인간 孔子로 바라보자는 것이다. 그래야만 우리가 보고자하는 인성(人性)이 보일 것이기 때문이다. 孔子를 성인(聖人)으로만 치부해 버리면, 그래서 '날 때부터 아는 사람, 저절로 편안히 행하는 사람"(生而知之者 安而行之者)으로 생각해 버리면 거기에서 보이는 人性은 너무 고원하여 우리가 바라만 보아야 하는 것이 되기 십상일 것이다.

그러므로 孔子 스스로 겸사하여 말하였듯이 '生而知之者가 아니라 옛것을 좋아하며 힘써 구하는 자'(我非生而知之者 好古敏而求之者也, 술이편19)의 입장에서 孔子를 살펴보자는 것이다. 그리하여 우리도 孔子를 '그 하는 짓을 보며, 그 하는 이유를 살피며, 그 편안히 여기는 바를 살펴보고(視其所以 觀其所由 察其所安, 위정편 10)', 과연 '말이 그 행동을 벗어나지 않으며(恥其言而過其行)', '마음이 가는 데로 좇아도 법도에 어긋나지 않는 삶(從心所欲不踰矩, 위정편 4)'을 사셨는지, 또 孟子가 말씀하였듯이 '속히 떠날만하면 속히 떠나고, 오래 머물만하면 오래 머물고, 은둔할만하면 은둔하고, 벼슬할만하면 벼슬하는 삶(可以速而速 可以久而久 可以處而處 可以仕而仕, 『孟子』 만장하 1)을 사셨는지를 살펴보는 것이다.

이는 머리로 배우는 경전(經典)의 말씀 못지않게 우리 가슴에 스며드는 간접체행(間接體行)의 工夫방법이 될 것이기 때문이다.

1. 孔子는 어떤 사람인가?

만약 자연인 孔子의 모습을 머릿속으로 화폭에 그려보라 한다면 어떤 모습으로 그릴 수 있을까?

「孔子世家」 에서 기술했듯이 머리 위쪽이 움푹 패이고, 『孔子家語』가 기술했듯이 키가 9척 6촌의 장신에, 길게 찢

어진 눈 높고 넓은 이마에, 요임금 같은 머리에, 고요(皐陶)
와 같은 목에, 자산과 같은 어깨에, 허리아래는 우임금보다
세 치 정도 적은 그런 사람으로 그릴까? 아니면 孔子는 성인
이니 성인을 표현하는 '心廣體胖(마음이 넓고 몸이 편안한
모양)'이나 '睟面盎背(얼굴에 德스러움이 함치르르하고 등이
동이처럼 둥그스름한 모양)'를 상상하여 그려볼 것인가?

  만약 孔子의 성품을 묘사한다면? 이것은 다행히도 『論
語』에 다음과 같은 글이 보인다.

▣ 子는 溫而厲하시며 威而不猛하시며 恭而安이러시다 (술이
  편 37)
  선생님은 온화하면서도 엄숙하시며 위엄이 있으시면서도 사납
  지 않으시며 공손하면서도 편안〈자연스러움〉하셨다.

▣ 子絶四러시니 毋意 毋必 毋固 毋我러시다 (자한편 4)
  선생님은 네 가지 마음이 전혀 없으셨으니, 사사로운 뜻이 없
  으셨으며 기필하는 마음이 없으셨으며 집착하는 마음이 없으
  셨으며 이기심이 없으셨다.

  앞의 글은 孔子의 德이 흔연하여 중화의 기상이 용모에 나
타난 것을 표현한 것이고 뒤의 글은 孔子의 지적 성정이 공
정하고 사사로움이 없음을 표현한 것이다.

자! 이러한 인식의 바탕위에 孔子의 성품을 그가 살아온 행적에 비추어 살펴보고 孔子의 인품을 가슴으로 느껴보기로 하자.

2. 孔子의 꿈

孔子는 이 세상 모든 사람들이 군자가 되기를 바랐지만 스스로도 군자로서의 삶을 살아가기를 바랐다.

孔子가 바랐던 군자의 길은 仁을 실천하는 것이었고 그것은 곧 修己治人의 삶을 사는 것이라 할 수 있다.

그렇다면 孔子의 修己治人의 꿈은 어떻게 孔子의 인간적 삶에 투영되고 있을까?

먼저 修己의 측면을 살펴보자.

孔子하면 이미 성인(聖人)이시고, 또 그 스스로 말씀하시길 '從心所欲 不踰矩(마음이 하고자 하는 바를 따르되 법도를 넘지 않는다)'의 경지에 이르렀으니 修己를 따지는 것은 무의미할는지 모른다. 그러나 그 修己의 결과는 밖으로 드러나는 禮人의 모습으로 우리에게 비춰질 수 있을 것이니 여기서는 이를 살펴보려는 것이다.

孔子는 禮의 실질을 중시하는 삶을 사셨다.

禮의 실질이 무엇인가에 대하여 朱子는 '讓'(能以禮讓 爲國乎 何有, 이인편 13)으로 풀기도 하고 '忠信'(禮 必以忠信爲質, 팔일편 8장 주석)으로 보기도 하고 '敬謹'(禮者 敬謹之至, 팔일편 15장 주석)으로 설명하기도 하였지만 이 모두를 '敬'이란 말로 포괄할 수도 있겠다.

敬이란 자기를 낮추고 상대방을 높이는 마음이며, 매사에 자기의 진심을 다하는 마음이며 일에 대처함에는 삼가고 조심하는 마음인 것이다.

우리는 앞서 禮의 실질을 중시하는 孔子의 언행을 팔일편 4장, 팔일편 15장 등에서 살펴본 바 있거니와 다음 글들은 禮의 실질이 무엇인가에 대한 孔子의 마음을 또한 볼 수 있다.

▣ 祭如在하시며 祭神如神在러시다 子曰 吾不與祭면 如不祭니라 (팔일편 12)
제사를 지낼 적에는〈선조가 그 자리에〉계신 듯이 하셨으며 神을 제사 지낼 적에는 神이 계신 듯이 하셨다. 孔子께서 말씀하셨다. "내가 제사에 참여하지 않으면 마치 제사하지 않은 것과 같다."

▣ 子貢이 欲去告朔之餼羊한대 子曰 賜也아 爾愛其羊가 我愛其禮하노라 (팔일편 17)
자공이 초하룻날〈사당에〉告由하면서 바치는 희생양을 없애려 하자 孔子께서 말씀하셨다. "賜(자공)야! 너는 그 양을 아까워하느냐? 나는 그 禮를 아까워한다."

■ 子曰 事君盡禮를 人以爲諂也로다 (팔일편 18)
孔子께서 말씀하셨다. "임금 섬김에 禮를 다함을 사람들은 아첨한다고 하는구나."

윗글들을 보면 禮의 실질은 자기를 낮추고, 상대방을 공경하는 것이며, 禮를 표해야 할 대상에 진심과 성의를 다하는 것임을 알 수 있는데 孔子는 禮의 형식에 머물지 않고 그 실질을 구현하는 삶을 사시려 한 것을 볼 수 있다.

그러나 禮의 드러남은 형식화된(격식화된) 겉모습을 통해서이니 그 겉모습을 잘 갖추는 것 역시 중요하다. 그러나 그 겉모습은 禮의 실질이 그 속에 충만하지 않으면 안 된다.

바탕과 꾸밈이 빈빈(彬彬)한 연후에 군자이듯이 禮도 그 실질과 형식이 빈빈해야만 온전한 禮가 될 수 있는 것이다.
향당편(鄕黨篇)을 보면 밖으로 드러난 禮人 孔子의 모습이 적나라하게 기술되어 있다. 실로 향당편은 그 전체가 禮人 孔子로서의 삶의 모습을 그의 제자들이 기술한 것이다.
예컨대 향당편 첫 머리는 다음과 같이 시작된다.

■ 孔子於鄕黨에 恂恂如也하사 似不能言者러시다 其在宗

廟朝廷하사는 便便言하사대 唯謹爾러시다 (향당편 1)

孔子께서 고을에 계실 때에는 두려워하듯 말씀을 잘하지 못하는 사람 같았다. 孔子께서 종묘와 조정에 계실 때에는 말씀을 또박또박하시되 다만 삼가셨다.

이 글은 孔子께서 향당과 종묘와 조정에 계실 때에 그 언행이나 용모가 같지 않았음을 나타낸 것이다. 그런데 이것이 어떻게 禮가 되는 것일까?

'誠於中 形於外(마음에 성실함이 있으면 그것은 외면에 나타난다)'49)란 말이 있다.

밖으로 드러난 언동은 마음의 표현이니 孔子께서 향당에서 말씀을 잘하지 못하는 것처럼 한다는 것은 그 마음이 겸손하고 온순하여 지혜를 드러내려 하지 않으려는 마음이 그러했던 것이며, 조정이나 종묘에서 말씀을 잘하려 하심은 말씀이 명확치 않으면 그 곳에서의 일처리가 잘되지 않을 것을 마음으로 헤아렸던 것이니 孔子의 언행은 달랐으되 일에 따라 그 이치를 順하게하고 때에 따라 그 처함을 마땅히 하려는 마음은 한결같으셨던 것이다(隨事而順理 因時而處宜).50) 그러므로 朱子는 孔子의 이러한 모습을 가리켜 '행하고, 그만두고, 말하고 침묵하는 것(作止語黙)이 그 어느 것 하나도 禮 아님이 없고 가르침 아님이 없다.'라고 표현하고 있는 것이다.

---

49) 『大學』 誠意章 "誠於中, 形於外, 故君子必愼其獨也." 참조.
50) 『孟子』 離婁章下에 "孟子曰: '非禮之禮, 非義之義, 大人弗爲.'라 하고 『集註』에 "察理不精, 故有二者之蔽. 大人則隨事而順理, 因時而處宜, 豈爲是哉?"라 했다.

우리는 그 禮 아님이 없는 孔子의 모습을 향당편에서 수없이 접할 수 있거니와 여기서는 다음 몇 가지를 살펴보는 것으로 그친다.

여기서 孔子의 언행을 통해 우리가 놓치지 말아야 할 것은 禮란 일상생활의 어디에서나 갖추어져야 하는 것이란 점과 그 禮를 행함에 일반 사람들이 보기에는 거추장스럽고, 때로는 아첨으로 보이기까지 하는 것들도 孔子께서는 '겸손하면서도 편안하게 행했다(恭而安)'는 것을 깨닫는 것이라 할 수 있다. 孔子를 安而行之者라 하는 소이연이 여기에 있는 것이다.

■ 攝齊升堂하실새 鞠躬如也하시며 屏氣하사 似不息者러시다 (향당편 4)
〈內朝에서 군주를 배알할 때〉 옷자락을 잡고 당에 오르실 적에 몸을 굽히시며 숨을 죽이시어 마치 숨을 쉬지 않는 것처럼 하셨다.

■ 當署하사 袗絺綌을 必表而出之러시다 (향당편 6)
더위를 당해서는 가는 갈포와 굵은 갈포로 만든 홑옷을 반드시 겉에다 입으시고 나가셨다.

■ 吉月에 必朝服而朝러시다 (향당편 6)
초하루 날에는 반드시 朝服을 입고 조회하셨다.

■ 肉雖多나 不使勝食氣하시며 唯酒無量하시되 不及亂이러시다 (향당편 8)

고기가 비록 많으나 밥 기운을 이기게 하지 않으시며 술은 일정한 양이 없으셨는데 어지러운 지경에 이르지 않으셨다.

■ 席不正이어든 不坐러시다 (향당편 9)

자리가 바르지 않으면 앉지 않으셨다.

사실 禮人 孔子의 명성은 그의 성인됨을 상징하는 표현이기도 하지만 孔子의 삶을 얽매는 질곡이기도 하였다.

『史記』 「중니제자열전」을 보면 노(魯)나라 대부 맹희자(孟僖子)가 죽음을 앞두고 그의 아들 맹의자(孟懿子)에게 '저 공구(孔丘)라는 사람은 비록 나이는 젊지만 禮를 숭상하니 틀림없이 사리에 밝고 통달한 사람이 아니겠는가! 내가 죽거든 너는 반드시 그 사람을 스승으로 삼아라'고 한 표현이 보인다.

이렇듯 孔子는 禮로서 명성을 드높였지만 그 禮 때문에 벼슬길로 나아갈 수 없었다. 역시 「중니제자열전」을 보면 孔子를 등용하려는 제(齊)나라 경공에게 孔子를 등용해서는 안됨을 말하는 안영(晏嬰)의 다음 글이 보인다.

무릇 유학자라는 사람들은 매끄러운 말로 사람을 현혹하는 변설가에 불과하니 그들의 말을 규범이나 법으로 삼을 수가 없습니다. (중략)

그런데 지금 孔子는 차림새와 치장을 화려하게 하고 오르고 내리는 예법과 빨리 걷고 조심스럽게 걷는 예절을 번잡하게 만들었습니다. 그러나 여러 세대에 걸쳐서도 그 학문을 다할 수 없으며, 당세에는 그 예법을 궁구할 수도 없습니다. 군주께서 孔子를 등용하여 제나라의 풍속을 바꾸려하시지만 그는 백성들의 앞에 서서 그들을 이끌어 갈 만한 사람이 되지 못합니다. (『史記』「중니제자열전」)

孔子가 등용되지 못한 것이 어찌 禮의 탓(?)일까마는 禮人 孔子라는 명성은 孔子가 평생 지고 가야 할 짐이었으며 그의 거동을 자유스럽지 못하게 하는 제약요인이었다.

술이편 제30장을 보면 노나라 군주가 同姓인 오나라 여인을 부인으로 맞이한 것을 두고 진(陳)나라 사패(司敗) 벼슬을 한 자가 孔子에게 '노나라 군주가 禮를 아는 사람인가'를 물어 孔子를 난처하게 하는 장면이 보이는데 여기에서 자기 나라 군주의 禮아님을 그대로 밝히지 못하는 안타까움과 사실대로 밝혀짐에 후련해 하는 孔子의 마음이 교차하는 모습을 볼 수 있는바 우리는 이를 통해 禮人의 길이 얼마나 어려운 것인가를 살펴볼 수 있을 것이다.

다음 治人으로서의 孔子의 삶은 어떠했는가?

治人의 통념상의 일반적 수단은 爲政(정사를 행함)이다.
이 爲政도 그 개념을 어디까지로 볼 것인가의 문제가 있지만 현실정치에 참여하는 것을 爲政이라고 본다면 孔子의 정치적 삶은 성공적이지 못했다.

孔子의 일생에 실질적인 정치 참여는 그의 나이 51세부터 56세까지의 5-6년 동안 노나라 중도재(中都宰), 사공(司空), 대사구(大司寇), 그리고 잠깐 동안의 재상 섭정이 전부였다. 그 후 그는 정치적 꿈을 실현시키기 위해 14년 동안 주유천하(周遊天下)했지만 그의 정치적 꿈을 받아 준 군주는 아무도 없었다.

이는 그의 정치적 이상과 포부가 너무 이상적이었고 당시의 정치적 시대 상황과 동떨어진 것이었기 때문이었을 것이다.

『論語』를 보면 孔子는 이상적 정치 모델로 堯舜의 德治, 無爲의 治를 들고, 현실적 정치제도로 周나라의 제도를 본받고자 했음을 볼 수 있다.(위령공편 1, 4, 팔일편 14 참조)

그러나 이것은 孔子 당시의 정치현실과는 너무나 동떨어진 것이었다. 堯, 舜 임금은 기실 先史시대의 상징적 인물이니 그렇다 치더라도 역사상 실재했던 정치제도였던 周나라 제도도 孔子 당시에는 이미 현실적으로 받아들일 수 없는 물 건너간 통치제도였던 것이다.

주나라 통치제도의 근간은 이른바 천자국을 중심으로 한 봉건제도와 종법제(宗法制), 그리고 그 수단으로서의 禮治를 꼽을 수 있는데, 孔子 당시의 춘추시대에 접어들어서는 이미 천자국의 권위는 무너지고 힘을 앞세운 새로운 패자(覇者)들

이 등장하던 시대였으니 禮治와 尊天子를 앞세웠던 周나라제
도로 돌아가기엔 이미 글렀던 것이다.

뿐만 아니라 孔子는 여기에 한 술 더 떠 '正名思想'을 부르
짖었으니, 당시 기존제도 타파에 앞장섰던 패권주의자들로서
는 어느 누구도 달가워할 수 없는 것을 들고 나온 것이라 할
것이다.

사정이 이러함에도 孔子는 治人으로서의 삶, 즉 현실정치
참여를 열망하였다. 孔子가 얼마나 현실정치 참여를 갈망하
였는지를 다음 글들이 보여주고 있다.

▣ 子曰 苟有用我者면 朞月而已라도 可也니 三年이면 有
   成이니라 (자로편 10)
   孔子께서 말씀하셨다. "만일 나를 등용해 주는 자가 있다면 1
   년만 하더라도 괜찮을 것이니, 삼년이면 이루어짐이 있을 것
   이다."

▣ 〈子曰〉...... 如有用我者이면 吾其爲東周乎인저 (양화
   편 5)
   〈孔子께서 말씀하시기를〉...... "만일 나를 써 주는 자가 있
   다면 나는 동쪽 주나라를 만들 것이다."

▣ 佛肸이 召어늘 子欲往이러시니 子路曰 昔者에 由也聞諸
   夫子하니 曰 親於其身에 爲不善者어든 君子不入也라

하시니 佛肸이 以中牟畔이어늘 子之往也는 如之何잇고
子曰 然하다 有是言也어니와 不曰堅乎아 磨而不磷이니
라 不曰白乎아 涅而不緇니라 吾豈匏瓜也哉라 焉能繫
而不食이리오 (양화편 7)

필힐이 孔子를 부르니 孔子께서 가려고 하셨다. 자로가 말하
였다. "옛날에 제가 선생님께 들었사온데 직접 그 몸에 착하
지 않은 행동을 하는 자에게는 군자가 들어가지 않는다고 하
셨습니다. 필힐이 지금 중모 땅을 가지고 배반하였는데 선생
께서 가려하시다니 어찌해서 입니까?" 孔子께서 말씀하셨다.
"그렇다. 그런 말을 한 적이 있거니와 단단하다고 하지 않았
는가! 갈아도 얇아지지 않으니, 희다고 말하지 않겠는가! 검
은 물을 들여도 검어지지 않으니, 내가 어찌 조롱박과 같아서
한곳에 매달린 채 먹기를 구하지 않을 수 있겠는가?"

이토록 현실 정치참여에 열망했던 孔子였지만 끝내 그를
붙들었던 것은 그의 正名思想이었다. 정명사상은 그가 일찌
기 젊은 나이(孔子가 齊나라 景公을 만난 것은 그의 나이
35세 전후였다.)때부터 주창했던 정치신조였으며 그가 죽을
때 까지 놓을 수 없었던 大義였던 것이다.

우리는 제(齊)나라 景公을 만나 당당하게 '군자는 군자다
워야 한다'는 正名論을 펼쳤던 孔子의 모습을 살펴본 바 있
거니와(안연편 11), 이처럼 호기로웠던 孔子의 지조는 주유
천하 말기의 고달팠던 정치여정 속에서도 굽혀지지 않았음을
다음 글에서 볼 수 있다.

■ 子路曰 衛君이 待子而爲政인댄 子將奚先이시리잇고 子
曰 必也正名乎인저 子路曰 有是哉라 子之迂也여 奚其
正이시리잇고 子曰 野哉라 由也여 君子於其所不知에 蓋
闕如也니라 名不正이면 則言不順하고 言不順이면 則事
不成하고 事不成이면 則禮樂不興하고 禮樂不興이면 則
刑罰不中하고 刑罰不中이면 則民無所措手足이니라 故
로 君子名之면 必可言也며 言之면 必可行也니 君子於
其言에 無所苟而已矣니라 (자로편 3)

자로가 말하였다. "위나라 임금이 선생님을 맞이하여 정치를
하려고 하십니다. 선생님께서는 장차 무엇을 먼저 하시렵니
까?" 孔子께서 대답하셨다. "반드시 이름을 바로 잡겠다." 자
로가 말했다. "이러하십니다! 선생님이 실정을 모르시는 것
이, 어떻게 바로잡으려 하십니까?" 孔子께서 말씀하셨다. "촌
스럽구나! 유(由)여! 군자는 자기가 알지 못하는 것에 대하여
서는 말하지 않는 것이다. 이름이 바르지 못하면 말이 순조롭
지 못하고 말이 순조롭지 못하면 일이 이루어지지 못하고 일
이 이루어지지 못하면 예악이 일어나지 못하고 예악이 일어나
지 못하면 형벌이 알맞지 못하고 형벌이 알맞지 못하면 백성
들이 손발을 둘 곳이 없어진다. 그러므로 군자가 이름을 붙이
면 반드시 말할 수 있으며 말할 수 있으면 반드시 행할 수 있
는 것이니 군자는 그 말에 구차함이 없을 뿐이다."

孔子의 이러한 굳은 지조는 다음 글에서도 볼 수 있다.

■ 子貢曰 有美玉於斯하니 韞匱而藏諸잇가 求善賈而沽諸

잇가 **子曰 沽之哉 沽之哉**나 **我**는 **待賈者也**로다 (자한편 12)

자공이 말하기를 "여기에 아름다운 옥이 있을 경우 이것을 궤속에 넣어 감추어 두겠습니까? 아니면 좋은 값을 구하여 파시겠습니까?"하자 孔子께서 대답하셨다. "팔아야지, 팔아야지. 그러나 나는 좋은 값을 기다리는 자이다."

▣ **子曰 三軍**은 **可奪帥也**어니와 **匹夫**는 **不可奪志也**니라 (자한편 25)

孔子께서 말씀하셨다. "삼군의 장수는 빼앗을 수 있으나 필부의 뜻은 빼앗을 수 없다."

그러면 孔子의 정치적 꿈은 끝내 좌절되고 말아버린 것일까?

그것은 결코 아니다!

▣ **子曰 君子**는 **病沒世而名不稱焉**이니라 (위령공편 19)

孔子께서 말씀하셨다. "군자는 종신토록 이름이 일컬어지지 못함을 싫어한다."

스스로 군자임을 자임했던 孔子가 68세의 노구를 끌고 노나라에 돌아와서 마지막 혼신의 힘을 기울인 것이 고전의 편수와 제자의 육성이었다.

孔子가 돌아가신 73세까지 5년여 여생을 마무리하는 동안 그는 『詩經』과 『書經』을 편수하였고 禮樂을 바로 잡았으며 『周易』의 『十翼傳』을 서술하였고 孔子 당시의 역사서인 『春秋』를 지으셨다. 이러한 孔子의 활동이 어떤 의미를 갖는가에 관하여 동중서(董仲舒)는 그의 『春秋繁露』에서 다음과 같이 말하고 있다.

군자는 관리란 악덕으로서 인민을 복종시킬 수 없음을 잘 안다.

따라서 육예를 간별하여 인민의 덕성을 배양했다. 『詩』『書』로써 그들의 심지(心志)를 바로잡고, 『禮』, 『樂』으로써 아름다운 본성을 순화시키고, 『易』, 『春秋』로써 지식을 깨우쳤다. 이 육학(六學)은 모두 위대하여 저마다 뛰어난 분야가 있다. 즉 『詩』는 심지를 계도하는 것이므로 바탕(質; 품성)에 뛰어나고, 『禮』는 예절을 제정한 것이므로 형식(文; 문화)에 뛰어나고, 『樂』은 덕성을 노래한 것이므로 풍기에 뛰어나고, 『書』는 공적을 밝힌 것이므로 정사에 뛰어나고, 『易』은 천지에 근본을 둔 것이므로 술수에 뛰어나고, 『春秋』는 시비를 바로잡는 것이므로 정치에 뛰어나다. (『春秋繁露』)

위의 글에서 보듯 孔子의 저술은 한 시대의 정치를 논한 것이 아니라 시대를 뛰어넘어 인간의 덕성과 도리를 논한 것이다.

「孔子世家」를 보면 孔子는 제자들에게 『春秋』를 주면서 '후세의 사람들이 나를 알아주는 것은 『春秋』를 통해서이고 나를 비판하는 것 역시 『春秋』를 통해서일 것이다.'라고 말했다고 한다.

孔子가 『春秋』를 지음에 역사적 사실을 正名과 大義로서 포폄(褒貶)한 이른바 '春秋筆法'을 구사하여 천하의 大義를 바로잡고자 하였으니 이는 당시뿐만 아니라 후세의 治者를 겨냥한 것이라 볼 수 있을 것이다.

이와 관련, 孟子는 그의 『孟子』 등문공하편에서 "孔子가 『춘추』를 완성하니 난신적자들이 두려워하였다.(孔子成春秋 亂臣賊子懼, 등문공하 9)"고 기술하고 있다.

이처럼 孔子는 비록 당세의 현실정치에는 크게 참여치 못하였으나 후세의 治者를 경계케 하였으니 비록 당세에 그 꿈은 이루어지지 않았으나 후세 만대의 법칙이 되었으니 이는 곧 孟子가 말한 바의 人爵은 누리지 못했으나 天爵을 누린 자라 할 수 있을 것이다.

3. 剛毅木訥의 孔子

■ 子曰 剛毅木訥이 近仁이니라 (자로편 27)

孔子께서 말씀하셨다. "강하고 굳세고 질박하고 어눌함이 仁에 가깝다."

孔子는 질박한 성정과 소박한 삶을 살았던 사람이었다. 위 글에서 剛은 덕성이 견고하고 욕심에 사로잡히지 아니함이며, 毅는 강인하여 하기 어려운 것을 능히 함이며, 木은 성정이 질박하여 화미한 것을 삼가함이며, 訥은 말이 지둔(遲鈍)하여 묵중한 것이라 풀이하고 있거니와(조기형, 『한자성어고사연구사전』) 이 말은 仁을 설명하는 말이기도 하고 孔子 스스로의 성정과 삶을 표현한 말이기도 한 것이다.

먼저 木訥한 孔子의 모습을 보자.

우선 孔子는 보편적 상식인(常識人)의 사고를 벗어나지 않았다. 다음 글들이 이것을 보여준다.

▣ **子之所愼**은 **齊戰疾**이러시다 (술이편 12)
　선생님께서 조심하신 것은 재계(齋戒)와 전쟁과 질병이었다.

▣ **子 不語怪力亂神**이러시다 (술이편 20)
　선생님께서는 괴이함과 용력과 패란의 일과 귀신의 일을 말씀하지 않으셨다.

▣ **子曰 非其鬼而祭之 諂也**니라 (위정편 24)
　孔子께서 말씀하셨다. "그 제사지내야할 귀신이 아닌 것을 제사지내는 것은 아첨함이다."

▣ 季路問事鬼神한대 子曰 未能事人이면 焉能事鬼리오 敢
問死하노이다 曰 未知生이면 焉知死리오 (선진편 11)

계로가 귀신 섬김을 묻자 孔子께서 "산사람을 잘 섬기지 못한
다면 어떻게 귀신을 섬기겠는가?" 하셨다. "감히 죽음을 묻겠
습니다."하자 孔子께서 "삶을 잘 모른다면 어떻게 죽음을 알
겠는가?" 하셨다.

▣ 子는 罕言 利與命與仁이러시다 (자한편 1)

선생께서는 利, 命, 仁에 대해서는 잘 말씀하시지 않으셨다.

윗글들을 보면 孔子님의 사고가 범상인의 범주를 뛰어넘으
려 하지 않으셨음을 볼 수 있다. 천명이니 귀신이니 죽음 같
은 것은 굳이 알려 할 대상이 아니라 하나의 사실로서, 개념
으로서 받아들이면 그만일 뿐 거기에 사람의 바람이나 원망
을 기댈 대상은 아니라고 본 것이다. 예컨대 孔子는 귀신을
'敬而遠之'(공경하되 멀리함)의 대상으로 볼 뿐 명확히 부인
하거나 그 존재를 강조하지 않았다. 다음 글은 孔子의 이런
생각과 태도를 이해하는데 도움이 될 듯하다.

자공이 孔子에게 물었다. "죽은 사람에게 지각이 있습
니까? 없습니까?" (귀신이 있습니까? 없습니까?) 이에
孔子께서 대답하셨다. "죽은 사람에게 지각이 있다고 말
하자니 효성스런 자손이 생업에 방해되면서까지 장사에
몰두할까 염려되고, 지각이 없다고 말하자니 불효한 자손

이 죽은 이를 유기하고 장사하지 않을까 염려된다. 자공아! 죽은 사람에게 지각이 있는지 없는지 알고 싶거든 기다렸다가 죽으면 저절로 알게 될 테니 그래도 늦지 않을 것이다.(『說苑』)

두 번째, 孔子는 소탈한 꿈 소탈한 삶에 만족하셨다.

공야장편 25장을 보면 孔子께서 顔淵, 子路 두 제자와 함께 자기의 꿈에 대해 얘기하는 장면이 나온다. 거의 평생을 함께한 수제자, 애제자와 함께한 자리였으니 삶에 대한 깊이 있는 대화가 다음과 같이 펼쳐진다.

■ 顔淵季路侍러니 子曰 盍各言爾志오 子路曰 願車馬衣輕裘를 與朋友共하여 敝之而無憾하노이다 顔淵曰 願無伐善하며 無施勞하노이다 子路曰 願聞子之志하노이다 子曰 老者安之하며 朋友信之하여 少者懷之니라 (공야장편 25)
안연과 계로가 孔子를 모시고 있었는데, 孔子께서 "어찌 각기 너희들의 뜻을 말하지 않는가?" 하셨다. 자로가 말하였다. "수레와 말과 가벼운 갖옷을 친구와 함께 쓰다가 해지더라도 유감이 없고자 하옵니다." 안연이 말하였다. "자신이 잘하는 것은 자랑함이 없으며 공로를 과시함이 없고자 하옵니다." 자로가 "선생님의 뜻을 듣고자 하옵니다." 하자 孔子께서 말씀하셨다. "늙은이를 편안하게 해주고 붕우에게는 미덥게 해주고 젊은이를 감싸주고자 한다."

윗글은 언제쯤 한 말일까? 또 선진편 제25장의 '세상 사람들이 알아주지 않는다고 하는데 만일 알아준다면 무엇을 하고 싶은가?'를 제자들에게 묻는 대화와의 선후관계는? 추측컨대 두 대화 모두 孔子 만년, 적어도 등장하는 제자들의 인격이 어느 정도 성숙된 뒤(서게 된 뒤)의 일일 것이다.

아무튼 윗글에서 孔子의 세상을 감싸주는 크지만 따뜻한 마음이 '修己以安百姓'이란 큰 표현보다는, 보다 순치된 포근한 말씨로 다가오는 것을 느낄 수 있을 것이다.

큰 꿈의 소탈한 표현 정도로 해석될 수 있을는지……

또 윗글은 다음 글의 孔子 말씀과 같이 생각해 보면 孔子의 삶에 대한 자세가 느껴질 법하다.

■ 子曰 飯疏食飮水하고 曲肱而枕之라도 樂亦在其中矣니 不義而富且貴는 於我如浮雲이니라 (술이편 15)
孔子께서 말씀하셨다. "거친 밥을 먹고 물을 마시며 팔을 굽혀 베더라도 樂은 또한 그 가운데 있으니 의롭지 못하고서 富하고 貴함은 나에게 있어서 뜬 구름과 같으니라."

■ 點아 爾는 何如오 鼓瑟希러니 鏗爾舍瑟而作하여 對曰 異乎三子者之撰이니이다 子曰 何傷乎리오 亦各言其志也니라 曰 莫春者에 春服旣成이어든 冠者五六人과 童子六七人으로 浴乎沂하여 風乎舞雩하여 詠而歸하리이다 夫子喟然嘆曰 吾與點也하노라 (선진편 25)

〈孔子께서 자로, 염유, 공서화의 꿈을 다 들으신 후〉 "點 아! 너는 어떻게 하겠느냐?"하시자 그는 비파를 타기를 드문 드문하더니 쨍그렁 하고 비파를 놓으며 일어나 대답하였다. "세 사람이 갖고 있는 것과는 다릅니다." 孔子께서 말씀하시기를 "무엇이 나쁘겠는가? 각기 자기의 뜻(포부)을 말하는 것이다." 하시자 다음과 같이 대답하였다. "늦은 봄 봄옷이 다 갖추어지면 관을 쓴 어른 5-6명과 동자 6-7명과 함께 沂水에서 목욕하고 舞雩에서 바람 쐬고 노래하면서 돌아오겠습니다." 孔子께서 아! 하고 감탄하시며 "나는 點을 허여한다." 하셨다.

윗글은 앞서 말한 세 제자가 '남들이 나를 알아주면 이러이러한 정치를 펴겠다.'고 정치에 관한 꿈을 얘기한데 반하여 증점이 현실에 바탕을 둔 유유자적(悠悠自適)한 삶을 살겠다고 말한데 대해 공감을 표시한 장면인데 앞의 술이편 제15장의 소탈한 삶의 자세와 잘 어울리는 장면이라 할 것이다.

세 번째, 孔子는 가식(假飾)이 없는 사람이셨다.

다음 글들이 이것을 잘 보여준다.

▣ 子曰 巧言令色足恭을 左丘明恥之러니 丘亦恥之하노라
匿怨而友其人을 左丘明恥之러니 丘亦恥之하노라 (공야
장편 24)
孔子께서 말씀하셨다. "말을 잘하고 얼굴빛을 좋게 하고 공손

을 지나치게 함을 옛날 좌구명이 부끄럽게 여겼는데 나 또한
이를 부끄러워하노라. 원망을 감추고 그 사람과 사귐을 좌구
명이 부끄럽게 여겼는데 나 또한 이를 부끄러워하노라."

■ **子曰 鄕原**은 **德之賊也**니라 (양화편 13)
孔子께서 말씀하셨다. "鄕原은 德의 적이다."

孔子는 '巧言令色하는 사람치고 仁한 사람이 없다.'(巧言令
色 鮮矣仁, 학이편 3)고 스스로 말씀한 바 있거니와 게다가
지나치게 공손을 과장하는 사람이 있다면 그런 사람은 정말
로 질색인 사람일 것이다. 또 원망이 있음에도 이를 숨기고
친구를 삼는다면 그것은 스스로를 속이는 사람이니. 이런 사
람들을 孔子가 좋아할 리가 만무한 것이다.

그런데 이런 부류의 사람인데도 세인들로부터는 謹厚(삼감
이 있고 후덕함)하다고 칭송을 받는 자가 바로 향원(鄕原)이
라는 자인데 孔子는 이를 德을 해치는 자라고 매도하고 있
다.
朱子는 향원을 세속의 시류를 함께하고 더러움에 영합하여
세상 사람들에게 잘 보이는 사람이라 하고 있는바, 향원은
이른바 사이비군자(似而非君子)라 할 수 있을 것이다.

孔子는 이처럼 가식이 없는 사람이었으므로 好惡 역시 분
명하셨다.

다음 글들이 이를 보여준다.

■ 子曰 惡紫之奪朱也하며 惡鄭聲之亂雅樂也하며 惡利口
之覆邦家者하노라 (양화편 18)
孔子께서 말씀하셨다. "나는 자색이 주색을 빼앗는 것을 미워
하며, 정나라 음악이 아악을 어지럽히는 것을 미워하며, 말
잘하는 입이 나라를 전복시키는 것을 미워한다."

■ 子貢曰 君子亦有惡乎잇가 子曰 有惡하니 惡稱人之惡
者하며 惡居下流而訕上者하며 惡勇而無禮者하며 惡果
敢而窒者니라 曰 賜也亦有惡乎아 惡徼而爲知者하며
惡不孫以爲勇者하며 惡訐以爲直者하노이다 (양화편 24)
자공이 묻기를 "군자도 미워함이 있습니까?" 하니 孔子께서
말씀하셨다. "미워함이 있으니, 남의 단점을 말하는 자를 미
워하며, 하류에 처하면서 윗사람 비방하는 자를 미워하며, 勇
만 있고 禮가 없는 자를 미워하며, 과감하기만 하고 융통성이
없는 자를 미워한다." 孔子께서 말씀하시기를 "賜야, 너도 미
워함이 있느냐?" 하시니 자공이 말하였다. "살핌을 지혜로 여
기는 자를 미워하며, 겸손하지 않는 것을 용맹으로 여기는 자
를 미워하며, 들추어내는 것을 정직함으로 여기는 자를 미워
합니다."

윗글에서 미워하는 것을 분명히 드러낸 것은 거꾸로 좋아
하는 것도 분명할 것임을 알게 해 준다.

『論語』 이인편에서 '오직 仁한 자라야 사람을 좋아할 수
도, 미워할 수도 있다.'(惟仁者 能好人 能惡人, 이인편 3)는
말이 바로 이것을 말하는 것이다. 仁한 사람이 사람을 좋아
하거나 미워하는 기준은 오직 '理'일 뿐이다. 군자는 理를 벗
어난 행동을 미워하는 것이 분명하듯이 理에 합당한 행동을
좋아함도 또한 분명한 것이다.

다음은 剛毅한 孔子의 모습을 볼 차례이다.

朱子에 의하면 '剛'이란 굳세고 강하며 굽히지 않음(堅强不
屈)의 뜻이고 '毅'는 강하고 참을성이 있음(强忍)의 뜻이니
둘 다 뜻을 지킴이 굳세고 행동에 원칙이 있음을 말하는 것
이다.

아래 글들은 孔子의 이러한 모습을 보여준다.

▣ 顔淵死어늘 門人이 欲厚葬之한대 子曰 不可하니라 門人
이 厚葬之한대 子曰 回也는 視予猶父也어늘 予不得視
猶子也하니 非我也라 夫二三子也니라 (선진편 10)
안연이 죽자 문인들이 후히 장사지내려하니, 孔子께서 "옳지
않다" 하셨다. 문인들이 후히 장사를 지내자 孔子께서 말씀하
셨다. "안회는 나 보기를 아버지처럼 여겼는데 나는 〈 그를 〉
자식처럼 보지 못했으니 나의 잘못이 아니라 저희들〈 제자들
〉이 한 짓이다."

◼ 子疾病이어시늘 子路使門人爲臣이러니 病間 曰 久矣哉
라 由之行詐也여 無臣而爲有臣하니 吾誰欺오 欺天乎인
저 且予與其死於臣之手也론 無寧死於二三子之手乎아
且予縱不得大葬이나 予死於道路乎아 (자한편 11)

孔子께서 병이 심해지자 자로가 문인을 가신으로 삼았다. 병이 좀 덜하시자 말씀하셨다. "오래되었구나, 由가 거짓을 행함이여! 나는 가신이 없어야 하는데 가신을 두었으니, 내 누구를 속였는가? 하늘을 속였구나! 또 내가 가신의 손에 죽기보다는 차라리 자네들 손에서 죽는 것이 낫지 않겠는가? 또 내가 비록 큰 장례〈君臣이 치르는 葬禮〉는 얻지 못한다 하더라도 내 설마 길거리에서 죽겠는가?"

◼ 季氏富於周公이어늘 而求也爲之聚斂而附益之한대 子
曰 非吾徒也로소니 小子아 鳴鼓而攻之可也니라 (선진편
16)

계씨가 주공보다 부유하였는데도 求〈염유〉가 그를 위해 세금을 걷어 재산을 더 늘려 주었다. 孔子께서 말씀하셨다. "〈求는〉우리 무리가 아니니 小子들아! 북을 울려 죄를 성토함이 옳다."

孔子는 철저한 원칙주의자였다.

孔子의 모습을 '溫而厲'라 표현했을 때 '厲'의 느낌이 바로 이것이라 볼 수 있다. 평소엔 한없이 인자하지만 원칙에 어긋났을 때는 용서함이 없는 모습이 그것이다.

애제자가 젊은 나이에 죽음에 厚葬을 지내주고 싶은 마음

이야 오죽했을까 마는 가난하면서 후히 장사지내는 것은 이
치를 따르는 것이 아니므로 孔子께서 '옳지 않다' 하신 것이
며, 孔子의 질병이 심해지자 제자 중 좌장격인 子路가 문인
들을 가신으로 삼아 스승의 마지막을 보내드리려 한 그 심정
을 孔子인들 왜 몰랐겠을까마는 역시 원칙에 없는 일이라 孔
子는 子路를 심히 나무라셨던 것이며, 제자가 권세가에게 옳
지 않는 재물을 모아줌이 평소의 가르침에 어긋나는 짓이니
또한 이를 엄히 질책하셨던 것이다.

이 외에도 宰予晝寢(공야장편 9장), 陳成子弑簡公(헌문편
22장)등의 글에서도 孔子의 그 뜻을 지킴이 얼마나 굳세었
는가를 볼 수 있다.

마지막으로 孔子는 따뜻한 인간미를 가지신 분이셨다.

다음은 孔子의 따뜻한 마음씨를 느끼게 해주는 글들이다.

■ 顔淵死어늘 子曰 噫라 天喪予샷다 天喪予샷다 (선진편 8)
　안연이 죽자, 孔子께서 말씀하셨다. "아! 하늘이 나를 버리셨
　구나, 하늘이 나를 버리셨구나."

■ 顔淵死어늘 子哭之慟하신대 從者曰 子慟矣시니이다 曰
　有慟乎아 非夫人之爲慟이요 而誰爲리오 (선진편 9)
　안연이 죽자 孔子께서 곡 하시기를 지나치게 애통해 하셨다.
　종자가 말하였다. "선생님께서 지나치게 애통해 하십니다."

孔子께서 말씀하셨다. "지나치게 애통함이 있었느냐? 내 저 사람을 위해 애통해 하지 않고서 누구를 위해 애통해 하겠는가?"

▣ 伯牛有疾이어늘 子問之하실새 自牖執其手曰 亡之러니 命矣夫인저 斯人也而有斯疾也할새 斯人也而有斯疾也 할새 (옹야편 8)

백우가 병을 앓자 孔子께서 문병하실 적에 남쪽 창문으로부터 그의 손을 잡고 말씀하셨다. "이런 병에 걸릴 리가 없는데 운명인가 보다. 이런 사람이 이런 병에 걸리다니! 이런 사람이 이런 병에 걸리다니!"

孔子는 사랑하는 사람들의 불행에 위와 같이 슬퍼하셨지만 한편으로는 제자들의 성취에 또한 한없이 기뻐하셨음을 볼 수 있다. 학이편 제15장, 팔일편 제8장을 보면 제자 자공이 배움을 논하다가 詩를 깨우치고, 자하가 詩를 논하다가 배움(禮)을 깨우치자 孔子께서 '비로소 함께 시를 논할 수 있게 되었구나!(始可與言詩已矣)'하고 기뻐하는 대목이 나온다.

또 孔子 일행이 주유천하하는 도중 광(匡)땅에서 수난을 겪게 되어 孔子와 顔淵이 서로 떨어져 행방을 모르다가 다시 만나게 되었을 때의 다음 장면을 보면 스승과 제자의 애틋한 마음씨가 전해진다.

▣ 子畏於匡하실새 顔淵後러니 子曰 吾以女爲死矣로라 曰 子在어시니 回何敢死리잇가 (선진편 22)

孔子께서 광 땅에서 두려운 일을 당하셨을 때 안연이 뒤에 쳐졌다가 오자, 孔子께서 말씀하셨다. "나는 네가 죽은 줄로 생각했었다." 하고 말씀하시니 안연이 대답했다. "선생님께서 살아계신데 제가 어찌 감히 죽겠습니까!"

이러한 따뜻한 마음씨는 성인의 경우에는 일상의 인간사에만 그치는 것이 아니라 곧장 자연애(自然愛), 인류애(人類愛)로 확장된다.

다음의 글들은 자연과 인류를 향한 성인의 넓은 마음을 읽을 수 있게 해 준다.

▣ 子는 釣而不綱하시며 弋不射宿이러시다 (술이편 26)
선생님께서는 낚시질은 하시되 큰 그물질은 하지 않으시며, 주살질은 하시되 잠자는 새를 쏘아 잡지는 않으셨다.

▣ 長沮桀溺이 耦而耕이러니 孔子過之하실새 使子路問津焉하실새 長沮曰 夫執輿者 爲誰오 子路曰 爲孔丘시니라 曰 是魯孔丘與아 曰 是也시니라 曰 是知津矣니라 問於桀溺한대 桀溺曰 子爲誰오 曰 爲仲由로다 曰 是魯孔丘之徒與아 對曰 然하다 曰 滔滔者天下皆是也니 而誰以易之리오 且而與其從辟人之士也론 豈若從辟世之士哉리오하고 耰而不輟하더라 子路行하여 以告한대 夫子憮然曰 鳥獸는 不可與同群이니 吾非斯人之徒與요 而誰

與리오 天下有道면 丘不與易也니라 (미자편 6)

장저와 걸익이 함께 밭을 가는데 孔子께서 지나시다가 자로를 시켜 나루를 묻게 하시었다. 장저가 말하기를 "수레고삐를 잡고 있는 분이 누구인가?" 하자 자로가 "孔丘이십니다."하고 대답하니 그가 "이분이 노나라의 孔丘인가?"하고 묻자 "그렇습니다."하고 대답하니 "이분이 나루를 알 것이오."하였다. 걸익에게 물으니 걸익이 말하기를 "당신은 누구인가?"하자 〈자로는〉"仲由라 하오"하고 답하였다. 그는 "그대가 바로 노나라 孔丘의 무리인가?"하고 다시 묻자 "그렇소." 하고 대답하였다. 그는 말하기를 "도도한 것이 천하가 모두 이러하니 누구와 더불어 변역시키겠는가? 또 그대는 사람을 피하는 선비를 따를 것 보다는 세상을 피하는 선비를 따르는 것만 하겠는가?"하고는 씨앗 덮는 일을 그치지 않았다.

자로가 돌아와서 아뢰니 夫子께서 〈한동안〉憮然히 계시다가 말씀하셨다. "鳥獸와 더불어 무리지어 살 수는 없으니 내가 이 사람의 무리와 더불어 살지 않고 누구와 더불겠는가? 천하에 道가 있으면 내 더불어 변역시키려 하지 않을 것이다."

　앞의 글은 비록 천하의 미물이라도 그것을 일망타진하거나, 뜻하지 않는 횡액을 피해주려는 성인의 인자한 마음을 볼 수 있는 글이고, 뒤의 글은 비록 천하가 道를 잃어 난세일지라도 그 천하를 차마 버리지 못하는 성인의 큰마음을 볼 수 있는 글이라 할 것이다.

　孔子는 이 점에서 일신의 깨끗함을 지키려 세상을 등져 살았던 은자들과 차이를 보이는 것이니 14년이란 긴 세월을

주유천하 하면서 세상에 道를 펼치려 했던 것은 비록 현세가
道가 없는 난세일지라도 그 세상을 차마 버릴 수 없는 그의
仁한 마음이 있었기 때문이었을 것이다.

제11강 孟子, 所願學孔子

孟子(이름은 軻, B.C.371~B.C.289 추정)는 '孔子 배우기를 소원한 사람'(所願學孔子)이다.

孟子는 스스로를 儒學의 도통(道統)을 이을 자로 저으기 자임하며 孔子의 가르침을 확충하고 재해석함으로서 백가쟁명(百家爭鳴)의 전국시대에 孔子의 道를 지켜나가는 것을 그의 소명으로 여겼다.

▣ 予未得爲孔子徒也아 予는 私淑諸人也로다 (『孟子』 이루하 22)
나는 孔子의 문도가 되지는 못하였으나 孔子의 道를 私淑한 사람이다.

▣ 吾未能有行焉이어니와 乃所願則學孔子也로라 (『孟子』 공손추상 2)
〈伯夷, 伊尹, 孔子등 古聖人을 말씀하면서〉내 행함이 그들

과 같음이 있지 못하거니와 내가 원하는 것은 孔子를 배우는
것이다.

孟子는 자사(子思)의 문하에서 배운 것으로 추정하고 있
다.

孔子를 '生民이 있는 이래로 孔子 같은 분은 있지 않다'(自
有生民以來未有孔子也,『孟子』 공손추상 2)며 높이 추앙하
여 孔子學의 道統을 이어가기를 자임하였다.(『孟子』 진심
하 38)

오늘날 우리가 孟子를 亞聖(孔子에 버금가는 聖人)으로 존
중하는 이유도 여기에 있다할 것이다.

자! 그럼 孟子가 孔子學에 기여한 바는 무엇이며 또 孟子
는 어떤 사람이었을까?

1. 맹자(孟子)가 살았던 시대

孟子라는 사람을 알기 위해서는 먼저 孟子가 살았던 시대
를 이해할 필요가 있다.

■ 孟子見梁惠王하신대 王曰 叟不遠千里而來하시니 亦將
有以利吾國乎잇가 (『孟子』 양혜왕상 1)
孟子가 양혜왕을 뵈시니 왕이 말씀하셨다. "노인께서 천리를

멀다 여기지 않고 오셨으니 또한 장차 이 나라를 이롭게 함이
있겠습니까?”

　▣ 齊宣王이 問曰 齊桓晉文之事를 可得聞乎잇가 (『孟子』
　　양혜왕상 7)
　　제나라 선왕이 물었다. “제나라 桓公과 진나라 文公의 일을
　　얻어 들을 수 있겠습니까?”

　위 두 글이 孟子가 살았던 당시의 정치 상황을 극명하게
드러내 주고 있다. 孟子는 孔子가 살았던 춘추시대를 지나
전국시대를 산 사람이다.(孔子는 B.C.551~B.C.479, 孟子는
B.C.381~B.C.289년간 산 것으로 추정하고 있어 적어도 150
여년 정도의 차이가 있다.)
　전국시대는 춘추 당시의 170여국의 군소제후국이 7웅(七
雄 : 秦, 楚, 齊, 韓, 魏, 趙, 燕)으로 통폐합되어 각국이 약
육강식의 쟁탈전을 펼치고 있던 시기였으므로 제후들은 오로
지 부국강병에만 관심이 있었다. 그러므로 孟子를 만난 두
왕의 첫마디가 윗글에서 보는 것처럼 ‘利’ 아니면 ‘霸子되는
일’(桓公, 文公의 일)이었던 것이다.

　또한 孟子가 살았던 시기는 사상적으로는 諸子百家의 시기
였다.

　▣ 聖王이 不作하여 諸侯放恣하며 處士橫議하여 楊朱墨翟

之言이 盈天下하여 天下之言이 不歸楊則歸墨하니 (『孟子』 등문공하 9)
성왕이 나오지 아니하여 제후가 방자하며 초야에 있는 처사들이 멋대로 의논하여 楊朱, 墨翟의 말이 천하에 가득해서 천하의 말이 楊朱에게 돌아가지 않으면 墨翟에게 돌아갔으니

孔子시대에도 老子나 『論語』에 심심찮게 등장하는 은자들처럼 유가(儒家)와는 다른 사상이 없었던 것은 아니었으나 孟子의 시절에는 한층 다양해져서 백가쟁명의 시대를 맞이하였다. 孔子이후 孟子 이전에 유명한 사상가로 윗글에서 언급된 墨子(B.C.495~B.C.396 추정), 楊子(B.C.440~B.C.360 추정)가 있었고, 孟子와 거의 동시대인으로 『孟子』에 등장하는 告子, 許行은 물론 莊子(B.C.369~B.C.286 추정), 騶衍(B.C.305~B.C.240 추정) 등의 사상가들이 대거 등장하고 있었던 것이다.

이와 같은 시대 상황에서 孟子는 孔子의 道를 당시 풍미하던 楊朱, 墨翟 등의 사상으로부터 지켜나가는 것을 급선무(急先務)로 삼지 않을 수 없었다.

실제로 『孟子』를 보면 儒家의 제자였던 진량(陳良)의 문하인 진상(陳相)이 農家로 전향한 것을 孟子가 꾸짖는 장면이 다음과 같이 보이는 바 당시 孔子의 문인들 중에 타 사상을 좇아 孔子의 道를 버리는 일이 없지 않았음을 볼 수 있다.

■ 吾聞用夏變夷者요 未聞變於夷者也로라 陳良은 楚産也
니 悅周公仲尼之道하여 北學於中國이어늘 北方之學者
未能或之先也하니 彼所謂豪傑之士也라 子之兄弟事之
數十年이라가 師死而遂倍之온여 (『孟子』 등문공상 4)
나는 中華의 가르침을 써서 오랑캐를 변화시켰다는 말은 들었
고 오랑캐에게 변화 당했다는 말은 듣지 못하였노라. 陳良은
초나라 태생이니 周公과 仲尼의 道를 좋아하여 북쪽으로 中國
에 가서 공부하였는데 북방의 학자들이 혹시라도 그보다 앞
선 자가 없었으니, 그는 이른바 호걸의 선비라는 것이다. 그
대의 형제가 그를 섬기기를 수 십 년 하다가 스승이 죽자 마
침내 배반하는구나.

2. 孟子라는 사람

孟子가 살았던 시대를 알았으니 孟子라는 사람을 볼 차례
이다. 두 가지 측면을 나누어 생각하는 것이 좋을 듯하다.
그 하나는 학문(文學, 史學, 哲學)의 관점에서 孟子를 바라
보는 것이고, 다른 하나는 자연인, 인간의 관점에서 孟子를
바라보는 것이다.

1) 學問的 관점에서의 孟子

孟子의 학문적 사명은 한마디로 말하면 孔子의 유업을 계
승하는 것(所願學孔子)이었다. 그는 스스로 다음과 같이 孔

子學의 도통을 자임하는 듯한 모습을 보였다.

◼ 孟子曰 由堯舜으로 至於湯이 五百有餘歲니 若禹皐陶
則見而知之하고 若湯則聞而知之하시니라 由湯으로 至
於文王이 五百有餘歲니 若伊尹萊朱則見而知之하고 若
文王則聞而知之하시니라 由文王으로 至於孔子 五百有
餘歲니 若太公望散宜生則見而知之하고 若孔子則聞而
知之하시니라 由孔子而來로 至於今이 百有餘歲니 去聖
人之世 若此其未遠也며 近聖人之居 若此其甚也로되
然而無有乎爾하니 則亦無有乎爾로다 (『孟子』 진심하
38)

孟子께서 말씀하셨다. "요순으로부터 탕왕에 이르기까지 5백
여 년이니, 요순의 道를 우왕과 고요는 직접 보고서 알았고
탕왕은 전해 들어 알았다. 탕왕으로부터 문왕에 이르기까지 5
백여 년이니 이윤과 내주는 탕왕의 道를 직접 보고서 알았고
문왕은 전해 들어 알았다. 문왕으로부터 孔子에 이르기까지 5
백여 년이니 태공망과 산의생은 문왕의 道를 직접 보고서 알
았고 孔子는 전해 들어 알았다. 孔子로부터 오늘에 이르기까
지 백여 년이니 성인(孔子)의 시대로부터 이와 같이 멀지않고
또 성인의 고장과도 이처럼 가까우나 아직 孔子의 道를 계승
한 사람이 없으니 그렇다면 앞으로도 없을지도 모르겠구나."

이 말을 『孟子』라는 책을 儒學四書의 반열에 올려놓은
朱子(1130~1200)는 다음과 같이 주석했다.

내(朱子)가 살펴 보건데 이 말씀은 비록 감히 스스로 자기가 道統을 얻었다고 이르지 못하여 후세에 마침내 그 전함을 잃을까 근심한 말인 듯하다. 그러나 바로 사양할 수 없는 것이 있음을 스스로 나타내신 것이요 또 天理와 民彝가 없어질 수 없으니 백세의 뒤에 반드시 장차 정신으로 이해하고 마음으로 터득하는 자가 있을 것임을 나타내신 것이다.(『孟子』진심하 38 註釋)

또 윗글을 풍우란은 '孔子를 계승할 사람이 따로 없으니 孔子의 유업을 계승하는 일은 자신의 책임이고 남에게 전가할 수 없음을 보여준 말이다.'라고 직설적으로 풀이하였다. (풍우란, 『중국철학사』)

그러면 이러한 孟子를 학문적으로는 어떻게 평가하고 있을까? 朱子는 『孟子集註』의 序說에서 한유(韓愈 768~824)의 말을 인용하여 다음과 같이 적고 있다.

孔子의 道가 크고 넓으니 문하의 제자들이 두루 보고 다 알지 못하였다. 그러므로 배움에 모두 그 성질(소질)에 가까운 바를 얻었는데 그 후 이산하여 제후의 나라에 나누어 거처하면서 또 각각 자신의 능한 것을 제자들에게 전수해 주니 근원이 멀어짐에 끝이 더욱 나뉘어졌다. 오직 맹가(孟軻)는 자사(子思)를 사사하였는데 子思의 학문은 증자(曾子)에게서 나왔으니 孔子가 별세한 뒤로부터 유독 맹가의 전함이 그 종통(宗統)을 얻었다. 그러므로 성인 (孔子)의 道를 관찰하고자 하는 자는 반드시 『孟子』로부터 시작하여야 한다. (『孟子』序說)

또 朱子는 孟子의 학문적 업적을 같은 책 서설에서 다음과 같이 정자(程子)의 말을 인용하고 있다.

　　孟子가 聖門에 공로가 있음을 이루 다 말할 수 없다. 중니(仲尼)는 다만 하나의 仁字만을 말씀하셨는데 孟子는 입을 여시면 곧 仁義를 말씀하셨으며, 중니는 다만 하나의 志를 말씀하셨는데 孟子는 곧 허다한 養氣를 말씀하셨으니 다만 이 義와 氣 두 글자가 그 공로가 매우 크다. 또 孟子가 세상에 큰 공로가 있은 것은 性善을 말씀하셨기 때문이다.(『孟子』序說)

마지막으로 『史記』가 말하는 孟子를 보자.

　　맹가(孟軻)는 추(鄒)나라 사람이다. 자사(子思)의 제자에게서 학업을 전수 받았다. 道에 통달한 다음, 타국인 제(齊)나라에 가서 宣王을 섬겼으나 선왕은 그를 등용하지 못했다. 양(梁, 즉 魏)나라에 갔을 때 양혜왕은 孟子의 주장을 실천으로 옮기지 않고 도리어 그를 물정에 어둡고 현실 감각이 없다고 여겼다. 그 당시에 秦나라는 상앙(商鞅)을 등용하여 부국강병을 추구하고 있었고 楚와 魏는 오기(吳起)를 등용하여 약한 상대국을 전쟁으로 제압했으며 齊나라의 위왕, 선왕은 손자(孫子), 전기(田忌)의 무리를 등용하여 제후들을 굴복시켜 패주노릇을 하고 있었다. 온 천하는 바야흐로 합종(合從)과 연횡(連衡)을 놓고 고심하고 있었고 공격과 정벌전쟁을 능사로 여기고 있었다. 이런 형편에 孟子는 오히려 요순(堯舜)과 삼대성왕의 德을 계술, 천명하였으니 유세한 임금들과 부합할 수 없었던 것이다. 결국 은퇴하여 만장(萬章) 등의 제자와 함께 『詩』,『書』를 재해석하고 孔子의 사상을 계술, 천명하여 『孟子』 7편을 지었다.(『史記』맹자순경열전)

결국 孟子는 학문적 관점에서 보면 '孔子의 道統을 계승한 자'로 규정해도 손색이 없을 듯하다.

2) 人間的 관점에서의 孟子

하나의 인간으로서의 孟子를 제대로 살펴보기는 쉽지 않다. 孔子의 제자들은 『論語』에 孔子의 일상에 있어서의 일거수일투족을 시시콜콜 기록했는데 孟子의 제자들은 孟子의 일상을 기록한 것이 드물고 오로지 孟子의 머릿속과 언행을 깐죽깐죽 비판한 대화들이 있을 뿐이기 때문이다.

우선 단편적인 다음 글들을 통해 총체적인 관점에서 孟子의 사람됨을 살펴보자.

孟子는 순수하고 순수한 자이고 荀子와 楊子는 크게는 순수하나 약간의 병폐가 있다.(韓愈)51)

혹자가 정자(程子)에게 묻기를 "孟子 또한 聖人이라 이를 수 있습니까?" 이에 정자가 말하였다. "감히 그 분이 곧 聖人이라고 말할 수는 없으나 학문이 이미 성인의 경지에 이르셨다."(『孟子』序說)

정자(程子)가 말씀하셨다. "孟子는 英氣가 있었으니 조금이라도 英氣가 있으면 곧 圭角(모나 귀퉁이의 서로 맞지 아니하는 곳)이 있으니 英氣는 매우 일에 해롭다. 顔子(안연)는 혼후(渾厚)하여 이와 같지 않았으니 顔子는 성인(孔子)과의 거리가 다만 털끝만한 사이였고 孟子는 大賢이니 亞聖의 다음이시다." 혹자가 묻기를 "英氣가 어느 곳에 나타납니까?" 하니 정자가 대답하셨다. "다만 孔子의 말씀을 가지고 비교하면 곧 볼 수 있다. 또 예컨대 얼음과 수정(水晶)이 빛나지 않는 것은 아니지만 이것은 玉

---

51) 韓愈의 『原道』 참조. "斯道也, 何道也? 曰:斯吾所謂道也, 非向所謂老與佛之道也. 堯以是傳之舜, 舜以是傳之禹, 禹以是傳之湯, 湯以是傳之文武周公,文武周公傳之孔子, 孔子傳之孟軻. 軻之死不得其傳焉. 荀與揚也, 擇焉而不精, 語焉而不詳."(이 道란 무엇인가? 이 道는 내가 말하는 道이지 도교나 불교에서 말하는 道가 아니다. 이 道를 요임금은 순임금에게, 순임금은 우임금에게, 우임금은 탕왕에게, 탕왕은 문왕·무왕·주공에게, 주공은 孔子에게, 孔子는 孟子에게 각각 전해졌다. 孟子가 죽은 뒤에 그 道는 전수되지 못했다. 荀子와 양웅은 그 道를 선택했으되 정밀하지 못했으며 말했으되 세밀하지 못했다.)

에 비교하면 玉은 자연히 따뜻하고 윤택하고 함축한 기상
이 있고 허다한 빛이 없는 것과 같다.(『孟子』序說)

　　孟子와 순경(荀卿, 곧 荀子)은 실로 孔子이후 儒家의 大
師였다. 중국 역사상 孔子의 위치는 마치 서양 역사상의
소크라테스와 같고 중국 역사상의 孟子의 위치는 마치 서
양역사상의 플라톤과 같은데, 그 기상의 고명 장쾌함(高明
亢爽) 또한 흡사하고 중국 역사상 荀子의 위치는 마치 서
양역사상의 아리스토텔레스와 같은데 그 기상의 독실해박
(篤實沈博) 또한 흡사하다. (풍우란, 『중국철학사』)

윗글들을 읽어보면 孟子의 사람됨이 英特, 高遠, 峻絶 등
의 단어에 걸맞고 그래서 寬厚, 渾然함에는 무언가 부족한
(시쳇말로 2% 부족한) 느낌을 받는다. 그래서 굳이 孟子를
亞聖이라 했던가! 그가 남긴 『孟子』를 통해 나름대로의 분
류에 의해 인간 孟子를 더듬어 보기로 하자.

　　□ 孟子는 논리적 사고의 소유자였다.

　『孟子』를 읽다가 보면 길게 이어지는 문장에 질리기도
하지만 그 비유의 적절함과 논리적 사고의 치밀성을 접하게
된다. 『孟子』 양혜왕상편을 보면 세속적인 好樂, 好勇, 好
貨, 好色 등을 추구하는 齊나라 宣王을 백성과 함께하는 好
樂, 好勇, 好貨, 好色의 마음을 갖도록 孟子가 설득하는 장면

이 나오는데, 제 선왕을 꼼짝달싹 못하게 仁政의 논리로 몰아가는 孟子의 논리적 치밀함을 잘 보여주고 있는 대목이라 할 것이다. 여기서는 孟子의 논리에서 빠져 나오려는 제선왕의 반격(?)을 孟子가 다시 재반박하는 '文王之囿' 관련 대화 부분을 인용한다.

■ 齊宣王이 問曰 文王之囿方七十里라하니 有諸잇가 孟子對曰 於傳에 有之하나이다 曰 若是其大乎잇가 曰 民猶以爲小也니이다 曰 寡人之囿는 方四十里로되 民이 猶以爲大는 何也잇고 曰 文王之囿方七十里에 芻蕘者往焉하며 雉兔者往焉하여 與民同之하시니 民以爲小 不亦宜乎잇가 臣이 始至於境하여 問國之大禁然後에 敢入하니 臣聞郊關之內에 有囿方四十里에 殺其麋鹿者를 如殺人之罪라하니 則是方四十里로 爲阱於國中이니 民以爲大 不亦宜乎잇가 (『孟子』 양혜왕하 2)

제 선왕이 물었다. "文王의 동산의 넓이가 70리라 하니 그러한 일이 있습니까?" 孟子께서 대답하셨다. "傳〈옛적〉에 그러한 것이 있습니다." 王이 말씀하셨다. "그렇게 컸습니까?" 孟子께서 말씀하셨다. "백성들이 오히려 작다고 여겼습니다." "과인의 동산은 넓이가 40里로되 백성들이 오히려 크다고 여김은 어째서 입니까?" "문왕의 동산은 넓이가 70里에 꼴 베고 나무하는 자들이 그리로 가며, 꿩을 잡고 토끼를 잡는 자들이 그리로 가서 백성과 더불어 함께하셨으니, 백성들이 작다고 여김이 당연하지 않습니까? 또 臣이 처음국경에 이르러 齊나라에서 크게 금하는 것을 물은 뒤에야 감히 들어 왔습니

다. 臣이 그때 들으니 交關의 안에 동산이 方40里인데 동산
에 있는 사슴을 죽이는 자를 살인의 죄와 같이 다스린다 하였
습니다. 이는 方40里로 나라가운데에 함정을 만드는 것이니,
백성들이 크다고 여김이 당연하지 않습니까?"

이러한 孟子의 논리적 치밀성은 타 사상을 가진 자와의 논
쟁에서도 그대로 드러난다. 역시 『孟子』 고자상편을 보면
告子, 公都子 등과 '性'과 관련한 논쟁, '仁內義外說'과 관련
논쟁이 치밀하게 전개됨을 볼 수 있는데 여기서는 구체적 인
용은 생략한다.(孟子』 고자상 1~6 참조)

孟子의 이러한 태도는 당시의 정치적으로나 사상적으로나
치열했던 시대상을 반영한 측면도 있겠지만 孟子 자신의 고
유한 성정 즉 논리적 치밀성에 못지않았던 그의 自肯心·好
勝心의 영향도 컸을 것이다.

□ 孟子는 고결한 절개의 소유자였다.

『孟子』에 등장하는 孟子의 언행을 보면 그 성격이 매우
剛毅했음을 알 수 있는 수많은 사례를 접하게 된다. 여기서
는 그 전형적인 사례를 살펴보기로 하자.

▣ 公行子 有子之喪이어늘 右師往弔할새 入門커늘 有進而
與右師言者하며 有就右師之位 而與右師言者러니 孟子
不與右師言하신대 右師不悅 曰 諸君子皆與驩言이어늘

孟子獨不與驩言하시니 是는 簡驩也로다 孟子聞之하시고
曰 禮에 朝廷에 不歷位而相與言하며 不踰階而相揖也
하시니 我欲行禮어늘 子敎以我爲簡하니 不亦異乎아
(『孟子』 이루하 27)

공항자가 아들의 喪이 있으므로 右師〈王驩으로 당시 왕의 폐
신으로 이른바 실세였음〉가 문에 들어오자 그 앞으로 나아가
서 右師와 더불어 말하는 자가 있으며〈右師가 자리로 나아
가자〉右師의 자리로 나아가서 右師와 더불어 말하는 자가 있
었다. 孟子께서 右師와 말씀하시지 않자 右師가 기뻐하지 않
으며 말하였다. "여러 군자들이 모두 나와 말하는데 孟子만이
홀로 나와 말씀하시지 않으니 이는 나를 소홀히 하는 것이
다." 孟子께서 이 말을 듣고 말씀하셨다. "禮에 조정에서는
남의 자리를 지나 서로 말하지 않으며 계급을 지나 서로 읍하
지 않는다. 내가 이 禮를 행하고자 하였는데 자오〈왕환의 字
〉가 나더러 소홀히 한다고 말하니 이상하지 않은가?"

권세에 아부하지 않는 孟子의 모습이 선연하지 않은가!
　고자하편 제2장에 당시 曹나라 군주의 아우였던 曹交가
孟子에게 배움을 청하는 장면이 나오는데 그 언행이 '文王은
키가 10척이요. 탕 임금은 9척이라는데 나는 9척4촌이 되지
만 밥만 먹고 있다.'하고 거들먹거리며 또 말하기를 '내가 鄒
나라 군주를 만나면 관사를 빌릴 수 있을 것이니 이곳에 머
물러 저를 가르쳐 주시기 바랍니다.'라고 하면서 배움을 청하
자 孟子께서 '道는 큰길과 같으니 어찌 어렵겠는가. 다만 구
하려 않는 것이 문제일 뿐이니 그대로 돌아가 다른 스승을

찾아보게나.'하였으니 孟子께서 거들먹거리며 현실에 영합하
는 자를 좋아하지 않음을 또한 볼 수 있다.

　孟子 역시 孔子와 마찬가지로 자기를 등용해줄 군주를 찾
아 여러 나라를 유세하였지만 先王之道를 말하며 王道政治를
피력하는 孟子를 써줄 군주는 어디에서도 만날 수 없었다.
그럼에도 孟子는 신하가 군주를 찾기보다는 군주가 어진 신
하를 구하는 모습으로 등용되기를 원하는 자세를 버리지 않
았다. 공손추하 제2장을 보면 제나라 왕을 만나려간 孟子가
왕이 신하를 시켜 병을 핑계로 孟子가 찾아와주기를 청하자
孟子 역시 병을 핑계로 만나지 않는 장면이 나온다. 여기서
孟子는 장차 훌륭한 일을 할 수 있는 군주는 반드시 함부로
부르지 못하는 신하가 있는데 탕 임금이 이윤을 등용한 것이
그러하고 제나라 환공이 관중을 등용한 것이 그러하다고 하
면서 다음과 같이 일갈(一喝)하고 있다.

■ 今天下地醜德齊하여 莫能相尙은 無他라 好臣其所敎而
　不好臣其所受敎니라 湯之於伊尹과 桓公之於管仲에 則
　不敢召하니 管仲도 且猶不可召하니 而況不爲管仲者乎
　아 (『孟子』 공손추하 2)
　지금 천하가 영토가 비슷하고 德〈정치상황〉도 비슷해서 서
　로 뛰어나지 못함은 딴것이 없다. 군주가 자기가 가르칠 수
　있는 사람을 신하로 삼기를 좋아하고, 자기가 가르침을 받을
　수 있는 사람을 신하로 삼기를 좋아하지 않기 때문이다. 탕왕

이 이윤에 있어서와 환공이 관중에 있어서 감히 부르지 못하였다. 관중도 오히려 부르지 못하였는데 하물며 관중처럼 이미 벼슬하고 있지 않은 자〈孟子자신을 말함〉에 있어서랴.

孟子의 이러한 고고한 뜻은 곧바로 孟子의 自肯心으로 연결된다.

孟子가 魏나라 혜왕에게 등용되기를 구했으나 실패하고 이어 齊나라에서 7-8년을 머물면서 선왕에게 끈질기게 仁政을 설득했으나 실패하고 마침내 제나라를 떠날 수밖에 없게 되었을 때 孟子의 제자인 충우(充虞)가 얄밉게도 孟子에게 다음과 같이 묻는 장면이 보인다.

▨ 孟子去齊하실새 充虞路問 曰 夫子若有不豫色然하시니이다 前日에 虞聞諸夫子호니 曰 君子는 不怨天하며 不尤人이라 하시니이다 曰 彼一時며 此一時니라 五百年에 必有王者興하나니 其間에 必有名世者니라 由周而來로 七百有餘歲矣니 以其數則過矣요 以其時考之則可矣니라 夫天이 未欲平治天下也시니 如欲平治天下인댄 當今之世하여 舍我요 其誰也리오 吾何爲不豫哉리오 (『孟子』 공손추하 13)

孟子께서 제나라를 떠나실 적에 충우가 도중에서 물었다. "夫子께서 기쁘지 않은 기색이 계신 듯합니다. 지난날에 제가 夫子에게 들으니 군자는 하늘을 원망하지 않으며 사람을 허물하지 않는다 하셨습니다." 孟子께서 말씀하셨다. "저것도 한때이고 이것도 한때이다. 5백년에 반드시 王子가 나오니 그 사이에 반드시 세상에 유명한 자가 있게 마련이다. 周나라 이래로 7백년이 되었으니 연수를 가지고 보면 이미 때가 지났고 시기로 살피면 지금이 可하다. 하늘이 천하를 平治하고자 하지 않는 것이니 만일 천하를 平治하고자 하신다면 지금 세상을 당하여 나 말고 그 누가 하겠는가. 내 어찌 기뻐하지 않음이 있겠는가!"

도대체 이런 자존심은 어디에서 나오는 것일까? 孟子가 처신함에 不義하지 않음을 보이는 예는 이 외에도 그 예가 많지만 생략한다.(공손추상 3, 고자하 5 등 참조)

□ 孟子는 매우 호방한 기상의 소유자였다.

孔子가 '40살에 不惑'(四十而不惑, 위정편 4)을 말했지만 孟子도 '40살에 不動心'(我四十不動心, 공손추상 2)을 말하였는데 그는 不動心의 원천으로 다음과 같이 知言과 浩然之氣를 들고 있다.

■ 敢問 夫子는 惡乎長이시니잇고 曰 我는 知言하며 我는 善養吾浩然之氣하노라 (『孟子』 공손추상 2)
〈공손추가 말하였다.〉"감히 묻겠습니다. 夫子께서는 어디에 장점이 계십니까?" 孟子께서 말씀하셨다. "나는 남의 말을 알며 나는 나의 호연지기를 잘 기르노라."

孟子의 부동심은 '大勇'〈의리에서 나오는 용기〉에서 비롯되며 大勇은 '知言'과 '浩然之氣'에서 비롯됨을 말하고 있는 대목이다. 朱子는 이글의 知言과 浩然之氣를 다음과 같이 풀이하고 있다.

知言은 마음을 다하여 性을 알아서 모든 천하의 말에 그 이치를 궁구하고 지극히 하여, 그 시비득실(是非得失)의 所以然을 알지 못함이 없는 것이다. 浩然은 성대히 유행하는 모양이다. 氣는 이른바 '몸에 꽉차있다'는 것이니 본래 스스로 浩然하나 기름을 잃었기 때문에 굶주리게 된다. 오직 孟子께서 이것(浩然之氣)을 잘 길러 그 本初의 상태를 회복하신 것이다. 말을 알면(知言) 도의에 배합되어서 천하의 일에 두려울 바가 없는 것이다.(『孟子』 註釋)

浩然之氣는 孟子 스스로 '설명하기 어렵다(難言也)'고 하였거니와 그의 말을 요약해 보면 호연지기는 義와 道가 배합됨에 생기는 것으로서 義理를 오랫동안 많이 축적하여야만 자라게 되고 義가 하루아침에 갑자기 엄습하여 취해지는 것이 아니며 행하고서 마음에 부족하게 여기는바 〈꺼림직한 바〉가 있으면 호연지기는 굶주리게 된다고 한다. 미루어 보건데 호연지기는 '자기 몸에 義理가 축적되어 행함에 그 마음이 거리낌이 없는 기운' 정도로 해석할 수 있을 듯하다.

다음 글은 孟子의 호쾌한 기상을 엿볼 수 있는 대목이다.

<공손추가 孟子에게 만일 선생님께서 제나라에서 요직을 맡으시면 관중이나 안자의 공과 같은 것을 다시 기대할 수 있겠습니까 하고 묻자 孟子가 다음과 같이 대답하였다.> "그대는 진실로 제나라 사람일 뿐이로구나. 관중과 안자 밖에 모르다니! 옛날에 어떤 사람이 증서(曾西, 曾子의 아들)에게 '그대가 子路와 더불어 누가 더 어진가(나은가)'를 물었는데 증서가 말하기를 '子路는 나의 先子(선친인 曾子를 말함)께서도 존경하신 분이다.'라고 대답하였다. 다시 '그렇다면 그대는 관중과 더불어 누가 더 어진가?'하니 증서가 낯빛을 변하며 불쾌히 여겨 말하기를 '네 어찌 나를 관중에 비하는가! 관중은 군주의 신임을 얻음이 저토록 오로지 하였으며, 국정을 시행함에 저토록 오래 하였는데도 그 功烈(업적)이 저와 같이 낮았으니, 네 어찌 나를 그런 사람에게 비교하는가!'하였다. 관중은 증서도 비교함을 달가워하지 않았는데 그대가 나를 관중되기를 바란단 말인가!"(『孟子』 공손추상 1)

또 孟子는 君子를 곧장 大人, 大丈夫 등으로 바꾸어 표현하기도 했는데 다음의 글들을 보면 孟子의 호쾌한 기상을 또한 엿볼 수 있다.

▣ 居天下之廣居하여 立天下之正位하며 行天下之大道하여 得志하여는 與民由之하고 不得志하여는 獨行其道하여 富貴不能淫하며 貧賤不能移하며 威武不能屈이 此之謂 大丈夫니라 (『孟子』 등문공하 2)

천하의 넓은 집〈仁〉에 거하며 천하의 바른 자리〈禮〉에 서며 천하의 대도〈義〉를 행하여, 뜻을 얻으면 백성과 함께 道를 행하고 뜻을 얻지 못하면 홀로 그 道를 행하여 부귀가 마음을 방탕하게 하지 못하며 빈천이 절개를 옮겨놓지 못하며 위의가 지조를 굽힐 수 없는 것, 이것을 大丈夫라 한다.

▣ 孟子曰 君子有三樂而王天下不與存焉이니라 父母俱存하며 兄弟無故一樂也요 仰不愧於天하며 俯不怍於人이 二樂也요 得天下英才而敎育之가 三樂也니 君子有三樂而王天下不與存焉이니라 (『孟子』 진심상 20)
孟子께서 말씀하셨다. "군자가 세 가지 즐거움이 있는데, 천하에 왕 노릇함은 여기에 들어 있지 않다. 부모가 모두 생존해 계시고 형제가 무고한 것이 첫 번째 즐거움이요, 하늘을 우러러 부끄럽지 않고 인간을 굽어보아 부끄럽지 않는 것이 두 번째 즐거움이요, 천하의 영재를 얻어 교육하는 것이 세 번째 즐거움이니, 군자가 세 가지 즐거움이 있는데, 천하에 왕 노릇함은 여기에 들어 있지 않다."

3. 孟子의 心性論

孟子가 性善說을 주장했다는 것은 익히 아는 바이거니와 孟子는 마음공부를 중시했다.

▣ 人이 有鷄犬放則知求之호되 有放心而不知求하나니 學

問之道는 無他라 求其放心而已矣니라 (『孟子』 고자상
11)
사람이 닭과 개가 도망가면 찾을 줄을 알되, 마음을 잃어서는
찾을 줄을 알지 못하니, 학문하는 것은 다른 것이 없다. 그
잃어버린 마음을 찾는 것일 뿐이다.

그러면서 제자 公都子와의 문답에서 다음과 같이 말한다.

■ 公都子問曰 鈞是人也로되 或爲大人하며 或爲小人은
何也잇고 孟子曰 從其大體爲大人이요 從其小體爲小人
이니라 (『孟子』 고자상 15)
공도자가 물었다. "똑같이 사람인데 혹은 대인이 되고 혹은
소인이 되는 것은·어째서입니까?" 孟子께서 말씀하셨다. "그
大體를 따르는 사람은 大人이되고 그 小體를 따르는 사람은
小人이 된다."

위의 글에서 大體는 마음을 말하고 小體는 눈, 귀와 같은
감각기능을 말한다. 감각은 외물(外物)에 끌려갈 뿐이지만
마음은 생각하는 기능(志)이 있어 이 마음의 뜻(心志)을 굳
게 지켜 따르면 외물의 유혹에 흔들리지 않고 자기의 본성을
지킬 수 있으니, 곧 大人이 되고 그렇지 못하면 小人이 될
뿐이라는 것이다. 孟子가 윗글에서 求放心을 공부의 요체로
보고 있는 이유인 것이다.

그렇다면 孟子는 왜 그토록 마음을 중시했으며 그가 말하

는 마음은 어떤 것인가? 다음 글이 이를 설명해 줄 수 있을 것이다.

▣ 孟子曰 盡其心者는 知其性也니 知其性則知天矣이니라 (『孟子』 진심상 1)
   孟子께서 말씀하셨다. "그 마음을 다하는 자는 그 性을 알게 되고 그 性을 알게 되면 하늘을 알게 된다."

▣ 孟子曰 仁은 人心也요 義는 人路也니라 (『孟子』 고자상 11)
   孟子께서 말씀하셨다. "仁은 사람의 마음이요 義는 사람의 길이다."

朱子는 윗글의 盡其心(마음을 다한다)은 『大學』에서의 知至(지식이 지극해진다)로 풀고 知性(성을 안다)은 『大學』에서의 物格(사물의 이치에 이른다)로 풀고 있다.

그리고 윗글 '仁은 人心'이라는 것은 뒤집어 '사람의 마음의 가장 중요한 본체는 仁이다.'라고 새길 수 있을 것이다. 이러한 생각을 전제로 하여 윗글을 새겨보면 다음과 같이 의역해도 될 듯싶다.

우리가 마음을 다하여 사물의 이치를 궁구해 보면 우리의 마음의 본성에 仁이 자리 잡고 있음을 알게 된다. 그런데 우리의 본성은 우리가 태어날 때 하늘이 우리에게 부여한 것이니 우리의 본성을 알게 된다는 것은 바로 하늘의 이치를 알게 되는 것과 같다. 우리 몸에 있어서 마음(心)이 大體이니 우리는 마음공부를 통해 天理에 도달할 수 있는 것이며 마음공부보다 더 중요한 것은 없다.

윗글과 관련하여 자사(子思)가 말한 『中庸』 제1장의 구절이 떠오른다. 돌이켜보면 '天命之謂性, 率性之謂道, 修道之謂敎'가 바로 그것이다. 이 글은 '하늘의 命(즉 天理)이 곧 우리의 본성이니 이 본성을 잘 따르는 노력을 道라 하는바 道를 닦는다는 것은 성현의 가르침을 잘 따르는 것이다.' 정도로 의역해 볼 수 있는데 여기서 우리는 위에서 말한 孟子의 글과 이 자사의 글이 일맥상통함을 느끼게 된다. 즉 孟子의 말은 자사의 말을 뒤집어 설명하고 있음을 알게 될 것이다. 다만 『中庸』은 '가르침(敎, 이것은 지식을 배우는 것이니 곧 知가 된다.)'에 중점을 둔 표현이고 『孟子』는 '마음을 다함(盡心, 이것은 본성을 실천함이니 곧 行이 된다.)'에 중점을 둔 표현이라는 점이 다를 뿐이다.

주지하는 바와 같이 孟子는 性善說을 주장한 사람이다. 성선설의 대개(大槪)는 이미 살펴보았거니와(제2강. 儒學의 주요 개념과 그 상관관계) 여기서는 孟子의 성선설에서 간과해서는 안 될 다음 내용만 다시 한 번 강조하겠다. 결론부터 말하면 孟子가 주장한 성선은 '사람은 마음속에 善端[측은(惻隱), 수오(羞惡), 사양(辭讓), 시비(是非)의 단서]을 갖고

있음을 말한 것일 뿐 사람을 그대로 두어도 善하다는 말은
아니다'라는 것이다. 다시 한 번 그 주장한 바를 인용하면 다
음과 같다.

▣ **孟子曰　乃若　其情則可以爲善矣니　乃所謂善也니라**
(『孟子』 고자상 6)
孟子께서 말씀하셨다. "〈내가 말한 性善의〉실상은〈사람은
〉善을 할 수 있다는 말이니 이것이 내가 말한 善의 의미이
다."

이 말은 바꾸어 부연하면 孟子가 사람이 善하다고 말한 뜻
은 사람은 누구나 善의 단초를 갖고 있어 이를 확충해 나가
면 善한 사람이 될 수 있다는 것을 말했을 뿐이라는 것이다.
즉 사람은 가만있어도 善해지는 것은 아니라 善端을 확충하
는 노력이 필요함을 말하고 있는 것이다.

그러면 善端을 확충하려면 어떤 노력이 필요할까? 孟子는
그것을 '好善'이라고 표현한다. 그러면 好善은 또 어떻게 하
는 것인가? 생각해 보건데 好善의 일차적 과제는 獨善其身
(홀로 그 몸을 善하게 함)이니 이른바 修己이자 愼獨이다.

『大學』을 보면 修己의 요체는 明善(善이 무엇인지를 앎)
과 誠身(마음을 성실히 함)이라 하고 있는바 善이 무엇인지
알기위해서는 格物致知(사물의 이치를 궁구하여 지식을 지극

히 함)를 해야 하고 마음을 성실히 하기 위해서는 善을 행하고 악을 제거하려는 마음을 한 결 같이 하여 스스로 속임이 없는 마음 상태를 유지하는 것이라고 설명하고 있는바 이것을 『孟子』의 말로 바꾸어 말하면 存心 또는 求放心이 될 것이다. 孟子는 이러한 자기만의 好善은 온전한 好善이 되지 못한다고 하여 이른바 兼善天下를 주장하였으니 이것이 好善의 이차적 과제가 될 것이다. 겸선천하는 자기가 구현한 善을 온 세상에 미루어 펼칠 뿐만 아니라 남의 善도 즐겨 자기 것으로 취함을 말하는 것이니 다음 글을 보면 그 뜻이 이해될 수 있을 것이다.

■ 取諸人以爲善이 是與人爲善者也라 故로 君子는 莫大乎與人爲善이니라 (『孟子』 공손추상 8)
남에게서 취하여 善을 행함은, 이것은 남과 더불어 善을 행하는 것이다. 그러므로 군자는 남이 善을 하도록 도와주는 것보다 더 훌륭한 것이 없는 것이다.

위의 말들을 종합해 보면 孟子가 바라본 性은 사람마다 그 善한 단초를 갖고 있지 않음이 없으되, 그 善端을 확충하기 위해서는 好善하는 노력이 필요하며 好善한다는 것은 나의 善과 함께 남의 善도 이루는 것이라는 점을 알 수 있을 것이다.

孟子는 또 이 好善의 노력과 관련하여 우리 마음의 心志를 단련할 것을 다음과 같이 주문한다.

▣ 孟子曰 人之有德慧術知者는 恒存乎疢疾이니라 (『孟子』 진심상 18)

孟子께서 말씀하셨다. "사람 중에 德의 지혜와 기술의 지혜를 가지고 있는 자는 항상 어려움〈재난과 환난〉속에 있다."

▣ 天將降大任於是人也신댄 必先苦其心志하며 勞其筋骨하며 餓其體膚하며 空乏其身하여 行拂亂其所爲하나니 所以動心忍性하여 曾益其所不能이니라 (『孟子』 고자하 15)

하늘이 장차 큰 임무를 이 사람에게 내리려 하실 적에는 반드시 먼저 그 心志를 괴롭게 하며 그 근골을 수고롭게 하며 그 體膚를 굶주리게 하며 그 몸을 공핍(빈궁)하게 하여 행함에 그 하는 바를 어그러지고 어지럽게 하나니, 이것은 마음을 분발시키고 성질을 참게 하여 그 능하지 못 한 바를 增益하게 하려는 것이다.

이 말들은 사람이 사람다운 사람이 되기 위해서는 심지를 굳건히 하여 능히 심신의 어려움을 극복해 나가는 노력이 필요함을 일깨워 주고 있다할 것이다.

4. 孟子의 仁政論: 王道政治

孟子의 글들이 대체로 보아 孔子의 가르침을 벗어난 것이 없지만 孟子의 仁政論 또는 王道政治論을 보면 孟子는 정말

所願學孔子를 실천한 사람이라는 것을 느끼게 된다. 그의 王道政治論은 孔子의 德治論의 이념을 그대로 빼닮아 설파하고 있음을 볼 수 있다. 다만 그 개념을 구체화하고 확충하여 훌륭히 재해석했을 뿐인 것이다. 예컨대 孔子가 주장했던 民信(足兵 足食 民信, 안연편 7)의 주장이라든지, 정사의 요체를 庶, 富近, 敎로 보는 것(자로편 9)이라든지 近者說遠者來(자로편 16), 군주의 正名論(안연편 11) 등은 『孟子』를 보면 구체적 내용이 확연해 진다.(孟子의 王道政治의 大槪는 앞서 이 책 제8장 孔孟이 꿈꾼 세상, 그리고 聖人政에서 다루었음)

제12강 克己復禮, 顔淵

『中庸』을 보면 智를 상징하는 인물로 大舜(순임금)을, 勇을 상징하는 인물로 자로(子路)를 들면서, 仁을 상징하는 인물로는 안연(顔淵)을 꼽고 있다.

▣ 子曰 回之爲人也 擇乎中庸하여 得一善이면 則拳拳服膺而 弗失之矣니라 (『中庸』 8장)
孔子께서 말씀하셨다. "안회(안연)의 사람됨이 中庸을 택하여 한 善을 얻었으면 그것을 잘 받들어 가슴에 품어서 잃지 않는다."

또 정자는 말하기를 '선생님(孔子)은 仁에 편안하셨고 顔淵은 仁을 어기지 않았고 子路는 仁을 구하려한 사람이라고 평했다.(夫子安仁 顔淵不違仁 子路求仁, 공야장 25 주석) 顔淵은 단명(32세 혹은 42세에 죽었다고 함)하였지만 孔子의 사랑을 듬뿍 받은 사실상의 수제자였다. 論語를 보면 孔子께서 유독 顔淵에 대해서만은 칭찬 일색이었음을 볼 수 있다.
또 顔淵을 얼마나 큰 인물로 보았는가 하는 점을 다음 말에
서도 엿볼 수 있다.

　■ 顔淵問爲邦한대 子曰 行夏之時하며 乘殷之輅하며 服周
　　之冕하며 樂則韶舞요 放鄭聲하며 遠侫人이니 鄭聲은 淫
　　하고 侫人은 殆니라 (위령공편 10)
　　안연이 나라를 다스리는 것을 묻자. 孔子께서 대답하셨다.
　　"夏나라의 달력을 쓰고 殷나라의 수레를 타고, 周나라의 면류
　　관을 쓰며, 음악은 韶舞(순임금 때의 음악)를 할 것이요, 정나
　　라 음악을 추방해야 하며 말재주 있는 사람을 멀리할 것이니,
　　정나라 음악은 음탕하고 말 잘하는 사람은 위태로운 것이다."

　이 글은 孔子님의 정치적 포부를 그대로 피력하여 顔淵에
게 천하 다스리는 법을 말씀한 것으로 孔子님의 顔淵에 대한
기대가 얼마나 컸는지를 보여주는 것이라 하겠다.

　자! 이제 顔淵의 어떤 점이 그를 仁의 상징자가 되게 하였
을까를 그의 행적을 통해 살펴보기로 하자.

1. 默識心通 · 安貧樂道

　顔淵은 집안이 찢어지게 가난하여 자주 끼니를 굶을 정도

였지만 가난을 편안하게 받아들이며 오로지 道의 실천에만 전념한 사람이었다.

■ 子曰 回也는 其庶乎요 屢空이니라 (선진편 18)
孔子께서 말씀하셨다. "안회는 <道에> 가까웠고 자주 끼니를 굶었다."

■ 子曰 吾與回言終日에 不違如愚러니 退而省其私한대 亦足以發하나니 回也不愚로다 (위정편 9)
孔子께서 말씀하셨다. "내가 회(顔淵)와 더불어 하루 종일 이야기를 하였으나 내 말을 어기지 않아 어리석은 사람인 듯 하더니 물러간 뒤에 그 사생활을 살펴봄에 충분히 발명하니 회는 어리석지 않구나."

■ 子曰 回也는 非助我者也로다 於吾言에 無所不說이온여 (선진편 3)
孔子께서 말씀하셨다. "안회는 나를 돕는 자가 아니구나! 나의 말에 대해 기뻐하지 않는 바가 없구나."

■ 子曰賢哉라 回也여 一簞食와 一瓢飮으로 在陋巷을 人不堪其憂어늘 回也 不改其樂하니 賢哉라 回也여 (옹야편 9)
孔子께서 말씀하셨다. "어질구나, 안회여! 한 그릇의 밥과 한 표주박의 음료로 누추한 시골에 있는 것을 딴 사람들은 그 근심을 견뎌내지 못하는데 안회는 그 즐거움을 변치 않으니, 어질구나, 안회여!"

　위 글을 보면 顔淵은 孔子의 말씀을 묵묵히 알아 받아들이
고 또 배운 바를 그대로 실천하여 어김이 없었을 뿐 자기 의
견을 밖으로 잘 드러내지 않았음을 알 수 있다.

　사실 『論語』를 보면 顔淵이 孔子님에게 질문하거나 顔淵
스스로 말한 것은 거의 없음을 볼 수 있다. 제자들 중에는
가르치는 가운데 서로 대화를 주고받음으로써 스승을 기쁘게
하는 제자도 있지만 서로 묵묵히 마음으로 통해 기쁨을 주는
제자도 있을 수 있는데 顔淵이 바로 그러한 제자였다. 더욱
이 顔淵은 가난을 고통으로 여기지 않고 배움에만 전념하였
으니 孔子님의 사랑이 더 한층 컸을 수밖에 없었을 것이다.

2. 不遷怒 不貳過

■　哀公이 問弟子孰爲好學이니잇고 孔子對曰 有顔回者好
　　學하여 不遷怒하며 不貳過하더니 不幸短命死矣라 今也
　　則亡하니 未聞好學者也니이다 (옹야편 2)
　　애공이 "제자 중에 누가 학문을 좋아합니까?"하고 묻자 孔子
　　께서 대답하셨다. "안회라는 자가 학문을 좋아하여 노여움을
　　남에게 옮기지 않으며 잘못을 두 번 다시 저지르지 않았는데
　　불행히도 명이 짧아 죽었습니다. 그리하여 지금은 없으니 아
　　직 학문을 좋아하는 자를 듣지 못했습니다."

不遷怒不貳過(노여움을 남에게 옮기지 않으며 잘못을 두 번 다시 저지르지 않는다.) 이 말은 안회를 상징적으로 표현하는 말이기도 하지만 배움의 요체를 말하고 있다. 사람이 군자(성인)에 이르는 길은 마음에서 우러나오는 잘못된 감정(情)을 통제하여 중도에 어긋나지 않게 하는 것이 첫째요, 다음은 마음으로 자칫 잘못되기 쉬운 행동을 통제하여 다시 잘못을 저지르지 않게 하는 것이니 이것이 바로 道에 이르는 방법인 것이다. 이렇게 되려면 스스로 자기 마음에 사사로움이 없도록 하여야 하는 바(不自私己), 顔淵이 이러한 경지에 도달했음을 孔子께서 말씀하신 것이다. 또 이 말은 顔淵이 孔子께 仁에 대해 묻자 孔子께서 답하신 克己復禮爲仁(안연편 1장)의 또 다른 표현이기도 하다. 克己復禮란 자기의 사사로운 마음을 이겨 올바른 행동으로 나아가는 것에 다름 아니기 때문이다.

우리는 克己復禮의 구체적 실천요목으로 禮가 아니면 보지도 말고, 禮가 아니면 듣지도 말며, 禮가 아니면 말하지도 말며, 禮가 아니면 행동하지 말라던(非禮勿視 非禮勿聽 非禮勿言 非禮勿動) 孔子님의 말씀에 대해, 顔淵이 대답한 '제가 비록 불민하지만 청컨대 이 말씀을 삼가 받들겠습니다(回誰不敏 請事斯語矣).'라는 말을 기억할 것이다.

다음 『孔子家語』의 얘기를 통해 顔淵이 자기 말의 실천에 얼마나 철저했는지를 볼 수 있을 것이다.

노나라 대부인 숙손무숙이 안회를 만남에 안회는 '서로 손님을 대하는 禮'(賓之: 벼슬 하는 사람과 평민의 禮가 아닌 친구로서의 禮)로 할 것을 제의하였다. 이 자리에서 숙손무숙이 남의 허물을 많이 칭하면서 거기에 자기의 의견을 덧붙여 말하기 시작하자, 안회가 다음과 같이 말하였다. "내 우리 선생님으로부터 앎이란 무엇인지 들었는데 '남의 악한 것을 말한다고 해서 내가 훌륭해지는 것이 아니며 남의 굽은 점을 말한다고 해서 내가 곧아지는 것은 아니다.' 하더이다. 그러므로 군자는 자신의 악함을 공격할 일이지 남의 악을 공격하는 일은 없어야 할 것입니다."(言人之惡 非所以美己 言人之枉 非所以正己 故君子攻其惡 無攻人惡)

이러한 顔淵이었기에 孔子님의 다음과 같은 칭찬이 있었을 것이다.

■ 子曰 語之而不惰者는 其回也與인저 (자한편 19)
孔子께서 말씀하셨다. "<道를> 말해주면 게을리 하지 않는 자는 그 안회일 것이다."

■ 子謂顔淵曰 惜乎라 吾見其進也요 未見其止也로라 (자한편 20)
孔子께서 안연을 두고 평하셨다. "애석하구나. <그의 죽음이여> 나는 그가 앞으로 나아가는 것만 보았고 중지하는 것은 보지 못했다."

3. 行仁의 顔淵

顔淵에 대한 孔子님의 칭찬은 계속된다.

■ **子曰 回也**는 **其心三月不違仁**이요 **其餘則日月至焉而
已矣**니라 (옹야편 5)
孔子께서 말씀하셨다. "안회는 그 마음이 3개월 동안 仁을 떠
나지 않았고, 그 나머지 제자들은 하루나 한 달에 한번 仁에
이를 뿐이다."

이 얼마나 顔淵에 대한 칭찬이 지극한 것인가! 이제 그 이
유를 하나하나 살펴 볼 차례다.

우선 그 따뜻하고 진실한 마음씨를 보자.

■ **子畏於 匡**하실새 **顔淵後**러니 **子曰 吾以女爲死矣**로라
曰 子在어시니 **回何敢死**리잇가 (선진편 22)
孔子께서 광 땅에서 경계하는 마음을 품고 계실 적에 안연이
뒤쳐져 있었는데 <그가 오자> 孔子께서 "나는 네가 죽은 줄
로 생각했었다."하고 말씀하시니 그는 다음과 같이 대답하였
다. "선생님께서 계신데 제가 어찌 감히 죽겠습니까?"

다음은 그 정직함을 보자. 『孔子家語』에 다음 글이 보인다.

孔子가 진(陳)나라와 채(蔡)나라 사이에서 곤액을 당하여 7일 동안이나 그 종자들까지도 밥을 먹지 못하자 자공이 자신이 싣고 가던 재물을 꺼내 포위를 무릅쓰고 쌀 한 섬을 구해왔다. 그리하여 안회와 자로가 밥을 지었는데 마침 지붕위의 티끌과 그을음이 밥솥에 떨어졌다. 이에 안회는 그 밥을 퍼서 먹어버렸다. 때마침 자공이 우물을 다녀오다가 이를 보고 들어가 孔子께 고했다. "어진 사람과 청렴한 선비도 곤궁에 처하면 절개를 바꿉니까?" "절개를 바꾸었다면 어찌 어질고 청렴하다고 할 수 있겠는가?" 이에 자공이 안회가 밥을 훔쳐 먹었다고 고해 바쳤다. 이에 孔子가 안회를 불러 넌지시 물어 보았다. "내 지난밤에 꿈에 선인을 만났는데 혹시 나의 앞길을 열어주려고 복을 주실 지도 모르니 네가 짓고 있는 밥이 다 되었다면 가져 오너라. 제사를 올려야겠다." 이에 안회가 대답하였다. "그 밥은 제사에 올릴 수 없습니다. 밥을 지을 때 그을림이 떨어져 제가 그 부분을 먼저 먹었습니다. 이러한 밥으로는 제사를 올릴 수 없습니다." 孔子가 말했다. "그랬느냐? 그런 밥이라면 나라도 먼저 떼어 먹었을 것이다."

다음은 그의 지혜를 보자. 역시 『孔子家語』에 보인다.

노나라 정공이 안회에게 물었다. "그대 또한 동야필(노나라 때 말을 잘 다루던 사람)이 말을 잘 몬다는 말을 들었소?" 안회가 대답하였다. "잘 몰기는 잘 몰지요 그러나 그 말은 장차 틀림없이 흩어져 달아날 것입니다." 안회가 물러난 지 3일 만에 말 먹이는 자가 정공에게 동야필의 말이 달아났음을 고했다. 이에 정공이 안회를 불렀다. " 그대는 어찌 동야필의 말이 달아날 것을 알았는가?" 안회가 대답하였다. "정치로서 이를 알 수 있습니다. 옛날 순임금은 백성 부리기에 뛰어났었고 조보(造父)는 말을 부리기에 뛰어났습니다. 순은 그 백성들의 힘을 궁한데 까지 몰고 가지는 않았으며, 조보는 그 말의 힘을 궁한데 까지 이르도록 하지 않았습니다. 그 때문에 순임금에게는 제멋대로 하는 백성이 없었으며 조보에게는 제멋대로 날뛰는 말이 없었습니다. 그런데 동야필은 그렇지 않았습니다. 그는 말에게 험한 길을 훈련시키고 멀리까지 다녀오게 하며 말의 힘이 다 되었는데도 말에게 요구하기가 끝이 없었습니다. 저는 이것으로 알게 된 것입니다." 정공이 감탄하며 한마디 더 해주기를 청하자 안회가 다음과 같이 말했다. "제가 듣기는 새가 궁하면 부리로 쪼아대며, 짐승이 궁하면 덤벼드는 법이라 합니다. 사람이 궁하면 거짓말을 하게 되고 말이 궁하면 제멋대로 날 뛰는 법이라 하였습니다. 옛날부터 오늘에 이르기까지 그 아랫사람을 궁하게 하면서 능히 위험에 처해지지 않는 자는 없는 법입니다."

다음은 그의 겸양을 보자. 『論語』에 보인다.

▣ 顔淵季路侍러니 子曰盍各言爾志오 子路曰 願車馬衣
輕裘를 與朋友共하여 敝之而無憾하노이다 顔淵曰 願無
伐善하며 無施勞하노이다 子路曰 願聞子之志하노이다 子
曰 老者安之 하며 朋友信之하며 少者懷之니라 (공야장편
25)

안연과 계로(子路)가 孔子를 모시고 있었는데 孔子께서 "어찌
각기 너희들의 뜻을 말하지 않는가?"하셨다. 자로가 말하였
다. "수레와 말과 가벼운 갖옷을 친구와 함께 쓰다가 해지더
라도 유감이 없고자 하옵니다." 안연이 말하였다. "자신의 잘
하는 것을 자랑함이 없으며, 공로를 과시함이 없고자 하옵니
다." 자로가 "선생님의 뜻을 듣고자 하옵니다."하자 孔子께서
말씀하셨다. "늙은이를 편안하게 해주고 붕우에게는 미덥게
해주고 젊은이를 감싸주고자 한다."

윗글을 보면 子路와 비교하여 顔淵의 겸손함이 어떠한지를
엿볼 수 있을 것이다.

4. 顔淵의 죽음

▣ 顔淵死어늘 子曰 噫라 天喪予샷다 天喪予샷다 (선진편 8)
안연이 죽자 孔子께서 말씀하셨다. "아! 하늘이 나를 망하게
하는구나, 하늘이 나를 망하게 하는구나!"

■ 顔淵死어늘 子哭之慟하신대 從者曰 子慟矣시니이다 曰
有慟乎아 非夫人之爲慟이요 而誰爲리오 (선진편 9)

안연이 죽자 孔子께서 곡하시기를 지나치게 애통해 하셨다.
종자가 말하였다. "선생님께서 지나치게 애통해 하십니다."
孔子께서 말씀하셨다. "지나치게 애통함이 있었느냐? 저 사람
을 위해 애통해 하지 않고 누구를 위해 애통해 하겠는가!"

'선생님이 계신데 제가 어찌 감히 죽겠습니까?'라 하던 顔
淵의 죽음은 孔子에게는 청천벽력이었을 것이다. 너무 공부
에 열중해서였을까? 孔子보다 30살이 적었던 顔淵은 29살에
머리가 하얗게 세었다고 한다. 사마천은 그의 죽음을 '顔淵은
항상 가난해서 술지게미와 쌀겨조차 배불리 먹지 못했다. 결
국 젊은 나이에 죽고 말았다.'라고 『史記』에서 적고 있다.
'飢厭糟糠'(굶주리면 술지게미와 쌀겨조차 달갑게 먹는다.)
이란 사자성어가 생긴 연유다.

顔淵이야말로 선생님의 뜻을 가장 잘 대변하는 제자였다.
孔子께서 내 道가 왜 이렇듯 세상에 받아들여지지 않느냐고
한탄하실 때 顔淵은 다음과 같이 말했다고 한다.

■ 夫子之道至大 故天下莫能容 雖然 夫子推而行之 不
容何病 不容然後見君子 夫道之不脩也 是吾醜也 夫
道旣已大脩而不用 是有國者之恥也 不容何病 不容然
後見君子 孔子欣然而 笑曰 有是哉 顔氏之子 使爾多

財 吾爲爾宰 (『史記』 「孔子世家」)

"선생님의 道는 지극히 크기 때문에 세상에서 받아들일 수 없을 것입니다. 그렇지만 선생님께서는 이대로 밀고 나가셔야 합니다. 받아들여지지 않는다고 해서 무엇이 걱정입니까? 오히려 받아들여지지 않은 후에야 선생님께서 군자임이 드러날 것입니다. 道를 닦지 않은 것은 우리의 수치입니다. 道를 이미 크게 닦았음에도 등용하지 않은 것은 나라를 다스리는 군주의 수치입니다. 받아들여지지 않는 것이 무슨 걱정입니까! 차라리 받아들여지지 않은 후에야 선생님께서 군자임이 드러날 것입니다." 그러자 孔子께서 흔연히 기뻐하며 말했다. "과연 그러하구나, 안씨의 아들아! 만약 자네에게 많은 재물이 있다면 나는 그 재산을 관리하는 신하가 되겠네!"

이런 선생님을 顔淵은 생전에 다음과 같이 추앙하였다.

▣ 顔淵이 喟然歎曰 仰之彌高하며 鑽之彌堅하며 瞻之在前이러니 忽焉在後로다 夫子循循然善誘人하사 博我以文하시고 約我以禮하시니라 欲罷不能하여 旣竭吾才하니 如有所立이 卓爾라 雖欲從之나 末由也已로다 (자한편 10)

안연이 크게 찬탄하며 말하였다. "<부자의 道는> 우러러 볼수록 더욱 높고, 뚫을수록 더욱 견고하여 바라봄에 앞에 있더니 홀연히 뒤에 있도다. 부자께서는 차근차근히 사람을 이끄시어 文으로서 나의 지식을 넓혀 주시고 禮로서 나의 행동을 요약하게 해주셨다. 공부를 그만 두고자 해도 그만 둘 수 없어 이미 나의 재주를 다하니 <부자의 道가> 내 앞에 우뚝 서 있는 듯하다. 그리하여 그를 따르고자 하나 어디서부터 시작해야 할지 모르겠다."

　제자는 특별히 주고받는 말이 없어도 스승의 뜻을 알아 낙담하는 스승을 위로해 주고, 스승은 제자의 그릇(器)을 알아 천하 다스리는 道를 전수하려 하였거니와 또한 그 스승은 제자의 죽음을 '하늘이 나를 버린 듯' 애통해 하고 그 제자는 스승을 '하늘처럼' 우러렀으니 孔子와 顔淵의 관계는 스승과 제자이기에 앞서 아버지와 자식 같은 관계였음을 윗글들을 통해 알 수 있다할 것이다.

제13강   子路不說

자로(子路)는 원래 성정이 거친 사람이다.

『史記』의 중니제자열전은 子路가 孔子를 처음 만났을 때
와 그가 孔子의 제자가 된 과정을 다음과 같이 표현하고 있
다.

▣ 子路性鄙 好勇力 志伉直 冠雄鷄 佩豭豚52) 陵暴孔子
   孔子設禮稍誘子路　後儒服委質　因　門人請爲弟子
   (『史記』 중니제자열전)
   자로는 성정이 거칠고 용맹을 좋아하였으며 의지가 강하고 곧
   았다. 수탉의 꼬리로 모자를 장식하고 수돼지의 이빨을 허리
   에 차고서 孔子를 업신여기며 무례한 행동을 하기도 했다. 그
   러나 孔子가 禮로서 자로를 바른 길로 이끌자 후에 유학자의
   옷을 입고 禮를 갖추어 다른 제자들에 이끌려 孔子 제자 되기

---

52) 冠雄鷄佩豭豚(관웅계패가돈): 수탉과 수돼지는 모두 용맹을 상
   징한다.

를 청했다.

또 『中庸』에서는 智, 仁, 勇을 道로 들어가는 세 가지 達德(공통된 德)이라 하면서 智를 대표하는 인물로 舜임금을, 仁을 대표하는 인물로 顔淵을, 그리고 勇을 대표하는 인물로 子路를 들고 있다. 우리는 이렇듯 거친 성정의 子路가 어떻게 순치되어 孔子의 으뜸가는 제자의 한 사람으로 성장하게 되었는지를 살펴 볼 필요가 있다.

이제 『論語』등 儒家의 서적을 통해 子路의 행적을 더듬어보기로 하자.

1. 子路의 성품과 행동

▣ 由也는 喭하고 (선진편 17)
   자로는 거칠다

이 글은 孔子가 그의 제자인 子路를 평한 것이다.

子路는 솔직·단순하면서도 용기와 의리를 간직한 성품의 소유자였다. 그러나 그의 행동은 윗글에서 보듯 다소 거친 면이 없지 않은 듯하다.

子路의 솔직하면서도 단순한 성격은 孔子의 제자가 되기 전이나 후에도 변함이 없었다. 그러나 孔子의 제자가 된 이

후 그의 행동은 점차로 군자다워져 갔다.

먼저 孔子를 처음 뵈었을 때와 제자가 된지 얼마 되지 않았을 때의 子路의 모습을 『孔子家語』는 다음과 같이 보여주고 있다.

子路가 처음 孔子를 뵈었을 때 子路가 물었다.
"배움이 무슨 유익함이 있습니까?" 孔子께서 말씀하셨다. "무릇 임금으로서도 간언해 주는 신하가 없으면 곧음을 잃게 되고 선비로서 가르쳐주는 친구가 없으면 들을 것을 잃게 된다. 길들지 않은 말을 다루려면 그 손에 채찍이 떠날 수 없고 활을 잡자면 도지개를 반대로 해서는 안 되는 법이다. 나무도 먹줄을 받은 뒤라야 비로소 반듯하게 되고 사람도 간하는 말을 들어야 성스러워지는 것이다. (중략) 군자는 배우지 않을 수 없는 것이다."
子路가 말하였다. "남산에 대나무가 있는데 그것은 잡아 주지 않아도 저절로 반듯하게 자라며 그것을 잘라서 쓴다면 물소의 가죽을 뚫을 수 있습니다. 이런 것으로 말한다면 꼭 학문을 해야 할 것이 무엇이 있습니까?"
孔子께서 말씀하셨다. "화살 한쪽에 깃을 꽂고 다른 한쪽에 촉을 갈아서 박는다면 그 박히는 깊이가 더욱 깊지 않겠느냐?" 子路는 재배하며 이렇게 말하였다. "공경하여 가르침을 받겠습니다." (『孔子家語』 자로초견)

子路가 옷을 잘 차려입고 孔子를 뵙자 孔子는 이렇게 말씀하셨다. "由야 이렇게 거만한 차림이 어쩐 일이냐? 무릇 강물은 처음 민산(岷山)에서 나올 때에는 그 근원이 겨우 술잔에 넘칠만한 정도(濫觴)였으나 저 강나루에 내려와서는 배를 타지 않거나 또 바람을 피하지 않고는 건너지 못한다. 이는 아래로 흘러내려 올수록 물이 많아지는 까닭이 아니겠느냐? 지금 네가 좋은 의복을 차려입고 얼굴모습에 가득한 거만함을 갖는다면 천하에 그 누가 너의 잘못을 충고해 주기를 즐거워하겠느냐?" 子路는 뛰쳐나가 옷을 갈아입고 들어왔는데 그 안색이 태연하였다.(『孔子家語』 濫觴)

다음은 제자가 된 뒤의 子路의 언행이다. 『論語』에 다음과 같이 보인다.

■ 子曰 道不行이라 乘桴하여 浮于海하리니 從我者는 其由與인저 子路聞之하고 喜한대 子曰 由也는 好勇이 過我나 無所取材로다 (공야장편 6)
孔子께서 말씀하시기를 "道가 행해지지 않으니 내 뗏목을 타고 바다로 나가려고 한다. 이때 나를 따라올 사람은 아마도 由(자로)일 것이다."하셨다. 자로가 이 말씀을 듣고 기뻐하자 孔子께서는 "由는 용맹을 좋아함은 나보다 나으나 사리를 헤아려 맞게 하는 것이 없다" 하셨다.

▣ 子謂顔淵曰 用之則行하고 舍之則藏을 惟我與爾有是
夫인저 子路曰 子行三軍이면 則誰與시리잇고 子曰 暴虎
馮河하며 死而無悔者를 吾不與也니 必也臨事而懼하며
好謀而成者也니라 (술이편 10)

孔子께서 안연에게 일러 말씀하셨다. "써주면 道를 행하고 버
리면 은둔하는 것을 오직 나와 너만이 이것을 지니고 있을 뿐
이다." 자로가 말하였다. "부자께서 삼군을 통솔하신다면 누
구와 함께 하시겠습니까?" 孔子께서 말씀하셨다. "맨손으로
범을 때려잡으려 하고 강하를 건너다가 죽어도 후회함이 없는
자를 나는 함께 하지 않을 것이니 나는 반드시 일에 임하여
두려워하고 도모하기를 좋아하여 성공하는 자를 데리고 갈 것
이다."

▣ 子路使子羔爲費宰한대 子曰 賊夫人之子로다 子路曰
有民人焉하며 有社稷焉하니 何必讀書然後爲學이리잇고
子曰 是故로 惡夫佞者하노라 (선진편 24)

자로가 자고로 하여금 비읍의 읍재로 삼자 孔子께서 말씀하셨
다. "남의 아들을 해치는구나." 자로가 말하였다. "백성이 있
고 사직이 있으니 하필 글을 읽은 뒤에야 학문을 하는 것이겠
습니까?" 孔子께서 말씀하셨다." 이러므로 말재주 있는 자를
미워하는 것이다."

子路는 윗글들에서 보는 것처럼 단순하기도 하고 솔직하기
도 하여 스승으로부터 칭찬받기를 좋아하고 또 그 말과 행동
에 거침이 없었다.

자한편 26장을 보면 子路가 '不忮不求 何用不臧'(남을 해치지 않으며 남의 것을 탐내지 않는다면 어찌 착하지 않겠는가?)이란 『詩經』 衛風 雄稚의 詩句를 즐겨하여 종신토록 외우려 하자 "그 방법이 어찌 족히 善하다 할 수 있겠는가?" 하고 孔子께서 경계의 말씀을 하시는 장면이 나오는데 이것을 보면 子路가 그 성정은 비록 거칠었지만 또 한편으로 얼마나 순진무구했는지를 알 수 있다.

2. 子路不說

■ 子見南子하신대 子路不說이어늘 夫子矢之曰 予所否者인댄 天厭之天厭之시리라 (옹야편 26)

孔子께서 南子를 만나자 자로가 기뻐하지 않았다. 孔子께서 맹세하여 말씀하셨다. "내 맹세코 잘못된 짓을 하였다면 하늘이 나를 버리시리라! 하늘이 나를 버리시리라!"

■ 公山弗擾以費畔하여 召어늘 子欲往이러시니 子路不說曰 末之也已니 何必公山氏之之也시리잇고 子曰 夫召我者는 而豈徒哉리오 如有用我者이면 吾其爲東周乎인저 (양화편 5)

공산불요가 費읍을 가지고 반란을 일으키고 孔子를 부르니 孔子께서 가시려고 하였다. 자로가 기뻐하지 않으며 말하기를 "가실 곳이 없으면 그만이지 하필이면 公山氏에게 가시려하십니까?" 孔子께서 말씀하셨다. "나를 부르는 자가 어찌 하릴 없이 하겠느냐? 나를 써 주는 자가 있다면 나는 동쪽 주나라를 만들 것이다."

▣ 在陳絶糧하니 從者病하여 莫能興이러니 子路慍見曰 君子 亦有窮乎잇가 子曰 君子는 固窮이니 小人은 窮斯濫矣니라 (위령공편 1)
陳나라에 있을 때 양식이 떨어지니 종자들이 병들어 일어나지 못하였다. 자로가 성난 얼굴로 <孔子를> 뵙고 "군자도 궁할 때가 있습니까?" 하고 묻자 孔子께서 말씀하셨다. "군자는 궁함을 굳게 지킬 줄 아는 자이니 소인이 궁하면 넘친다."

孔子 제자 중 子路는 선생님께 '기뻐하지 않으며', '성낸 얼굴로 뵐 수 있는' 유일한 제자였다. 또 그 기뻐하지 않음을 달래기 위해서는 '맹세를 해야'할 정도로 쉽지 않은 제자였다. 위에서 제시된 상황들을 보면 상식인으로서 능히 '기뻐하지 않으며', '성을 낼만한' 상황들임을 알 수 있거니와 그렇다 치더라도 子路의 행동은 스승에 대하여는 실로 지나치고 거침없는 행동이라 할 것이다. 子路는 孔子의 초기부터의 제자였고 나이도 孔子보다 9세 연하에 불과했으니 어쩌면 子路는 孔子에게 친구 같은 제자였을 것이다.

그러기에 子路는 孔子의 병이 위중했을 때 孔子께 기도하기를 청할 수 있었고(술이편 34), 비록 孔子에게 나중에 심한 꾸중을 들었을망정 孔子의 문인으로 가신을 삼아 孔子의 병수발을 들게 할 수 있었을 것이다.(자한편 11)

기실 子路는 孔子의 제자 중 좌장격이었으며 사실상의 경호실장(?)이기도 했다. 子路는 孔子가 14년의 주유천하를 할 때에 함께 고락을 같이 하였고(子路는 孔子가 타는 수레의 마부 역할을 했다), 은자들을 만날 땐 으레 子路에게 심부름을 시켰으며 고락을 잊고자 노래할 때에는 으레 子路와 화답하였다. 이러한 子路였기에 孔子는 '내가 由를 얻은 뒤로는 나쁜 말이 내 귀에 들리지 않았다.'(自吾得由, 惡言不聞於耳)라며 子路를 칭찬할 수 있었을 것이다.

3. 知過必改

꾸중 듣기를 일삼던 子路가 孔子의 가르침을 따른 지 오래되자 이젠 孔子의 칭찬의 대상이 되었다.

■ 子路는 有聞이요 未之能行하여선 唯恐有聞하더라 (공야장편 13)
자로는 좋은 말을 듣고 아직 미처 실행하지 못했으면 행여 다른 말을 들을까 두려워하였다.

■ 子曰衣敝縕袍하며 與衣狐貉者로 立而不恥者는 其由也與인저 (자한편 26)
孔子께서 말씀하셨다. "해진 솜옷을 입고서 여우나 담비가죽으로 만든 갖옷을 입은 자와 같이 서 있으면서도 부끄러워하지 않는 자는 아마도 由일 것이다."

■ 子曰片言에 可以折獄者는 其由也與인저 子路는 無宿諾
이러라 (안연편 12)
孔子께서 말씀하셨다. "반 마디 말에 옥사를 결단할 수 있는
자는 아마도 由일 것이다." 자로는 승낙함을 묵히는 일이 없
었다."

위의 글에서 子路가 반 마디에 옥사를 결단하여 판정을 내
리고 또 승낙한 것을 묵혀두지 않고 실천할 수 있다는 것은
그의 언행에 忠信(진실되고 믿음이 있음)함이 있고 또 그 실
천에 용기가 있음을 뜻한다.

윗글 안연편 제12장의 해석과 관련하여 다음과 같은 주석
이 보인다.

■ 尹氏曰 小邾射(역)이 以句繹奔魯하여 曰 使季路要我면
吾無盟矣라하니 千乘之國이 不信其盟而信子路之一言
하니 其見信於人을 可知矣라 一言而折獄者는 信在言
前하여 人自信之故也니 不留諾은 所以全其信也니라
尹氏가 말하였다. "小邾射(소주의 대부 역)이 구역 땅을 가지
고 노나라로 망명하여 말하기를 '계로(子路)로 하여금 나와
서약하게 한다면 나는 (노나라와) 맹약을 하지 않아도 괜찮
다'라고 하니 천승의 나라(노나라)가 하는 맹약을 믿지 못하
고 자로의 말을 믿으니 자로가 다른 사람에게 신임을 받는 것

을 알 수 있다. 한마디 말로 옥사를 결단할 수 있는 것은 심임이 말에 앞서기 때문이니 다른 사람들이 스스로 자로를 믿기 때문이고 승낙한 것을 묵히지 않은 것은 그 믿음 때문이었다."

윗글은 子路가 얼마나 충신 해졌는지를 보여주고 있는데 춘추좌전 애공 14년 조에는 여기에 덧붙여 계강자가 子路에게 서약하게 하니 子路가 사양하면서 말하기를 "노나라가 소주(小邾)와 싸운다면 그 이유를 묻지 않고 싸우다가 성 밑에서 죽어도 괜찮지만, 저 신하답지 못한 사람(射을 말함)의 서약을 이루어 준다면 이는 소주 대부 역(射)을 의롭게 해주는 것이니 나 由는 그렇게 할 수 없습니다." 라는 말이 기록되어 있으니 子路의 義氣를 또한 볼 수 있다할 것이다.

위에서 보는 바와 같이 이제 子路는 스승으로부터 칭찬받는 제자가 되었다. 초기단계의 단순 · 우직 · 용맹스럽기만 했던 子路가 이렇듯 성장한 것은 물론 孔子의 따뜻한 가르침 덕분이었다.

孔子가 子路를 꾸짖을 때에는 항상 칭찬을 겸함으로써 子路로 하여금 자성과 분발을 함께 할 수 있도록 가르쳤던 것이다.

子路가 孔子의 가르침을 얼마나 무겁게 받아들였는지에 관한 고사가 『孔子家語』에 다음과 같이 보인다.

아마도 다음의 『論語』 선진편 제14장과 관련 있을 듯하다.

■ 子曰 由之瑟을 奚爲於丘之門고 門人이 不敬子路한대
子曰 由也는 升堂矣요 未入於室也니라 (선진편 14)

孔子께서 말씀하셨다. "由의 비파 가락을 어찌 내 문에서 연주하는가?" 문인들이 子路를 공경하지 않자 孔子께서 말씀하셨다."由는 堂에는 올랐고 아직 방에는 들어오지 못한 것이다."

子路가 거문고를 타고 있었다. 孔子가 이를 듣고 염유에게 말씀하셨다. "심하도다, 子路의 재주 없음이여! (중략) 지금 子路는 필부의 하찮은 존재로서 선왕의 좋은 음악에 뜻을 두지 않고 저 망국의 소리를 익히고 있으니 어찌 능히 그 7척의 몸을 보전 할 수 있겠느냐."

염유가 子路에게 일러주자 子路는 두려워하며 스스로 후회하였다. 조용히 생각에 잠겨 밥도 먹지 않아 뼈만 남을 정도로 야위었다.

孔子께서 말씀하셨다. "허물이 있어 능히 고쳤으니 진보가 있을 것이로다."

(『孔子家語』 子路鼓瑟孔子聞之)

4. 子路의 政事

드디어 子路가 벼슬에 올랐다. 위(衛)나라 포(蒲)땅의 대부가 되어 부임하기 위해 孔子께 하직인사를 드릴 때 孔子는 다음과 같이 당부하였다.

◻ 子路爲蒲大夫 辭孔子 孔子曰 蒲多壯士 又難治 然吾語汝 恭以敬 可以執勇 寬以正 可以比衆 恭正以靜 可以報上 (『孔子家語』)

자로가 포(蒲)땅의 대부가 되어 孔子께 하직인사를 하자, 孔子께서 말씀하셨다. "포 지역은 뛰어난 장사들이 많고 또 다스리기가 힘든 곳이다. 그래서 내가 너에게 몇 가지 당부를 하려고 한다. 즉 공손하고 겸손하게 행동하면 그 장사들을 잘 다스릴 수 있을 것이다. 또한 너그럽고 공정하게 처신한다면 백성들이 너를 따를 것이다. 그리고 공손하고 공정하여 백성들이 편안히 지낼 수 있다면 군주가 맡긴 임무에 보답할 수 있게 될 것이다."

子路는 실제 포(蒲)땅에 부임하여 德政을 베풀었다. 비록 孔子의 높은 뜻의 경지에 이르지는 못했지만 그가 얼마나 열심히 백성을 보살피려 했는지를 알 수 있는 고사가 『孔子家語』에 다음과 같이 보인다.

자로가 포 땅의 재(宰)가 되어 수해를 염려하여 백성들과 함께 개천을 수리하게 되었다. 백성들이 노고하고 힘들 것이라 여겨 子路는 여러 사람들에게 도시락 하나씩과 주전자에 국물을 담아 이들에게 제공하고 있었다.

孔子가 이를 듣고 자공을 시켜 이를 중지하도록 하였다. 子路는 불만을 품고 불쾌히 여겨(不悅) 孔子에게 가서 뵙고 이렇게 말하였다. "저 由는 폭우가 오게 되면 수재가 생길까 걱정되어 백성들과 함께 개천을 수리하여 대비코자 한 것입니다. 그러나 백성들 가운데에는 식량이 떨어져 굶주리는 자가 많기에 도시락과 국물을 담아 그들에게 공급한 것입니다. 그런데 선생님께서는 자공을 시켜 이것을 중지하라 하시니 이것은 선생님께서 저의 어진 행동을 저지하시는 것입니다. 선생님께서 어진 일을 실행하라고 가르쳐 놓고 이제 그것을 못하게 하시니 저로서는 이를 받아들이기 곤란합니다."

孔子께서 말씀하셨다. "네가 백성들이 굶주리고 있다고 판단하였다면 어찌 임금에게 이를 보고하여 국가의 창고 곡식을 풀어 구제하려 하지 않고 사사로이 네가 먹을 음식을 주고 있단 말이냐? 이는 네가 임금에게는 혜택을 받을 수 없다는 것을 세상에 드러내는 것이며 네 자신만 德을 베푸는 것을 자랑하는 것이 된다. 네가 서둘러 이를 중지 한다면 되겠지만 그렇게 하지 않는다면 네가 죄에 걸려든다는 것은 틀림없는 사실이 될 것이다." (『孔子家語』子路爲蒲宰)

그러나 이러한 子路도 위나라에서 벼슬 하던 중(그는 위나

라 대부 公悝의 가신이었다.) 괴외(蒯聵)와 그의 아들 출공
(出公: 輒)과의 왕위 쟁탈전에 휩싸여 죽임을 당하고 그 시
신이 육장(醢)에 담기는 비운을 맞게 된다.53)

이때 子路는 위나라 밖에 있다가 반란이 나서 공회가 억류
되었다는 소식을 듣고 위나라 성 안으로 들어오게 되었는데
孔子의 제자인 자고(子羔)로부터 '일이 이미 글렀으니 들어
가지 않는 것이 좋겠다.' 는 말을 듣고도 '군주로부터 녹을
받아먹는 신하는 군주의 어려움을 피하지 않는다.'고 하며 성
안으로 들어가 마침내 '군자는 죽을 때도 관을 벗지 않는
다.'(君子死而冠不免)는 유명한 말을 남기고 갓끈을 고쳐 매
고 죽는 의기를 보였다.

5. 尙直 · 尙勇의 子路

子路에게 만약 孔子의 따뜻한 가르침이 주어지지 않았다
면 아마 子路는 孔子가 말씀하신 '勇而無禮則亂 直而無禮則
絞'(용맹스럽되 禮가 없으면 어지럽고 정직하되 禮가 없으면

---

53) 이른바 公悝의 亂을 말한다. 위나라 영공의 아들 괴외(蒯聵)는
　　어머니 南子의 음행을 징치하려다 도리어 국외로 도망하는 신
　　세가 되고 왕위는 그의 아들인 첩(輒)에게로 돌아가고 만다.
　　이에 12년간 해외에 머물면서 국내에 있던 괴외의 누나와 짜
　　고 그의 아들인 공회(公悝)를 협박하여 일으킨 난이 公悝의
　　亂이다. 이에 왕이었던 輒은 노나라로 망명하고 괴외가 왕위
　　를 찾아 장공이 되었으나 다시 내란이 일어나 장공(괴외)이
　　죽고 輒이 다시 군주의 자리에 오르게 된다.

각박해진다. 태백편 2)의 전형적 인물이 될 수도 있었을 것이다.

■ **子路曰 君子尙勇乎**잇가 **子曰 君子**는 **義以爲上**이니 **君子有勇而無義**면 **爲亂**이요 **小人有勇而無義**면 **爲盜**니라 (양화편 23)

자로가 말하기를 "君子는 용맹을 숭상합니까?" 孔子께서 말씀하셨다. "군자는 義를 으뜸으로 삼는다. 군자가 勇만 있고 義가 없으면 난을 일으키고 소인이 勇만 있고 義가 없으면 도적질을 할 것이다."

이렇듯 子路는 孔子의 가르침으로 순치되어 주유천하 기간 중 은자를 만나고 나서 孔子의 심중을 대변하는 다음과 같은 말을 남기는 어엿한 군자가 될 수 있었다.

■ **子路曰 不仕無義**하니 **長幼之節**을 **不可廢也**니 **君臣之義**를 **如之何其廢之**리오 **欲潔其身而亂大倫**이로다 **君子之仕也**는 **行其義也**니 **道之不行**은 **已知之矣**시니라 (미자편 7)

자로가 말하였다. "벼슬하지 않은 것은 義가 없는 것이니 장유(長幼)의 예절을 폐할 수 없거늘 군신의 義를 어떻게 폐할 수 있겠는가? 자기 몸을 깨끗이 하고자 하여 大倫을 어지럽히는 짓이다. 군자가 벼슬하는 것은 그 義를 행하는 것이니 <선생님께서> 道가 행하여지지 않는 것은 이미 알고 계시다."

이 말은 당시 세상이 어지러움을 개탄하여 세상을 등지고 숨어사는 隱者들이 벼슬을 구하여 떠돌고 있는 孔子 일행을 비웃음에, 孔子가 벼슬길을 나아가려는 것이 人倫의 하나인 義를 실천하려는 것이지 개인의 영달에 있는 것이 아니라는 孔子의 뜻을 子路가 대변한 것으로 되어 있으나 또 다른 책 (宋初의 福州 사본)에는 孔子가 말씀한 것으로 되어 있다고 한다.

그 어느 것으로 보든 이것은 다른 은자를 만났을 때 개탄한 '鳥獸 不可與同群 吾非斯人之徒與 而誰與 天下有道 丘不與易也'(조수와 더불어 무리지어 살 수는 없으니 내가 이 사람들의 무리와 더불지 않고 누구와 더불겠는가? 천하에 道가 있으면 내 더불어 변역시키려 하지 않을 것이다. 미자편 6)라는 孔子의 말씀과 같은 뜻이니 孔子의 말씀으로 보아도 무방할 것이다.

제14강 曾子 守約

孔子의 제자 가운데 曾子는 孔子의 道의 정통(正統)을 후
대에 전한 사람으로 일컬어지고 있다. 이른바 儒學의 도통론
(道統論)에서 曾子는 孔子에게 배운 道를 자사(子思)에게 전
하고 자사의 道는 孟子에게 전해지고 이것이 훗날 송대의 朱
子에게 전해진 것으로 보고 있는 것이다.54) 또 학자들의 설
은 비록 엇갈리고 있으나 曾子가 儒學四書의 하나인 『大
學』과 『孝經』을 지은 사람으로 보고 있기도 하다.

『論語』를 보면 다음 글이 보인다.

▣ 參也는 魯하고 (선진편 17)
　 삼(증자)은 노둔하고

----

54) 孔子를 배향하고 있는 文廟에 가면 중앙에 孔子가 모셔져 있고
　　그 좌우에 그 제자들이 배향되어 있는데 여기에 曾子는 逑聖
　　公(성인의 道를 전술한 사람)으로 봉안되어 있음을 볼 수 있
　　다.

어떻게 孔子의 수많은 제자들 가운데 '노둔했던' 曾子가 孔子의 道의 도통의 맥을 이은 사람이 되었을까? 『論語』를 중심으로 그의 언행을 추적해 보자.

1. 曾子 守約

『論語』를 보면 朱子가 주석한 가운데 曾子가 말한 吾日三省吾身(학이편 4)을 설명하면서 '曾子 守約'이란 말이 등장 하는데 아마도 이 말처럼 曾子를 잘 표현하고 있는 말이 없을 듯하다. 守約이란 守를 '拳拳服膺'(받들어 잡는 것을 마음과 가슴사이에 묻어둠)으로 풀이하고 또 '배우는 사람은 반드시 요점을 알기를 힘써야 하며 요점을 알게 되면 守約을 할 수 있다.'(學者必務知要, 知要則能守約)는 말 등에 비추어 볼 때 守約은 '알고 배운 바를 자기 몸을 검속하여 지켜 행함' 정도로 풀이할 수 있을 법하다.

자, 그럼 守約하는 曾子의 모습을 『論語』를 통해 따라가 보자.

▣ 曾子曰 吾日三省吾身하노니 爲人謀而不忠乎아 與朋友交而不信乎아 傳不習乎이니라 (학이편 4)
증자가 말하였다. "나는 날마다 세 가지로 내 몸을 살피노니 남을 위하여 일을 도모해 줌에 충성스럽지 못한가, 붕우와 더불어 사귐에 신의롭지 못한가, 전수받은 것을 복습하지 않았는가, 이다."

■ 曾子有疾하사 召門弟子曰 啓予足하며 啓予手하라 詩云戰戰兢兢하여 如臨深淵하며 如履薄氷이라하니 而今而後에야 吾知免夫로라 小子아 (태백편 3)

증자가 병이 위중하자 제자들을 불러 말씀하셨다. "<이불을 걷고> 나의 발과 손을 보아라. 詩經에 이르기를 '전전하고 긍긍하여 깊은 못에 임하듯 하고 엷은 얼음을 밟는 듯이 하라' 하였으니 이제야 <이 몸을 훼상시킬까 하는 근심에서> 벗어난 것을 알겠구나. 제자들아."

이 말들을 보면 曾子가 얼마나 독실했으며 얼마나 자신을 지키려한 바에 엄격했는지를 느낄 수 있다. '曾子는 노둔하다'는 孔子말씀에 대해 정자(程子)는 '마침내 노둔함으로써 道를 얻을 수 있었으니 曾子의 배움은 성실과 돈독뿐이었다. 성인문하에 배우는 자들 중에 총명하고 재주 있으며 말을 잘하는 자 적지 않았으나 끝내 그 道를 전수한 것은 바로 질박하고 노둔한 사람이었으니 학문은 성실함을 귀하게 여기는 것이다.'라 하였다. 또 예로부터 군자의 죽음을 '終'이라 하고 소인의 죽음을 '死'라 하는 것은, 군자의 죽음을 그가 뜻하여 이루려는 것을 마치는 것으로 중히 여기는 뜻이 있었는데 曾子가 죽음에 앞서 면하였다고 한 것은 이른바 삶의 유종의 미(有終之美)를 거두었음을 말한 것으로 볼 수 있을 것이다.

曾子의 뜻이 이러하였기 때문에 당시 노나라 실세였던 맹경자(孟敬子)가 그를 문병 왔을 때 '용모를 움직일 때는 사나움과 태만함을 멀리하며, 얼굴빛을 바꿀 때에는 성실함에 가깝게 하며, 말과 소리를 낼 때에는 비루함과 도리에 위배되는 것을 멀리하라'(動容貌 斯遠暴慢矣 正顔色 斯近信矣 出辭氣 斯遠鄙倍矣, 태백편 4)고 충고할 수 있었던 것이다.

■ 曾子曰 士不可以不弘毅니 任重而道遠이니라 仁以爲己任이니 不亦重乎아 死而後已니 不亦遠乎아 (태백편 7)
증자가 말씀 하셨다. "선비는 도량이 넓고 뜻이 굳세지 않으면 안 된다. 책임이 무겁고 길이 멀기 때문이니 군자는 仁으로써 자기의 책임을 삼으니 막중하지 않은가? 죽은 뒤에나 끝나는 것이니 멀지 않은가?"

■ 曾子曰 可以託六尺之孤하며 可以寄百里之命이요 臨大節而 不可奪也면 君子人與아 君子人也니라 (태백편 6)
증자가 말씀하셨다. "6척의 어린 임금을 맡길 만하고 백리<제후국>의 명을 부탁할 만하여 나라의 안위와 존망이 걸린 큰일(대절)에 임해서 <그 절개를> 뺏을 수 없다면 군자다운 사람이 아닌가? 과연 군자다운 사람이다."

이 말들을 보면 曾子의 군자관, 선비관을 볼 수 있으니 曾子가 평소 추구한 군자로서의 모습과 자세가 얼마나 크며 굳세었는지는 알 수 있을 것이다. 이러한 曾子였기에 '능하면서도 능하지 못한 사람에게 물으며, 학식이 많으면서 학식이

적은 사람에게 물으며, 있어도 없는 것처럼 여기고, 가득해
도 빈 것처럼 여기며, 자신에게 잘못을 범하여도 이를 따지
지 않는 옛날 친구(顔淵)를 그리워했을 것이다.'(以能問於不
能 以多問於寡 有若無 實若虛 犯而不校 昔者 吾友嘗 從事於
斯矣, 태백편 5장)

■ 曾子曰 愼終追遠이면 民德이 歸厚矣리라 (학이편 9)
   증자가 말씀하셨다. "상례는 그 禮를 다하고, 제사는 그 정성
   을 다한 다면 백성의 德이 후한 데로 돌아갈 것이다."

■ 曾子曰 君子는 以文會友하고 以友輔仁이니라 (안연편
   24)
   증자가 말씀하셨다. "군자는 학문(文)으로써 벗을 모으고 벗
   으로써 仁을 돕는다."

■ 孟氏使陽膚爲士師라 問於曾子한대 曾子曰上失其道하
   여 民散이 久矣니 如得其情이면 則哀矜而勿喜니라 (자장
   편 19)
   맹씨가 양부(증자의 제자)를 옥관(재판을 관장하는 벼슬)에 임
   명하자 <양부가> 증자에게 <옥사처리에 관하여> 묻자 증자께
   서 말씀하셨다. "윗사람이 도리를 잃어 백성들이 이반한 지가
   오래 되었다. 만일 실정을 파악했으면 불쌍히 여기고 기뻐하
   지 말아야 한다."

이 말은 노둔했던 曾子가 의젓한 대학자로서의 면모를 갖추었음을 볼 수 있는 말들이다. 孝를 중시했던 曾子였기에 상례와 제례를 말하고, 학문에 지극하였기에 학문을 이루는 방법을 말하고, 이제 어엿한 스승이 되었기에 벼슬에 나아가는 그 제자의 질문에 孔子의 말씀처럼 가르칠 수 있었던 것이다.

曾子가 원칙을 중시하고 그 지킴이 엄격했음을 보여주는 글이 『孟子』에 다음과 같이 보인다.

▣ 他日에 子夏子張子游以有若似聖人이라하여 欲以所事 孔子로 事之하여 彊曾子한대 曾子曰 不可하니 江漢以 濯之며 秋陽以暴之라 皜皜乎不可尚已라하시니라 (『孟 子』 등문공상 4)
후일(孔子 돌아가신 뒤)에 자하, 자장, 자유가 유약이 성인(孔子)과 유사하다하여 孔子를 섬기던 禮로서 그를 섬기고자해서 증자에게 강요하자 증자께서 말씀하시기를 "불가하다. <孔子의 도덕은> 장강과 한수의 물로 씻는 것과 같으며 가을볕으로 쪼이는 것과 같아서 희고 희어서 더할 수 없다."고 하셨다.

이 말에서 우리는 曾子의 스승(孔子)모심이 얼마나 지극한지 또 그 높임이 어떠한지를 잘 볼 수 있으니 유약의 모습과 행실이 孔子님과 비슷하다하여 그 德마저 비슷한 것은 아님을 분명히 한 것이라 볼 수 있다.

2. 曾子관련 故事

曾子의 원칙과 信에 대한 태도, 재물에 대한 태도, 信과 孝의 의미를 살펴 볼 수 있는 曾子 관련 故事를 차례로 소개한다. 그가 얼마나 守約에 충실하였는지를 볼 수 있는 글들이다.

1) 曾子殺彘(猪) - 『韓非子』 -

曾子之妻之市 其子隨之而泣 其母曰 女還 顧反爲女
殺彘 適市來 曾子欲捕彘殺之 妻止之曰 特與嬰兒戲
耳 曾子曰 嬰兒非與戲也 嬰兒非有知也 待父母而學
者也 聽父母之教 今子欺之 是教子欺也 母欺子 子而
不信其母 非以成教也 遂烹彘也

증자의 처가 시장을 가는데 그 아들이 그를 따르며 울었다. 그 어머니가 말하기를 "너는 돌아가거라. 돌아와서 너를 위해 돼지를 삶아주마." 시장에 갔다 오니 증자가 돼지를 잡아 죽이려 하였다. 처가 그것을 말리며 말하기를 "다만 어린아이와 장난을 친 것 뿐 입니다." 증자가 말하였다. "어린아이는 함께 장난하는 것이 아니다. 어린아이는 지각이 있는 존재가 아니고 부모에게 의지하여 배우는 자이니 부모의 가르침을 따른다. 지금 그대가 그를 속이면 이는 자식에게 속이는 것을 가르치는 것이니 어미가 자식을 속이면 자식인데도 그 어미를 믿지 못하게 되니 가르침을 이루는 방법이 아니다." 이에 마침내 돼지를 삶았다.

2) 은혜는 짐이 된다. - 『孔子家語』 -

曾子가 弊衣而耕하니 魯君이 聞之하고 而致邑焉이라 曾
子가 固辭不受曰 吾聞컨대 受人施者는 常畏人하고 與
人者는 常驕人이라하니 縱君不我驕也이나 吾豈能勿畏
乎아 吾與其富貴而畏人은 不若貧而無屈이라

증자가 다 떨어진 옷을 입고 농사를 짓고 있었다. 노나라 임
금이 이 소문을 듣고 그에게 영지를 내려 주었으나 증자는 고
사하며 받지 않으며 다음과 같이 말하였다. "제가 듣기에 남
이 베푸는 것을 받으면 늘 그 사람을 두려워하게 되고 남에게
베푸는 사람은 늘 교만해진다고 들었습니다. 비록 임금께서
저에게 교만하시지는 않으시겠지만 그렇다고 내가 어찌 두려
워하지 않을 수 있겠습니까? 저는 부자가 되어 남을 두려워
하는 것 보다는 차라리 가난하게 살면서 굴종하지 않는 것이
좋습니다."

3) 曾子殺人 - 『戰國策』 -

昔者에 曾子處費할새 費人이 有與曾子로 同名族者而殺
人하니 人告曾子母曰 曾參殺人이라 曾子之母曰 吾子
不殺人이리라 織自若하더니 有頃焉에 人又曰 曾參殺人
이라하다 其母尙織自若也러니 頃之에 一人이 又告之曰
曾參殺人이라하니 其母懼하여 投杼踰牆而走하다

옛날 증자가 비(費) 땅에 살 때 비 땅 사람 중에 증자와 이름
이 같은 이가 있었는데 그가 사람을 죽였다. 어떤 사람이 증
자의 어머니에 말하기를 "증삼이 사람을 죽였습니다."하니 증

자의 어머니는 말하기를 "내 아들은 사람을 죽이지 않았습니다."라하며 태연히 베를 짰다. 잠시 뒤 한사람 이 또 말하기를 "증삼이 사람을 죽였습니다."라고 하였으나 증삼의 어머니는 여전히 태연하게 베를 짰다. 얼마 후 한사람이 또 말하기를 "증삼이 사람을 죽였습니다."하니 그 어머니는 두려워하며 베 짜던 북을 내던지고 울타리를 넘어 달아났다.

4) 曾子의 孝 - 『孟子』 -

曾子養曾晳호대 必有酒肉이러시니 將徹할새 必請所與하시며 問有餘어든 必曰有라 하시더라 曾晳이 死커늘 曾元이 養曾子호되 必有酒肉하더니 將徹할새 不請所與하여 問有餘어시든 曰 亡矣라하니 將以復進也라 此所謂養口體者也니 若曾子則可謂養志也니라 事親은 若曾子者可也니라 (『孟子』 이루상 19)

증자가 증석<증자의 아버지>을 봉양할 때에 반드시 술과 고기를 준비하였는데 상을 물리려고 할 때 반드시 "누구에게 줄까요?"라고 여쭈었으며 "남은 것이 있느냐?"고 물으시면 반드시 "있습니다."라고 하였다. 증석이 죽고 증원<증자의 아들>이 증자를 봉양할 때 반드시 술과 고기를 준비하였는데 상을 물리려고 할 때 반드시 "누구에게 줄까요?"라고 여쭙지 않았고 "남은 것이 있느냐?"고 물으면 반드시 "없습니다."라고 대답하였는데 다음에 다시 올리기 위한 것이었다. 이것은 이른바 '입과 몸을 봉양한다.'(養口體)는 것이며 증자처럼 하는 것은 '뜻을 봉양한다.'(養志)고 말할 수 있다. 어버이를 섬기는 것은 증자처럼 하는 것이 좋다.

제 3 부

一事一道
(에세이 고전)

01. 擧直錯諸王

『論語』를 보면 훌륭한 君主의 역할은 安百姓(백성을 편 안하게 함)에 있으며 이를 위해서는 君主 자신의 修德과 함 께 훌륭한 人材를 들어 쓰는 것(得人)이 중요하다고 말하고 있는데 여기에 등장하는 말이 바로 '擧直錯諸枉'이다.

□ 擧直錯諸枉(곧은 자를 들어 굽은 자 위에 두라)

『論語』 위정편(爲政篇)을 보면 魯나라 君主인 애공(哀 公)이 孔子에게 정치에 관해 다음과 같이 묻는 장면이 나온 다.

■ 哀公問曰 何爲則民服이니잇고 孔子對曰 擧直錯諸枉이 면 則民服하고 擧枉錯諸直이면 則民不服이니이다 (위정편 19)
애공이 "어떻게 하면 백성이 복종하게 할 수 있습니까?"하고 묻자 孔子께서 대답하셨다. "정직한 사람을 들어 쓰고 모든 굽은 사람을 버려두면 백성들이 복종하며 굽은 사람을 들어 쓰고 모든 정직한 사함들을 버려두면 백성들이 복종하지 않습니다."

윗글은 좋은 정치는 백성이 편안해 하는 정치이며 백성이 편안하려면 백성이 믿고 따르는 정치가 펼쳐져야 하는 바 그러한 정치는 훌륭한 人材의 등용에 있음을 말하고 있는 것이다.

『中庸』을 보면 위의 장면을 부연하는 다음 글이 보인다.

▣ 哀公이 問政한대 子曰 文武之政이 布在方策하니 其人存則其政擧하고 其人亡則其政息이니이다 (『中庸』 20장)
애공이 정사를 묻자 孔子께서 말씀하셨다. "文王과 武王의 정사가 책에 널브러져 있습니다만 그 사람(文王 · 武王)이 있으면 그러한 정치가 거행되고 그러한 사람이 없으면 그러한 정사는 종식됩니다."

이 말은 정사를 잘하고 잘못하는 것은 사람에게 달려 있으니(爲政在人) 곧은 사람을 들어 쓰는 것이 무엇보다 중요함을 강조하고 있다.

자, 그러면 어떤 사람이 곧은 자인가?

論語를 보면 在位之君子(위정자)의 일반적 자질로 恭(공손함), 寬(너그러움), 信(믿음), 敏(민첩함), 惠(은혜로움)를 들고 있는 것이 보이지만(양화편 제6장) 君主를 지근거리(至近距離)에서 보좌하는 자(이른 바 輔君主攝國政의 지위)의 자질을 꼽으라면 다음 글이 눈에 들어온다.

■ 曾子曰 可以託六尺之孤하며 可以寄百里之命이요 臨大節而不可奪之면 君子人與아 君子人也니라 (태백편 6)
증자가 말씀하셨다. "6척의 어린 임금을 맡길 만하고 백리〈제후국〉의 命을 부탁할 만하며 大節〈나라의 안위와 존망이 걸린 문제〉에 임해서 그 절개를 빼앗을 수 없다면 군자다운 사람인가? 군자다운 사람이다!"

이 말은 오늘날의 용어로 표현하면 나라와 대통령에 대한 충성심, 국정의 대소사를 다룰 수 있는 업무수행능력, 그리고 소신을 굽히지 않는 도덕성을 가진 자라야 올바른 국정을 수행할 수 있음을 말한다 할 것인 바 擧直錯諸枉에 있어서의 '直'의 자질을 구체화한 것이라 볼 수 있을 것이다.

□ 擧直의 어려움

예나 지금이나 훌륭한 인재를 찾아 등용하는 데는 어려움이 따르는 바 그 하나는 발굴의 어려움이고 또 하나는 등용의 어려움이다.

또 등용의 어려움에도 인재 스스로 출사를 원치 않는데서 오는 어려움이 있는가 하면 주변의 반대에 봉착해 등용하는 데 따른 저항을 극복해야 하는 어려움도 있다. 전자는 유비가 제갈량을 등용하기 위해 '三顧草廬'한 것에서 그 예를 볼 수 있거니와 후자의 어려움은 殷나라 武丁이 傅說이란 현신을 얻은 '夢得良弼'의 故事에서 그 예를 볼 수 있다.(무정이 왕이 되자 부열이 어진 것을 알았으나 미천한 시정사람이라 그의 등용에 주변의 저항이 심할 것을 우려하여 '꿈에 어진 자를 보았다.'는 것을 핑계로 초상을 그려 부열을 찾아오게 하였다고 함)

인재 발굴의 어려움과 관련한 故事로는 楚나라 莊王의 '三年不蜚'의 故事가 유명하다.

초나라 장왕(莊王)은 왕으로 즉위하면서 주변의 간신들을 제거하고 충간하는 현신을 구할 방도를 생각하였다. 그러고는 "나에게 감히 간(諫)하는 자는 죽음으로 다스리겠다."는 명령을 내리고는 주변의 간신들과 함께 3년 동안 주지육림의 황음(荒淫)한 정치에 빠져 들었다.

3년의 세월이 흐르자 충간(忠諫)하는 현신이 나타났다. 오거(伍擧)가 간하여 말하기를 "제가 수수께끼를 내고자 합니다. 새 한 마리가 언덕에 앉아 있는데 3년 동안 날지도 않고 울지도 않습니다. 이 새는 무슨 새입니까?"

장왕은 그 물음이 무슨 뜻인지 알았으나 내색치 않고 몇 달이 더 지나도록 더욱 더 황음에 빠져 들었다. 마침내 또 다른 소종(蘇從)이라는 대부가 보다 못해 간하니 왕이 말하였다. "그대는 금지령을 듣지 못하였느냐?" 소종이 말했다. "죽음으로써 주군을 깨닫게 하는 것이 소원입니다."

장왕은 비로소 황음을 그만 두고 정사를 일신하기 시작하였다. 그에게 아첨하던 나쁜 무리 수 백 명을 처단하고 대신 오거와 소종 등 새로운 신하 수 백 명을 등용해 국정을 일신하게 되었다.

이 고사는 군주가 현신(賢臣)을 얻는 것이 얼마나 어려운 일인가를 상징적으로 나타내 주고 있거니와 군주의 전단(專斷)을 용납할 수 없는 오늘날의 人事의 어려움은 두말할 필요가 없을 것이다.

□ 人材登用의 실제

인재등용에 있어서 무엇보다 중요한 것은 훌륭한 인재를 찾아내는 것일 것이다. 그러나 그것은 결코 쉽지 않다.

『論語』를 보면 다음 글이 보인다.

■ 子曰 衆惡之라도 必察焉하며 衆好之라도 必察焉이니라
(위령공편 27)
孔子께서 말씀하셨다. "여러 사람이 그를 미워하더라도 반드

시 살펴보며 여러 사람이 그를 좋아하더라도 반드시 살펴보아
야 한다."

『孟子』는 윗글을 부연하여 다음과 같이 말한다.

▣ 左右皆曰賢이라도 未可也하며 諸大夫皆曰賢이라도 未
可也하고 國人皆曰賢然後에 察之하여 見賢焉然後에 用
之하며 左右皆曰不可라도 勿聽하며 諸大夫皆曰不可라
도 勿聽하고 國人皆曰不可然後에 察之하여 見不可焉然
後에 去之하라 (『孟子』 양혜왕하 7)
좌우의 신하들이 모두 〈그를〉 어질다 말하더라도 허락하지 말
며 여러 대부들이 모두 어질다고 말하더라도 허락하지 말고
國人이 모두 어질다고 말한 뒤에 살펴보아서 어짊을 발견한
뒤에 등용하며, 좌우의 신하들이 모두 그를 불가하다고 말하
더라도 듣지 말며 여러 대부들이 모두 불가하다고 말하더라도
듣지 말고 國人이 모두 불가하다고 말한 뒤에 살펴보아서 불
가한 점을 발견한 뒤에 버려야 합니다.

윗글 모두 人事의 중요성과 신중해야 함을 말하고 있으며
임용권자의 책임을 강조하고 있다.

또 『孟子』를 보면 '世臣'과 '親臣'을 구별하여 국가와 더
불어 좋고 나쁨을 말할 수 있는 자를 世臣이라 하고 단지 군
주와 더불어 좋고 나쁨을 말할 수 있는 자를 親臣이라 하여
世臣을 보다 중용할 것을 주문하고 있어 君主가 신하를 가릴
줄 알아야 함을 말하고 있다.

그러나 世臣과 親臣, 賢臣과 姦臣을 여하이 구분할 것인가? 이는 결국 知言, 知人하는 능력에 의존할 뿐이니 論語와 孟子의 다음 글을 되새겨 볼 수 있을 뿐이다.

■ 子曰 視其所以하며 觀其所由하며 察其所安이면 人焉廋哉리오 人焉廋哉리오 (위정편 10)
孔子께서 말씀하셨다. "그 하는 것을 보며 그 하는 이유를 살피며, 그 편안히 여기는 것이 무엇인지를 살펴본다면 사람들이 어떻게 자신을 숨길 수 있겠는가! 사람들이 어떻게 자기를 숨길 수 있겠는가!"

■ 何謂 知言이니잇고 曰 詖辭에 知其所蔽하며 淫辭에 知其所陷하며 邪辭에 知其所離하며 遁辭에 知其所窮이니 生於其心하여 害於其政하며 發於其政하여 害於其事하나니 聖人이 復起사도 必從吾言矣시리라 (『孟子』 공손추 상 2)
"무엇을 知言이라 합니까?" 孟子께서 말씀하셨다. "편벽한 말에 그 가리운 바를 알며, 방탕한 말에 그 빠져 있는 바를 알며, 간사한 말에 그 괴리된 바를 알며, 도피하는 말에 그 논리가 궁함을 알 수 있으니, 마음에서 생겨나 정사에 해를 끼치며, 정사에서 발로되어 일에 해를 끼치나니, 성인이 다시 나오셔도 반드시 따를 것이다."

02. 惟仁者 能好人 能惡人

■ 子曰 惟仁者아 能好人하며 能惡人이니라 (이인편 3)

孔子께서 말씀하셨다. "오직 仁者만이 남을 좋아하며, 미워할 수 있다."

이 글은 사람의 對人關係의 근본을 일깨우는 말로 『論語』 이인편에 나오는데 이 글을 그대로 직역하면 그 뜻을 쉽게 짐작하기 어렵다.

그래서 우리말로 번역함에 다음과 같이 '제대로'란 용어를 추가해 해석하는 것이 일반적이다.

이렇게 하면 윗글은 '오직 仁者만이 남을 제대로 좋아하며 제대로 미워할 수 있다.'가 되어 뜻이 조금 선명해지지만 이번에는 '제대로'의 의미가 또 명확치 않다.

우선 朱子는 윗글의 大意를 '私心이 없는 연후에야 남을 좋아하고 미워함이 이치에 맞게 된다.'(無私心然後 好惡當於理)로 풀면서 이를 정자(程子)가 말한 '공정을 얻음'(得其公

正)과 같은 뜻이라 하고 있다.

즉, 朱子는 仁者를 '無私心을 가진 자'로, 當於理를 다시 '公正을 얻음'으로 풀이하고 있는 것이다. 이런 朱子와 程子의 풀이를 전제로 윗글의 의미를 좀 더 살펴보자.

□ 無私心, 公正, 그리고 윗글의 의미

우선 無私心은 仁者의 바탕(體)이 되는 덕목이다.

달리 표현하면 無私心이란 하늘이 사람에게 부여한 本性 그 자체를 말하며 人欲의 사사로움이 없는 마음으로서 仁者가 되는 所以然인 것이다. 그러므로 無私心의 사람은 모든 처신의 기준이 公(공변된 것. 누구나 公이라고 인정하는 것)이 되어 그 행위 자체가 이치에 마땅하게 되는 것이다.

그리고 公正이란 이러한 無私心의 마음의 쓰임(用)이 '공평하고 바르게 작용함'을 말하는 것으로 행위의 결과가 이치에 합당하게 되는 마음의 작용을 말한다.

이런 풀이를 전제로 윗글의 孔子말씀을 새겨 보면 결국 다음과 같은 의미가 될 것이다.

'사람과 사람과의 관계에 있어서 남을 제대로 대하려면 (좋은 사람은 좋은 사람으로, 나쁜 사람은 나쁜 사람으로, 또는 좋아할 만한 것은 좋게, 미워할 만한 것은 밉게) 먼저 나 스스로 無私心을 갖는 것이 중요하다.'

여기서 남을 제대로 대한다는 것은 남을 공정하게 대한다는 뜻이며, 이를 서양식의 표현을 빌리면 '동일한 사람은 동일하게, 동일하지 않은 사람은 동일하지 않게 대하는 것'이 공정이라는 것이다.

이 말을 달리 풀이하면 公이란 마음에 치우침이 없음(fair, 心之正也)이며 正은 이치의 바름(right, 理之得也)으로 풀 수 있으며 이를 합쳐 표현하면 公正이란 결국 '이치의 바름을 쫓아 그 적용에 치우침이 없음'을 말한다 할 것이다.

□ 公正의 구현

우리는 윗글에서 남을 대함에 있어서의 공정(公正)은 無私心을 통해 구현할 수 있음을 보았다.

그러면 無私心을 얻으려면 어떻게 해야 하는가?

『大學』의 다음 글에서 그 해답의 일단을 발견할 수 있다.

■ 所謂齊其家在修其身者는 人之其所親愛而 辟焉하며 之其所賤惡而 辟焉하며 之其所畏敬而 辟焉하며 之其所哀矜而 辟焉하며 之其所敖惰而 辟焉하나니 故로 好而知其惡하며 惡而知其美者 天下에 鮮矣니라 (『大學』 전문 8장)

이른바 그 집안을 가지런히 함이 몸을 닦음에 있다는 것은 사람은 가까이 하고 사랑하는 바에 치우치며, 천히 여기고 미워하는 바에 치우치며, 두려워하고 존경하는 바에 치우치며, 가엾고 불쌍히 여기는 바에 치우치며, 오만하고 태만히 하는 바에 치우친다. 그러므로 좋아하면서도 그 나쁨을 알며, 미워하면서도 그 아름다움을 아는 자가 천하에 드문 것이다.

▨ 故로 諺에 有之하니 曰 人莫知其子之惡하며 莫知其苗之碩이니라 하니라 (『大學』 전문 8장)
그러므로 속담에 이런 말이 있으니, 사람들이 자기 자식의 악함을 알지 못하며 자기 苗의 큼을 알지 못한다.

이 글은 人慾은 그 마음의 치우침에서 생기는 것이므로 無私心의 人格者가 되기 위해서는 마음의 치우침을 다스려야 함을 말하고 있다. 즉, 마음의 치우침이 있으면 이로 인해 私慾이 생기고 私慾이 생기면 公正은 멀어지게 되므로 공정을 얻기 위해서는 윗글에서 보이는 치우침을 제거함이 중요하다 할 것이다.

그러면 公正은 여하히 구현할 수 있을 것인가?

지난 정부시절 '공정 사회의 구현'을 위해 온 나라가 떠들썩했던 적이 있었다.
당시 내로라하는 학자, 정치인들은 물론 정부 전체가 공정이란 '기회의 균등'이니 '대우(待遇)의 공정'이니, 아니면 '절차의 공정', '분배의 공정' 심지어 '결과의 공정'을 운운하며 이러한 공정을 구현하기 위해서는 법과 제도, 정책 등 사회적 기제(社會的機制, 즉 기계적으로 구성되어 있는 조직이나 제도, 공식 따위의 사회적 장치)를 뜯어 고쳐야 한다고 저마다의 목소리를 높였던 것을 우리는 기억할 것이다.

그리고 또한 그러한 노력의 결과가 크게 고무적이지 못했음도 잘 알고 있다. 우리는 인류 역사를 통해 수많은 힘과 권력들이 저마다의 공정을 외쳐 왔고 수많은 사회적 기제들을 개선해 왔음에도 아직도 사회적공정은 구두선(口頭禪)에 그치고 있음을 뼈저리게 느끼고 있는 것이다.

그렇다면 공정구현의 궁극적 해결책은 무엇이란 말인가?

2500여 년 전의 孔子는 윗글에서 그것을 '仁人'이 되는 것에서 출발하여야 한다고 말하고 있다.

즉, 나 스스로 無私心의 도덕적 품성을 갖추었을 때만이 나의 好惡나 社會的 好惡가 제대로 분별될 수 있으므로 이러한 분별심을 가지는 사람을 만드는 것이 급선무가 되므로 먼저 仁人들로 구성되는 사회를 만드는 것이 중요함을 말하고 있는 것이다.

지난 정부 우리가 시도했던 사회적 기제 개혁을 통한 공정의 구현은 이러한 仁人으로 구성된 사회를 만든 다음의 문제일 것이다.

孔子가 오늘의 우리 현실을 보고 있다면 아마도 다음과 같은 말씀을 하시지 않을까?

"대저 일에는 本末이 있고 先後와 終始가 있는 법이니 어찌 근본을 다스리려 하지 않고 말단에 매달리려 하는가! 공정구현의 근본은 다른 것이 없으니 오직 仁者가 되는 길 뿐이니라"

03. 君子之於天下無適也 無莫也, 義之與比

『論語』를 읽다보면 애써 文義(글자의 뜻)는 파악되는데
도 語意나 含意(말하고자하는 실제의 내용)는 이해되지 않는
경우가 더러 있는데 윗글이 바로 그 중 하나이다. 윗글을 朱
子가 단 주석에 의거 풀이하면 '군자는 천하에(군자의 천하
와의 관계는) 오로지 주장함도 없으며 오로지 부정함도 없어
서 義를 좇을 뿐이다.'가 된다.

그런데 이게 무슨 말인가?

앞의 단락은 일의 대처함에 사리판단의 無碍 · 융통성을
말하는 것으로 이른바 '中庸의 자세'를 취하라는 것으로 이해
될 법한데 이것과 뒤 단락 '義를 좇음'의 관련성이 애매하다.
여기서 가치판단의 기준인 義가 고정 · 불변의 어떤 것이라면
앞 단락의 융통성은 부정되어야 하고 義가 상황적 · 가변적
어떤 것이라면 五常의 하나로 일컬어지는 義의 本性으로서의
지위가 부정된다. 우리는 여기서 義가 무엇인지, 그리고 義를
좇는다는 것이 무엇인지를 생각해 볼 필요를 느낀다.

□ 義란 무엇인가?

朱子는 『論語』 集註에서 義를 두 가지로 풀이한다. '천리의 마땅함'(天理之所宜)과 '일을 다스리는 근본'(制事之本)이 그것이다.

이것은 義의 사전적(辭典的) 정의인 '올바름'(善)과 '마땅함'(宜)에 상응하는 풀이이기도 하다.

결국 義라는 것은 두 가지 측면의 속성을 가진 개념으로 볼 수 있다.

그 하나는 올바름(善)으로 지칭되는 도덕적 정당성이다.

이는 孟子가 말하는 義의 단초, 즉 羞惡之心에 기반한 인식으로 자기의 옳지 못함을 부끄러워할 줄 알고 남의 옳지 못함을 미워할 줄 아는 마음이니 이는 하늘이 품수한 우리 마음에 내재된 인식이다.

그러므로 이런 마음이 나 스스로를 향해 움직일 때에는 절개나 지조의 모습으로 드러나고 남을 향해 움직일 때에는 충성, 신뢰, 예의 등으로 드러나는바 이것은 인간 본성에 기초한 것이므로 변하지 않음을 그 속성으로 갖는다.

다른 하나는 마땅함(宜)으로 지칭되는 상황적 정당성이다. 상황이란 나를 둘러싼 外物과 나와의 관계를 말하는 것이니 때, 장소, 차원, 조건 등 다양한 변수에 의해 움직이므로 변함, 한결같지 않음을 속성으로 한다.

그렇다면 상황적 정당성의 가치판단 기준은 무엇일까? 사람들은 이것을 公辨된 善이라고 표현한다. 내가 판단해도 옳고 남들이 판단해도 옳은 그 어떤 것이니 이는 사전적으로 미리 옳고 그름이 정해질 수가 없는 것이다.

義를 이러한 의미로 해석하게 되면 옳고 그름의 판단기준이 우리의 마음(本性)에 있다는 孟子의 '義內說'이나 바깥(외물·상황)에 있다는 告子의 '義外說' 모두 한 면의 진실만 본 것에 불과한 것이란 것을 알게 된다.

□ '義를 좇는다'의 의미

자, 그러면 군자는 '義를 좇을 뿐이다'란 말은 무슨 뜻일까?

위에서 살펴본 義의 개념에 따라 풀이해 보면 이 말은 義가 갖는 도덕적 정당성과 상황적 정당성을 따른다는 것이 된다. 그런데 여기에서 문제점이 발견된다. 도덕적 정당성과 상황적 정당성이 합치되면 문제는 없지만 도덕적 정당성과 상황적 정당성이 합치되지 않는 경우엔 어느 것을 따라야 한단 말인가? 또 상황적 정당성의 경우 그 상황이 갖는 차원의 상이는 어떻게 극복할 것인가?

여기서 두 가지 사례를 들어 생각해 보기로 하자.

먼저 孔子의 제자인 자로(子路)의 죽음을 생각해보자. 子路의 죽음은 일견 의로운 죽음이었다. 자기가 모시고 있던 군주를 위해 신하로서의 충성을 다한 죽음이었기 때문이다. 그러나 또 한편으로는 옳지 않은 군주(아버지를 배척하고 왕위를 취한)를 위한 죽음이라는 차원에서 칭송받지 못하는 죽음이기도 했다. 이른바 '대의'를 보지 못하고 '소의'에 머물렀기 때문이다.

또 하나의 예는 한나라 고조인 유방의 유지(遺志)를 받들지 못한 유방의 故臣들의 경우이다. 유방은 천하를 통일한 후 그의 아들들을 각 나라의 왕으로 봉하였으나 자기 사후 그의 부인인 여태후가 어떻게 할지 걱정이 되어 왕릉, 진평, 주발 등의 자기를 따랐던 충신들에게 "앞으로 劉氏姓이 아닌 사람을 왕으로 세우지 못하도록" 충성서약을 받는다. 그러나 이 충성서약은 유방 사후 여태후에 의해 여지없이 깨어지고 여태후 친척들이 속속 왕으로 임명되어지나 유방의 고신들은 이를 막지 못하고 오히려 여태후를 모신다.

이 사례를 보면 유방의 고신들은 義를 저버린 사람이니 비난받아 마땅한데 당시의 한나라 백성들이나 그 뒤의 사가들이 이들을 크게 비난하고 있지 않으니 어찌된 일인가? 이는 아마도 백성들이 천하의 안정이라는 상황적 정당성에 무게를 두었기 때문일 것이다.

나름 생각해보면 전자의 사례는 子路의 도덕적 정당성은 컸으나 상황적 정당성은 크지 않았으며, 후자의 사례는 고신들의 도덕적 정당성은 결여되었으나 상황적 정당성은 충분히 확보되고 있었기 때문일 것이다.

이는 유방과 여태후의 권력다툼이라는 소승적 상황보다는 백성과 천하의 안정이라는 대승적 상황이 백성들의 공변된 정당성의 근거가 되었음을 말하고 있다.

□ 윗글의 의미

자! 마침내 윗글 전체의 의미를 새겨볼 때가 되었다.

나름 윗글의 의미를 새겨보면 다음과 같이 되지 않을까!

'군자는 일에 대처함에 있어 모름지기 義를 따라야 할 것이다. 그런데 그 義란 것은 내 마음의 본성에서 우러나오는 올바름(善)이 판단의 기초가 되어야겠지만 가치관의 변화, 시대의 흐름과 같은 상황의 마땅함(宜)도 같이 살펴야 하는 것이니 내 마음에 미리 옳다, 그르다 하는 선입견을 버리고 사회, 국가가 생각하는 공변된 올바름이 무엇인가를 되돌아보아야 하는 것이다.' 이것은 義內만 고집할 것이 아니라 義外도 살피라는 말에 다름 아닐 것이다.

04. 朽木 不可雕也

썩은 나무는 조각할 수가 없다.(朽木不可雕) 이 말은 孔子의 제자인 재여(宰予)가 낮잠을 잠에 孔子가 그를 꾸짖으며 하신 말씀이다. 『論語』의 全文을 살펴보면 다음과 같다.

▣ 宰予晝寢이어늘 子曰 朽木은 不可雕也요 糞土之墻은 不可杇也니 於予與에 何誅리오 子曰 始吾於人也에 聽其言而信其行이러니 今吾於人也에 聽其言而觀其行하노니 於予與에 改是로라 (공야장편 9)

재여가 낮잠을 자자 孔子께서 말씀하셨다. "썩은 나무는 조각할 수 없고, 거름흙으로 쌓은 담장은 흙손질 할 수가 없다. 내가 宰予에 대하여 꾸짖을 것이 있겠는가?" 孔子께서 말씀하셨다. "내가 처음에는 남에 대하여 그의 말을 듣고 그의 행실을 믿었으나 이제 나는 남에 대하여 그의 말을 듣고 그의 행실을 살펴보게 되었다. 나는 宰予 때문에 이 버릇을 고치게 되었노라."

이 말은 두 단락으로 이해해 볼 수 있다. 하나는 재여의 배움에 대한 불성실한 태도를 꾸짖는 것이고 다른 하나는 그 불성실함에 따른 폐해를 지적하여 이를 경계하게 한 것이다.

먼저 앞의 글은 배우는 자의 본바탕(기본자세)이 갖추어지지 않으면 가르침을 베풀어 봐야 무익함을 지적한 것이다.

무릇 군자가 배움에 임하는 자세는 날로 부지런히 힘써 죽은 뒤에나 그만 두어야 하며 그러면서도 행여 따라가지 못할까 두려워해야 하며(惟日孜孜斃而後已, 惟恐其不及), 게으름과 평안히 여김을 두렵게 여기고 부지런히 힘쓰며 쉬지 않음을 스스로 힘써야 하거늘(以懈惰荒寧爲懼, 勤勵不息自强) 재여는 낮잠을 편안히 여겼으니 이를 孔子께서 심히 책하신 것이다.

두 번째 단락은 이렇듯 자기 마음을 굳건히 다잡지 못하는 사람은 필연적으로 그 말과 행동이 일치하지 못하는 법이니 재여가 그러하였음을 지적하여 재여가 깨우칠 수 있기를 바람과 동시에 세인들로 하여금 성실하지 못한 삶, 언행이 같지 않은 삶을 아울러 경계하게 한 것이다.

□ 바람직한 삶의 자세

윗글은 우리에게 배움에 있어서의 마음가짐의 중요성, 더 나아가 삶에 있어서의 바람직한 태도의 중요성을 일깨워 주고 있다.

썩은 나무(朽木)와 거름흙(糞土)은 각기 나무나 흙으로서의 본래의 성질을 잃은 것으로서 본래의 성질을 잃은 것은 그 고유의 기능을 발휘할 수 없는 것이며 이는 사람의 경우도 마찬가지인 것이다.

사람이 본성을 잃는다는 것은 마음의 심지(志)가 혈기(氣)를 통솔하지 못함에 따른 것으로(不能以志帥氣), 이렇게 되면 사람은 외물의 유혹에 흔들려 자기가 지키려는 바를 잃게 되는 것이다.

孟子는 우리 마음의 작용을 志(마음의 본성의 의지)와 氣(외물에 접하여 드러나는 마음의 기운)의 상호작용으로 보아 우리 마음의 본성을 지키려면 志가 氣의 장수(將帥)가 되어 氣를 통솔할 수가 있어야 하며(『孟子』 공손추상 2) 이러한 노력을 '求放心'(잃어버린 마음, 즉 본성을 찾음)이라고 하고 있는 것이다.(『孟子』 고자상 11)

이렇게 본다면 배움이나 삶에 있어서 우리의 본성을 지키는 것이 매우 중요함을 알 수 있는바 그 본성을 지킨다는 것은 또 어떠한 마음가짐을 말하는 것일까?

그것은 아마도 恒心을 갖는 것일 것이다.

『論語』 술이편을 보면 孔子는 善人(仁에 뜻을 두어 惡함이 없는 사람)을 만나지 못하면 有恒者(두 마음이 없는 사람. 즉, 이랬다저랬다 하지 않는 사람)을 만나고 싶다는 말이 보이는데(술이편 25) 이랬다저랬다 하지 않는 한결같은 마음이 곧 항심(恒心)인 것이다.

항심은 늘 한결 같은 마음이니 이는 마음이 志에 의해 통솔되고 있는 상태가 아니면 가질 수 없는 마음이다.

이러한 恒心을 갖게 되면 재여와 같이 공문(孔門)의 제자가 되어 君子되기를 바라면서도(즉, 志를 가짐) 낮잠과 같은 편안함에 처하는 태도는 용납되지 않을 것이다.

恒心은 또 자기 스스로를 속이지 않는 마음(毋自欺)이니 자기 마음을 스스로 속이지 않는 것이 또 무엇인지는 다음 글에서 그 해답을 발견할 수 있을 것이다.

▣ **子以四敎**하시니 **文行忠信**이러시다 (술이편 24)
孔子께서는 네 가지로 가르치셨으니 文, 行, 忠, 信이셨다.

▣ **子曰 君子不重則 不威**니 **學則不固**니라 **主忠信**하며…
(학이편 8)
孔子께서 말씀하셨다. "군자가 중후하지 않으면 위엄이 없으니, 학문도 견고하지 못하다. 忠信을 근본으로 삼으며…"

윗글에서 文과 行은 배움의 내용과 방법을 말한 것이고 忠信은 배움의 마음가짐을 말한 것이라 볼 수 있는데 여기서 忠, 信이 곧 毋自欺의 내용이 된다.

忠이란 자기 마음을 다함(盡己之心)이며 信이란 사물의 이치를 따라 어김이 없음(循物無違)으로 풀이하니 이른바 신실(信實)함이 있는 것이다. 그러므로 忠信함이 있게 되면 자기 스스로에도 속임이 없을 뿐 아니라 남에게도 신임을 받게 되어 사람다운 사람으로서 살아갈 수 있는 것이다. 만일 재여의 언행이 忠信을 그 마음의 바탕으로 삼았다면 孔子께서 '聽言信行'에서 '聽言觀行'으로 고쳐 생각하실 일이 어찌 벌어질 수 있었겠는가!

재여는 孔門의 제자 중 言語에 능한 자로 분류되고 있거니와 그 言語에 능한 것이 말에만 그치고 行動이 뒤따르지 않는다면 재여의 군자됨에 배움이 무슨 소용이 있을 것인가. 여기에서 또 우리는 孔子의 '謹於言而敏於行'(말은 되도록 신중하게 하고 행동은 되도록 그 말이 실천될 수 있도록 힘써 행하라.)의 가르침을 되새길 수가 있게 되는 것이다.

05. 約之以禮

『論語』의 孔子 말씀 가운데 君子(成德之人, 인격자)가 되는 길을 가장 간명하게 드러낸 표현은 아마도 옹야편의 다음 글일 것이다.

▣ **子曰 君子博學於文**이요 **約之以禮**면 **亦可以弗畔矣夫**인저 (옹야편 25)

孔子께서 말씀하셨다. "군자가 文을 널리 배우고 禮로서 단속함이 있으면 道에 크게 어긋나지 않을 것이다."

이른바 '博文約禮'를 표현한 말로 군자가 되려면 博文(知: 지식의 확장을 통해 善을 밝힘)과 約禮(行: 禮로서 요약하여 善을 실천함)를 겸전해야 함을 표현하고 있다.

사람은 사회적 존재이므로 스스로 내면의 인격을 갖추어야 하지만 그것만으로 君子가 되는 것은 아니고 갖추어진 내면의 德이 밖으로 행동으로 드러남에 禮에 맞아야만 비로소 君子라 할 수 있다는 말이다.

여기서 禮는 사회관계에 있어서의 마땅히 지켜야할 규범으로서 하늘의 이치를 절문(節文)한 것을 말한다.(天理之節文, 人事之儀則)

이 글에서는 이 중에서 君子가 되는 行動準則으로서의 約之以禮에 초점을 맞추어 그 의미를 새겨보기로 한다.

□ 約之以禮의 의미

禮는 위에서 살펴 본 바와 같이 추상적으로는 사람과 사람사이에 있어서 지켜야할 규범으로 天理에 연원을 둔 것이지만 그 구체적 적용을 위해서는 신분, 지위, 상황 등에 맞게 節文(마디 쳐지고 꾸며짐, 절제되고 꾸며짐)되어야하고 損益(덜어지고 보태어짐)되어져야하는 까다로운 규범이다.

'曲禮三千'(세부적인 禮의 가지 수가 삼천이나 됨)이란 말이 있듯이 그때 그 상황에 들어맞는 禮를 찾아 행하는 것은 어려운 일이라 할 것이다.

그러므로 사람의 일상에 있어서는 항상 자기의 언행이 그때, 그 상황에 맞는 것인지를 禮의 근본에 돌이켜 단속할 필요가 있게 된다.

約은 요약하다, 단속하다의 뜻이니 約禮를 부연하여 풀어보면 禮의 근본에 의거 자기의 언행을 검속한다는 의미가 되며 이것을 달리 표현하면 守約(지킴이 요약함이 있음)이란 말로 표현할 수도 있을 것이다.

지킴이 요약함이 있다는 것은 言行에 있어 자기가 안다고 다 표현하는 것이 아니요, 가졌다고 다 써버리는 것이 아니요, 할 수 있다고 다 나서는 것이 아닌 이른바 言行에 有餘함이 있는 것이다.

이런 의미에서 '約'을 다른 말로 재정의 해보면 '잘난 체하여 스스로 방사(放肆: 방자하여 거리낌이 없이 제멋대로 함)함이 없는 것이라고 볼 수 있다.(不侈然以自放之)

그러므로 約은 스스로 자신의 言行을 자신이 처한 지위, 신분, 상황에 맞게 엄격히 다스리는 것이라 할 수 있을 것이다.

□ 禮의 실천

『論語』의 주석을 뒤적거리면 禮의 근본에 관한 언급들이 눈에 들어온다.

몇 가지를 인용하면 '禮之體는 主於敬'(禮의 근본바탕은 敬을 주로 함이다.), '禮必以忠信爲質'(禮는 반드시 忠信함을 그 바탕으로 삼는다.)이 그들이다. 새겨보면 '敬'과 '忠信'함이 禮의 바탕이 됨을 말하고 있는데 여기서 敬이란 삼가고 조심함(敬愼)으로, 忠信이란 자기마음을 다하여 행함에 실정 <거짓이 아닌 실제>함이 있음 정도로 이해하면 될 듯하다.

그러면 이러한 마음의 바탕위에 禮의 실천은 여하히 해야 될 것인가!

제일 먼저 눈에 들어오는 것이 '居敬而行簡'(학이편 10)이란 표현이다.

마음에 항상 敬을 간직하되 행동은 간략히 함에 힘쓰라는 말인데 여기서 또 敬을 어떻게 풀 것인가가 문제인데 나는 이른바 儒家의 五德이라는 溫(온화), 良(곧음), 恭(공손), 儉(검소), 讓(겸양)으로 풀면 어떨까 한다.

이 마음은 위에서 말한 '삼가하고 조심함'의 구체적 내용이라고도 볼 수 있고 『禮記』「曲禮」편에 나오는 다음 말을 설명하는 것으로도 볼 수 있을 것이다.

▣ **夫禮者 自卑而尊人** (『禮記』 곡례편)
　무릇 禮란 것은 자기를 낮추고 남을 높이는 것이다.

결국 禮의 실천에 있어 그 출발점은 자기를 낮추고 남을 높이는 데에 있으며 그 구체적 내용이 바로 위의 溫, 良, 恭, 儉, 讓이라 할 수 있을 것이다.

□ 約禮를 하지 못하면

사람으로서 그 행동거지(行動擧止)에 요약하여 지킴이 없으면 그것은 곧 무례함이다.

위에서 우리는 約을 '잘난 체하여 스스로 방사(放肆)함이 없는 것'으로 풀이했거니와 이것을 지키지 못하면 그 무례함은 '放辟邪侈'(방자하고 편벽되고 사악하고 사치함)아니면 傍

若無人(다른 사람을 의식함이 없이 제멋대로 행동함)에 이르게 된다.

이렇게 되면 자신의 내면의 德을 잃게 될 뿐만 아니라 밖으로 쌓아온 명예, 권력, 재산, 건강마저도 잃어버릴 수 있게 될 것이다.

최근 모기업의 간부가 그 방약무인한 행동으로 인하여 세인의 지탄을 받고 있는 사례가 이를 잘 보여주고 있다.

이 간부는 남보다 내가 가진 것이 많고 우월함을 앞세워 못가진 자의 인격을 짓밟아 버림으로써 이른바 '甲의 횡포'를 통해 그가 禮로서 지킴이 없음을 단적으로 보여주었다 할 것이다.

『禮記』 「曲禮」 편을 보면 '사람이 禮를 알면 편안하고 禮가 없으면(모르면) 위태롭다.'(人有禮則安 無禮則危)고 하면서 우리 내면에 갖추어진 '道德과 仁義도 禮가 아니면 이루어지지 않는다.'(道德仁義非禮不成)는 말이 있는데 이 두 말 모두가 約之以禮의 중요성을 일깨워주는 말이라 할 것이다.

이와 관련 孔子님은 친절하게도 우리들에게 다음 가르침을 주고 있음도 기억하면 좋을 것이다.

■ **子曰 以約失之者 鮮矣**니라 (이인편 23)
孔子께서 말씀하셨다. "<자기의 言行을> 요약함으로써 자기를 잃는 자는 드물다."

06. 川上嘆

▣ **子在川上曰 逝者如斯夫**인저 **不舍晝夜**로다 (자한편 16)

孔子께서 강가에 계시면서 말씀하셨다. "가는 것이 이 물과 같구나, 밤낮을 그치지 않는도다."

이 말은 언제 어디서 한 말씀인지 모르지만 孔子가 흘러 가는 강물을 바라보며 발한 탄식이다. 젊었던 시절 청운의 꿈을 품고 周나라 문물을 배우러 갔던 시절 도도한 강물의 흐름에 스스로의 의지를 다짐할 때일까, 아니면 주유천하 기간 중 한 가닥 등용의 기대를 품고 조간자(趙簡子: 晉나라 대부. 실권자)를 만나러 가다가 중도 포기한 황하의 가에서 '지금 황하를 건너지 못하는 것은 나의 운명이로구나.'하고 탄식할 때인가, 아니면 제자들과 함께 무우(舞雩)에서 바람 쐬고 오는 어간에 있었던 때의 일일까? 그도 아니면 노나라 에서 말년을 보낼 때의 일인가?

아무튼 윗글은 우리에게 많은 상념을 갖게 하는 말이지만 우리의 고고한 유학자 정자(程子), 주자(朱子)는 論語의 集

註 주석에서 흐르는 물의 모습을 道體의 本然으로 파악하여 '해가 지면 달이 뜨고, 추위가 가면 더위가 오는' 자연의 섭리를 깨우쳐 주는 것으로 풀이하고 있다. 그리하여 하늘의 운행이 그침이 없듯이 모름지기 군자는 自强不息(스스로 힘써 그침이 없음)하여 배움에 면려해야 함을 깨우치는 말씀으로 새기고 있는 것이다.

그런데 이러한 朱子류의 해석에 언감생심 반기(?)를 들 순 없지만 한편으로 마뜩찮은 느낌이 드는 것은 웬일일까?

'孔子의 이 말씀은 그의 노년 어느 때인가(아마도 주유천하가 끝나는 언저리, 아니면 노나라에 귀국한때쯤) 그의 정치적 꿈을 펴지 못 한 채 덧없이 흘러간 지난 세월을 뒤돌아보면서 발한 탄식이다.'라고 주장하고 싶어지는 것은 웬일일까?

일단 이렇게 해석해 놓고 난 다음에 '내가 이대로 죽을 수 있는가! 군자는 종신토록 이름이 일컬어지지 못함을 싫어하는 법이니!'(君子는 疾沒世而名不稱焉이니라. 위령공편19) 하고 분발하여 당대의 사람들이 아닌 후대의 사람들을 깨우치기 위해 『춘추』(春秋)를 편수하고, 고전을 정리했을 것이라고 풀이하는 것이 보다 더 자연스러운 것은 아닌지…

(실제로 송대 이전에는 윗글을 '덧없이 흘러가는 시간과 세월의 흐름 속에 뜻을 이루지 못하여 발하는 탄식'으로 해석되기도 했다고 한다.)

□ 水德禮讚

또 한편으로 윗글을 굳이 특정한 시점의 특정한 상황에서의 말씀이 아니라 일반론으로서의 물의 德을 예찬(禮讚)함을 통해 군자로서의 마음가짐을 돌이켜 본 글로 이해할 수도 있을 것이다.

■ 子曰 知者는 樂水하고 仁者는 樂山이니 知者는 動하고 仁者는 靜하며 知者는 樂하고 仁者는 壽니라 (옹야편 21)
孔子께서 말씀하셨다. "知者는 물을 좋아하고 仁者는 산을 좋아하며 知者는 동적이고 仁者는 정적이며 知者는 낙천적이고 仁者는 장수한다."

이 말을 굳이 知者와 仁者, 水와 山을 구별해 해석할 필요는 없다. 知者도 仁者도 모두 군자이니 '君子는 自然(山水)을 좋아한다!' 정도로 이해해도 아무런 문제가 없다.
아무튼 물은 君子가 좋아할 만한 德을 너무나 많이 갖고 있다. 『孔子家語』를 보면 孔子가 물을 바라보기를 좋아했으며 그 물을 바라보고 물의 德을 예찬한 다음 글이 보인다. 이러한 것에 비추어 본다면 위의 글을 굳이 특정한 상황으로 한정할 필요가 없음을 알 수 있다할 것이다.

孔子가 동쪽으로 흘러가는 물을 보고 있었을 때 자공이 여쭈었다. "선생님께서는 큰물만 보시면 반드시 오랫동안 바라보시는 것은 무슨 까닭입니까?"

孔子께서 대답하셨다. "쉬지 않고 흘러가며, 게다가 널리 퍼져 나가 여러 생물에게 혜택을 주되, 아무른 작위(作爲)가 없는 것처럼 하기 때문이다. 무릇 물이란 德과 같아서 흘러가되 낮은 곳으로 하며, 그 굽은 땅에 맞추어 반드시 그 이치대로 하니 이는 의리와 같은 것이며, 또 넓고도 넓어 다하는 때가 없으니 이는 道와 같은 것이며, 백 길이나 되는 골짜기를 만나도 두려워하지 않으니 이는 용맹스러움(勇)과 같으며, 그 양에 따라 반드시 평면을 이루니 이는 법도(法)와 같으며, 아무리 가득 차더라도 이를 평평하게 해주기를 요구하지 않으니 이는 정직(正)과 같으며 곱고 가늘게 어디나 젖어들어 통하는 것은 잘 살핌(察)과 같으며, 근원을 떠나서 반드시 동쪽으로만 가는 것은 마치 의지(志)가 있는 것과 같으며, 나아가기도 하고 들어가기도 하여 만물이 여기에 따라서 깨끗해지니 이는 잘 교화(善化)시키는 것과 같은 것이다. 물의 德이 이와 같음으로 해서 군자는 물을 보면 반드시 관찰하게 되는 것이다." (『孔子家語』孔子觀於東流之水)

이처럼 물은 君子가 지녀야 할 많은 德을 품고 있으니 군자가 물을 좋아하고 본받으려 함은 당연하다할 것이다.

孔子가 이처럼 물의 德을 평소에 기려왔기 때문에 자한편의 '川上嘆'을 일반론화 하더라도 아무런 문제가 없는 것이다. 실제로 한(漢)대 초기의 동중서(董仲舒)는 그의 『春秋

繁露』에서 윗글과 대동소이한 물 예찬론을 펴면서 '孔子가 말한 逝者如斯夫不舍晝夜'는 이와 같은 물의 德性을 두고 한 말이라고 다음과 같이 말하고 있다. 윗글과 비교 음미하면 유익할듯하여 소개한다.

물인즉 샘에서 근원하여 끊임없이 용솟음쳐 흘러, 밤낮으로 다함이 없으니 이는 힘 있는 사람(力者)과 같다. 웅덩이를 다 채운 뒤에 흘러가니 이는 공평함을 유지하는 사람(持平者)과 같다. 미세한 곳을 따라 아래로 달려가 조금의 틈도 남겨 놓지 않으니 이는 잘 살피는 사람(察者)과 같다. 계곡을 따라 흘러가도 미혹되지 않고 혹 만 리를 달려가 반드시 도착하니 이는 지혜로운 사람(知者)과 같다. 산을 가로 막아 제방을 만들어도 청정할 수 있으니 이는 천명을 아는 사람(知命者)과 같다. 깨끗하지 않은 채로 들어가 청결하게 나오니 이는 잘 교화시키는 사람(善化者)과 같다. 천 길이나 되는 골짜기로 흘러가도 의혹하지 않으니 이는 용기가 있는 사람(勇者)과 같다. 만물은 모두 불 때문에 곤란해지는데 오직 물만이 홀로 불을 이기니 이는 무용이 있는 사람(武者)과 같다. 모두 물이 있으면 살고 물이 없으면 죽으니 이는 德이 있는 사람(有德者)과 같다. 孔子가 냇가에서 "가는 것이 이와 같구나! 밤낮으로 쉬지 않는 도다"라고 한 것은 이러한 물의 덕성을 두고 말한 것이다.(『春秋繁露』)

07. 無信不立

信이 없으면 설 수 없다.(無信不立)

이 말은 개인이나 국가가 사회의 일원으로 존립하여 그 활동을 원만하게 영위하기 위해서는 信이 가장 근본이 됨을 孔子께서 강조한 말이다.

▣ **子曰 人而無信**이면 **不知其可也**로다 **大車無輗**하고 **小車 無軏**이면 **其何以行之哉**리오 (위정편 22)

孔子께서 말씀하셨다. "사람에게 信이 없다면 그가 可한 사람임<사람노릇 제대로 할 사람임>을 알지 못할 것이다. 큰 수레에 끌채 끝의 멍에를 메는 가로나무가 없고 작은 수레에 끌채 끝의 멍에를 메는 갈고리가 없다면 무엇을 가지고 갈 수 있겠는가?"

또 論語 안연편에는 자공이 孔子에게 정치를 묻는 다음 글이 보인다.

■ 子貢이 問政한대 子曰 足食 足兵이면 民信之矣리라 子貢曰 必不得已而去인댄 於斯三者에 何先이리잇고 曰 去兵이니라 子貢曰 必不得已而去인댄 於斯二者에 何先이리잇고 曰 去食이니 自古皆有死어니와 民無信不立이니라 (안연편 7)

자공이 정치에 대해 묻자 孔子께서 말씀하셨다. "먹을 것을 풍족히 하고 병력을 풍족히 하면 백성들이 믿을 것이다." 자공이 말하였다. "반드시 부득이해서 버린다면 이 세 가지 중에서 무엇을 버려야합니까?" 孔子께서 말씀하셨다. "병력을 버려야한다." 자공이 말하였다. "반드시 부득이해서 버린다면 이 두 가지 중에서 무엇을 버려야합니까?" 孔子께서 말씀하셨다. "먹을 것을 버려야 하니 예로부터 다 죽지만 백성들이 믿어 주지 않으면 설 수가 없는 것이다."

나라 다스림에 足兵(군사를 갖춤), 足食(경제를 갖춤), 民信(백성의 신뢰를 얻음)이 모두 중요하지만 그 중에서 民信이 가장 중요함을 말하고 있다. 우리는 작금의 세월호 참사가 국가 불신으로 치닫고 있는 사태를 바라보면서 '信'의 의미를 다시 한 번 생각해 볼 필요를 느낀다.

□ 信이란 무엇인가?

信이란 사람이 갖추어야 할 다섯 가지 떳떳한 德目(五常)의 하나이지만 딱히 한마디로 말하기가 쉽지 않다. 일상에서 信義, 信用, 信賴, 忠信 등으로 다른 글자와 결합할 때 그 의미가 보다 구체화되는, 信 자체만으로는 그 뜻이 확연히 드러나지 않게 느껴지기도 한다.

朱子는 「集註」에서 信을 '以實之' 및 '循物無違'로 풀이하고 있다.

'以實之'는 內面의 德인 忠이 밖으로 드러날 때 그 실체(實), 즉 알갱이가 있는 것을 말하고 '循物無違'는 그 알갱이가 사물의 이치에 어긋나지 않음을 말하는 것이니 함께 생각해보면 信이란 '나의 행위가 일정한 지향성이 있어 상대방이 이를 호의적으로 받아들이고 있는 마음의 상태' 정도로 생각해 볼 수 있겠다. 따라서 상대방이 나에게 信을 갖는다는 것은 나의 행위가 어떠할 것인가를 상대방으로 하여금 豫期케할 수 있고, 또 그 결과가 상대방에게 불이익을 주지 않을 것이라는 믿음을 갖는 것을 말한다 할 것이다. 또 알갱이가 있다는 것은 상대방이 그 결과를 증험(證驗)할 수 있어 공연한 거짓(僞·詐)이나 빈 것(虛·空)이 아님을 말하는 것이다.

이러한 의미에서 '信이 없으면 설 수가 없다'는 말은 사람과 사람이 信이란 연결고리를 통해 사람다운 관계를 맺고 살아갈 수 있음을 뜻한다 할 것이다.

□ 信의 사회적 효과

위에서 우리는 개인으로서나 또는 국가·사회로서나 信에 기반하지 않고는 제대로의 원만한 관계를 가질 수 없음을 보았다. 여기서는 이러한 信의 사회적 효과 내지는 효용을 좀 더 살펴보자.

첫째로 信은 사회적 상관관계를 보다 경제적이고, 보다 효율적으로 기능하게 한다.

사람과 사람, 사람과 국가 · 사회와의 관계에 있어서 信이 형성된 것을 信賴(믿고 의지함)의 관계가 형성되었다고 하는데 이 信賴가 형성되면 당사자 간의 모든 활동이 예기(豫期)한대로 작동될 것을 서로 믿기 때문에 그 행위의 실행이 간소화될 뿐만 아니라 예기치 않은 사태가 생길 것에 대비하는 예방조치를 취할 필요가 없게 된다. 이렇게 되면 그것이 경제활동의 경우라면 거래비용의 감소를 기대할 수 있게 되고 일반사회활동의 경우에도 의도한 성과를 담보하기 위한 이중 · 삼중의 예방장치를 강구할 필요가 없게 될 것이다. 우리가 信賴를 '사회적 자본'이라 하는 이유가 여기에 있으며 '한사람의 도둑을 열사람이 지켜도 막지 못 한다'는 격언을 생각하면 그 의미가 명백히 이해될 수 있을 것이다.

둘째는 信은 국가사회의 안녕을 유지시키는 기능을 갖는다.

사회에 신뢰가 형성되면 사회활동에 있어 적어도 인위적인 불이익은 없으리라는 믿음이 생기게 되며 이 믿음은 개인의 편안한 마음으로 연결되고 이것이 사회로, 국가로 확산되면 국가 사회전체가 안녕해지는 효과를 기대할 수 있게 된다. 국가는 사회 안정의 안전판 역할을 한다. 전쟁이나 재앙으로부터 나를, 사회를 지켜 주리라는 믿음이 확실할 때 그 국가, 사회는 안정된다. 이번 세월호 참사에 국민이 불안 해 하는 것은 국가가 나를 지켜 줄 수 있다는데 대한 불신에서 비롯된다. 신뢰는 마치 물과 같아서 그것이 형성될 때는 한 없이 고요하지만 그것이 교란될 때는 물이 배를 뒤엎듯 사회 안정이 흐트러지고 뒤엉키게 된다.

孔子께서 '신뢰가 없으면 나라가 설 수 없다'고 말씀하신 소이연이 여기에 있다할 것이다.

□ 信, 어떻게 구축할 것인가?

개인이 신뢰를 잃으면 온전한 사람이 될 수 없듯이 국가도 신뢰를 잃으면 국가의 일차사명인 '安百姓'(백성을 편안히 함)할 수가 없게 된다. 여기서는 국가가 어떻게 民信을 구축할 것인가에 대해 본인의 생각 두 가지만 제시키로 한다.

첫 번째는 책임성 확보 문제이다.

사람은 각자 자기가 처한 사회적 위치에 따라 자기의 직분이 있다.

책임성 확보란 자기에게 주어진 직분을 다하는 것으로 이를 위해서는 무엇보다 임무의 명확화와 전문성을 갖추는 것이 중요하다. 임무의 명확화는 개인적 차원이 아닌 사회 전체의 차원, 즉 시스템적으로 접근해야 한다. 각자 각자의 임무의 명확화도 중요하지만 이들이 결합된 시스템적 체계를 갖추는 것이 더욱 중요하다. 여기에는 업무의 독립성과 수행 주체간의 연결고리가 확실히 단절되어야 책임성이 명확해 진다. 이번 세월호 사건의 경우를 보면 그 수행 주체 간에 규정상의 책임과 실제상의 책임이 일치하지 않은 문제를 발견할 수 있는데 이는 수행 주체간의 연결고리가 확실히 단절되지 못한데서 비롯된 것이라 볼 수 있다.

관피아, 협회, 이익집단간의 문제는 이런 차원에서 연결고리의 확실한 단절이 필요하다 할 것이다. 전문성 확보 문제 역시 개인차원도 중요하지만 시스템적, 체계적으로 접근해야 한다. 뿐만 아니라 실효성 있는 교육훈련이 따라야 한다. 군대가 일사분란한 명령지휘체계를 유지할 수 있는 것은 체제의 일관성과 고도의 실제 훈련이 이루어지기 때문이다. 안전과 같은 사회적 문제는 어느 개인의 문제라기보다 그 국가·사회시스템의 문제로 인식되어져야 하는 것이다.

두 번째는 형식주의의 타파문제이다.

이것이야말로 信을 구축하는 본령이라 할 수 있다. 형식주의는 우리의 의식·행태의 문제이자 사회적·제도적 문제이기도 하다. 우리는 왕왕 효율을 '빨리빨리', '대충대충'에서 구하려 하는데 이것은 우리 의식구조 내면의 알갱이가 온

전치 못한데서 비롯된다. 또 제도적 형식주의는 대부분이 직분과 책임의 배분이 제대로 이루어지지 않은 데에서 비롯된다. 책임전가는 형식주의의 전형이다.

예를 들어보자.

지난겨울 폭설에 의한 학생집단훈련 참사, 이번 세월호의 학생 수학여행 참사는 학생안전문제의 체계적 접근의 필요성을 제기하고 있다. 이미 국회는 관련 법률을 다시 만들고 정부는 일제 안전점검, 매뉴얼 보완, 세부지침 시달에 열을 올리고 학교는 학교대로 안전교육의 강화 등의 노력을 하고 있다. 문제는 이러한 조치들이 얼마나 실효성 있게, 실질적이고 지속적으로 기능하게 할 수 있느냐이다. '문제에 부딪히면 국회는 법만 만들면 다 되었다고 하고, 행정부는 매뉴얼만 만들고 지침만 내리면 다 되었다고 생각한다.' 안전문제는 결국 국가사회전체의 책임의 실효적 배분의 문제가 된다. 자칫 책임전가식, 내려쏟기식 제도화에 거친다면 책임의 최종 귀착은 학교장에게 쏟아질 것이고 이것은 결국 제도의 형식화에 머무르고, 알갱이 없는 제도화는 재앙의 반복만 가져올 뿐인 것이다.

以實之! 나의 내면에, 이 사회 전반에 알갱이가 있게 하는 것 이것이야말로 오늘날 우리가 되새겨야할 '信'의 참다운 의미가 아닐까!

08. 直窮父攘羊

　　『論語』를 보면 자기 아버지가 양을 훔친 것을 자식이
일러바치는 참으로 정직한(?) 사람이 자기 고을에 있다고 자
랑하는 섭공에 관련한 얘기가 다음과 같이 보인다.

　　▣ 葉公이 語孔子曰 吾黨에 有直躬者하니 其父攘羊이어늘
　　而子證之하나이다 孔子曰 吾黨之直者는 異於是하니 父
　　爲子隱하며 子爲父隱하나니 直在其中矣니라 (자로편 18)
　　섭공이 孔子에게 말하였다. "우리 무리에 몸을 정직하게 행동
　　하는 자가 있으니, 그의 아버지가 양을 훔치자, 아들이 그것
　　을 증명하였습니다." 孔子께서 말씀하셨다. "우리 무리의 정
　　직한 자는 이와 다르다. 아버지는 자식을 위하여 숨겨주고 자
　　식은 아버지를 위해 숨겨주니, 정직함은 그 가운데 있는 것이
　　다."

　　위의 대화에서 왜 孔子는 양을 훔친 아버지를 고발한 자
식을 直하지 않다고 본 것일까?

옳은 것을 옳다고 하고 그른 것을 그르다고 말하며, 있는 것을 있다고 말하고, 없는 것을 없다고 말하는 것(是曰是 非曰非 有謂有 無謂無)을 直이라 한다면 양을 훔친 행위는 분명 옳지 않은 행위(非)이고 그것을 있는 그대로 일러바치는 것은 있는 것을 있다고 한 것(有)이니 말 그대로 정직이 아닌가!

孔子는 부자가 서로 숨기는 마음(父子相隱)이야 말로 천리(天理)와 인정(人情)의 지극한 것이니 그 속에 直은 자연히 있게 된다고 에둘러 말하였지만 이것은 실상 '관계를 중시하는 학문'으로서의 儒學의 특징을 잘 드러내고 있는 부분이다.

이하에 이를 부연해 살펴보고자 한다.

□ 관계 중심의 윤리관

사람은 더불어 살아가는 존재이며, 더불어 살아간다는 것은 관계 속에서의 삶을 말한다.

儒學은 이러한 관계적 삶 속에서의 바람직한 德으로서 仁, 義, 禮, 知, 信의 五常을 실천하는 학문인데 그 관계적 삶을 크게 五倫(父子有親, 君臣有義, 夫婦有別, 朋友有信, 長幼有序)으로 구획하여 그 구획에 따른 지킬 바의 중점을 달리 설명하고 있는바 儒學에서 이처럼 관계를 중시하는 것은 그 관계에 상응하는 차별적 윤리관이 존재하기 때문인데 이것을 차별애(差別愛)라고 한다.

『孟子』는 이 차별애를 다음과 같이 설명하고 있다.

■ 子曰 君子之於物也에 愛之而弗仁하고 於民也에 仁之
而弗親하나니 親親而仁民하고 仁民而愛物이니라 (『孟
子』 진심상 45)
孟子께서 말씀하셨다. "군자가 물건에 대해서는 사랑하기만
(아끼기만)하고 仁하지 않으며, 백성에 대해서는 仁하기만 하
고 親하지 않으니, 친척을 親히 하고서야 백성을 仁하게하며,
백성을 仁하게 하고서야 물건을 사랑하는 것이다."

이 말은 사람이 사랑하는 마음에는 차별이 있다는 것이
다. 즉, 親親(부모형제를 사랑함)이 가장 중하고 그 다음이
仁民(백성 즉, 남을 사랑함)이며, 또 그 다음이 愛物(소, 양
등 물건을 사랑함)인데 이러한 차별은 그 관계에 따라 '먼저
힘써야 할 바'(急先務)가 다르기 때문이라고 孟子는 설명하
고 있다.

그러면 이 차별애가 왜 중요한가? 그것은 이 차별애가 관
계에 따른 행위의 정당성을 판단하는 중요한 기준이 되기 때
문이다.

가만히 생각해 보면 우리가 어떤 행위가 정당한지 그렇지
못한지를 판단할 때에는 두 가지 판단기준이 적용되고 있음
을 알게 된다.

그 하나는 논리적 정당성이란 것인데 이것은 그 행위의
맞음과 맞지 않음을 그 행위자체를 가지고 우리의 지적능력

을 통해 판단하는 것이며, 다른 하나는 상황적 정당성이란 것인데 그 행위가 일어난 주변상황의 상황적 요인을 살펴 그 상황에서 마땅한 행위인지 아닌지를 살펴보는 것인데 여기에는 사람과 사람 사이의 관계가 매우 큰 의미를 가지게 되는 것이다.

이러한 관점에서 위의 直躬의 행위를 살펴보면 행위 자체는 옳지 않은 것(훔친 행위)을 옳지 않다고 하고 사실을 사실대로 말하였으니 논리적 정당성을 확보한 것이지만, 상황적 정당성의 관점에서는 父子相隱해야 하는 親親的 관계를 고려하지 않은 것이니 올바른 행위로 볼 수 없는 것이다.

이렇게 본다면 孔子가 直躬의 행위를 탐탁지 않게 본 것은 결국 차별애를 제대로 인식하지 못한 점을 지적한 것이라고 할 수 있을 것이다.

□ 道德的 딜레마

그러나 이러한 차별애를 강조하다 보면 자칫 이 차별애가 보편적 가치관과의 충돌을 야기하고 때로는 어느 것이 과연 정당한 것인지를 알기 어려운 딜레마 상황이 벌어질 수 있다.

이것을 道德的 딜레마 상황이라고 말할 수 있는데 예컨대 다음과 같은 상황을 말한다.

『孟子』를 보면 孟子와 그 제자의 문답 속에 순(舜)임금의 아버지인 고수(瞽瞍)가 살인을 했다면 순임금이 어떻게 처신해야 마땅한가를 묻는 장면이 나온다.

상식적으로 생각하면 순임금은 법의 최고 집행자로서 사법책임을 맡고 있는 고요(皐陶)에게 자기 아버지를 봐 달라고도 할 수 없고 그렇다고 효자로 소문난 순임금이 자기 아버지의 죄로 인한 고통을 나 몰라라 할 수도 없으니 이것이야 말로 진퇴양난의 딜레마 상황이라 할 것이다.

이러한 상황은 서양이라고 해서 다르지 않다. 마이클 센델이 지은 『정의란 무엇인가』라는 책에도 다음과 같은 딜레마 상황이 제시되고 있다.

마이클 센델은 형의 불법행위와 관련하여 두 가지 사례를 들어 동생이 어떻게 처신하는 것이 마땅한가를 다음과 같이 묻고 있다.

하나는 조직범죄의 우두머리로 온갖 불법행위를 자행하고 있는 사람이 자기의 형임을 알게 된 동생의 경우로, 동생은 고민 끝에 형을 사법 당국에 고발하여 법의 심판을 받게 한 경우이고, 다른 하나는 테러 폭파범이 자기의 형임을 알고 있는 동생이 사법당국의 요구에도 불구하고 끝내 형을 고발하지 않은 경우이다. (마이클 센델, 『정의란 무엇인가』)

어느 것이 옳은가? 우리는 나와 아무런 관련이 없는 위의 사례에서도 어느 것이 옳은지를 쉽게 말하기 어렵거니와 나와 직접 관련 되는 경우라면 또 어떻게 될 것인가? 우리는 이처럼 관계 속에서의 삶을 영위하는 관계로 가치판단에 있어 그 관계의 무게를 교량하는 것은 참으로 쉽지 않다.

위의 순임금의 경우 『孟子』는 '순임금은 (아마도) 천자의 지위를 버리고 아버지를 몰래 업고 도망가 숨어 아버지를 위한 삶을 살 것이다.'라고 결론을 내리지만 범상인(凡常人)으로서는 결코 쉬운 결론이 아니다.

또 위 直躬의 경우처럼 자식이 아버지의 허물을 드러내는 것이 결코 옳지 않다고 말할 경우도 있지만 『춘추좌씨전』에 나오는 석작(石碏)의 경우처럼 자식의 허물을 드러내어 죽음으로 몰고 가는 것이 옳다고 하는 경우도 있으니 어느 한 방향으로 결론짓기 어렵다.

儒學은 이처럼 논리적 정당성만이 아니라 상황적 정당성을 가려 때에 맞음(時中)을 강조하는 면에서 머리와 가슴을 함께 가진 사람의 학문임을 알 수 있게 해 준다.

09. 君子有九思

군자가 되려면 생각이 깊어야 한다. 군자의 德스러움은 그 언행에서 나타나며 그 언행은 생각의 깊이에서 비롯되기 때문이다.

▣ 孔子曰 君子有九思하니 視思明하며 聽思聰하며 色思溫하며 貌思恭하며 言思忠하며 事思敬하며 疑思問하며 忿思難하며 見得思義니라 (계씨편 10)

孔子께서 말씀하셨다. "군자는 아홉 가지 생각함이 있으니, 봄에는 밝음을 생각하며, 들음에는 귀밝음을 생각하며, 얼굴빛은 온화함을 생각하며, 모양은 공손함을 생각하며, 말은 충신함을 생각하며, 일은 경건함을 생각하며, 의심스러움은 물음을 생각하며, 분함은 어려움을 생각하며, 얻는 것을 보면 義를 생각하라."

윗글은 우리가 일상을 살아감에 그 처신함에 앞서 생각할 바를 망라한 글이다. 군자가 되는 길은 자기 몸을 닦는 일

(修身, 修己)부터 시작해야하는데 그 修身의 첫걸음이 마음가짐을 신중히, 바르게 하는 것이다.

■ 誠於中 形於外
    마음에 성실함이 있으면 그것은 밖으로 드러난다.

우리의 언행, 일거수일투족(一擧手一投足)은 마음속의 생각이 밖으로 드러난 것인바 우리가 군자로서의 언행을 한다는 것은 곧 우리의 마음속에 군자다운 마음가짐이 있었기 때문이니, 그 군자다운 마음가짐의 요체가 윗글의 九思인 것이다.

여기서 儒學에서 생각하는 마음공부의 일반론을 살펴보고 이를 통해 윗글의 의미를 음미해 보기로 하자.

□ 愼獨과 誠意 正心

孟子는 군자가 되는 공부는 다른데 있는 것이 아니라 우리의 달아난 마음을 되찾는데 있다고 말하고 있는바(學問之道는 無他라 求其放心而已矣라, 고자상11) 이것을 儒學의 이론서라 할 수 있는 『大學』, 『中庸』에서는 愼獨 또는 誠意·正心으로 다음과 같이 설명하고 있다.

■ 所謂 誠其意者는 毋自欺也니 如惡惡臭하며 如好好色

이 此之謂自謙이니 故로 君子는 必愼其獨也니라 (『大學』 전문 6장)

이른바 뜻을 성실히 한다는 것은 스스로 속이지 않는 것이니, 악을 미워하기를 악취를 미워하는 것과 같이 하며, 善을 좋아하기를 호색을 좋아하는 것과 같이 하여야 하니, 이것을 自慊<스스로 만족함>이라 이른다. 그러므로 군자는 그 홀로를 삼가는 것이다.

◾ 所謂修身이 在正其心者는 身有所忿懥면 則不得其正하며 有所恐懼면 則不得其正하며 有所好樂이면 則不得其正하며 有所憂患이면 則不得其正이니라 (『大學』 전문 7장)

이른바 몸을 닦음이 그 마음을 바름에 있다는 것은, 마음에 忿懥<분치: 성냄>하는바가 있으면 그 바름을 얻지 못하며, <恐懼: 두려워함>하는바가 있으면 그 바름을 얻지 못하며, 좋아하고 즐기는 바가 있으면 그 바름을 얻지 못하며, 근심하고 걱정하는 바가 있으면 그 바름을 얻지 못한다.

◾ 道也者는 不可須臾離也니 可離면 非道也라 是故로 君子는 戒愼乎其所不睹하며 恐懼乎其所不聞이니라 莫見乎隱이며 莫顯乎微니 故로 君子는 愼其獨也니라 (『中庸』 제1장)

道라는 것은 잠시도 떠날 수 없는 것이니, 떠날 수 있으면 道가 아니다. 이러므로 군자는 보지 않는 바에도 계신하며 그 듣지 않는 바에도 공구하는 것이다. 어두운 곳(隱)보다 더 잘

드러나는 것은 없으며, 작은일(微)보다 더 잘 나타나는 것은
없으니, 그러므로 군자는 그 홀로를 삼가는 것이다.

위 『大學』, 『中庸』의 글들의 뜻을 간추려 보면 결국
修己의 마음가짐이란 자기 자신이 추구하는바 <즉, 군자가
되려는 것>를 스스로 속임이 없이 최선을 다해 성심을 다하
는 것(誠意)이며, 그러한 과정에서 외물(外物)의 유혹에 흔
들림 없이 자기 마음의 뜻(心志)을 다잡아 나가는 것(正心)
이며, 이들을 위해서는 스스로 경계하고 삼가며, 항상 일이
이루어지지 못 할 가를 두려워하는 마음을 갖는 것(愼獨)이
라고 볼 수 있다.

여기서 새겨야 할 것은 군자가 되려는 마음(道를 이루려
는 마음)은 잠시도 잊어서는 안 되는 것이며, 홀로 삼간다는
의미에서의 '홀로(獨)'라는 것이 혼자 있다는 의미가 아니라
남이 모르는 자기 마음속의 마음가짐이라는 뜻을 잊지 않아
야할 것이다.

이러한 마음공부가 잘 이루어진 군자의 행동은 그야말로
言忠信 · 行篤敬(말함에는 충신함이 있고, 행함에는 독후하고
공경함이 있음, 위령공 5)할 것이며, 居處恭 · 執事敬 · 與人
忠(일상에 거처함에 공손함이 있으며, 일을 집행함에 경건함
이 있으며, 사람을 대함에 충신함이 있음. 자로편 19)하게
될 수 있을 것이다.

□ 九思의 의미

마음공부의 요체가 愼獨과 誠意 正心에 있다면 九思는 그 실천요목이라 할 수 있다.

孔子의 말씀을 기술한 『論語』가 주로 대화체로 되어있어 한 가지 주제에 그 논리와 체계를 다 갖추어 설명하는 경우는 흔치 않은데 이 九思는 그 예외에 속한다고도 볼 수 있다.

아무려나. 이제 九思의 의미를 좀 더 살펴보기로 하자.

먼저 視思明, 聽思聰(밝게 보고 밝게 들을 것을 생각하라.)

이것은 분별력 있는 지혜로운 자가 될 것을 생각하라는 의미다.

우리가 분별력을 가지려면 미리 갖추어진 지식도 중요하지만 눈으로 보고, 귀로 듣는 일상사에서의 분별력이 중요한데, 그것을 '밝게 보고 밝게 들으라'는 말로 표현하고 있다. 그러면 어떻게 보고 듣는 것이 밝은 것(明)인가.

생각건대 그 것은 통찰(通察)하는 것일 것이다. 통찰이란 꿰뚫어 살펴보는 것이니, 이것은 즉시적 상황만을 보고 듣는 것이 아니라 일의 先後, 始終과 大小, 輕重의 전체를 꿰뚫어 살피는 것이다.

안연편 제6장에 밝음(明)이란 어떤 것인가를 볼 수 있는 글이 보인다.

■ **子張問明**한대 **子曰 浸潤之譖**과 **膚受之愬**가 **不行焉**이면 **可謂明也已矣**로라 **浸潤之譖**과 **膚受之愬**가 **不行焉**이면 **可謂遠也已矣**니라 (안연편 6장)

자장이 밝음(明)에 대하여 묻자 孔子께서 말씀하셨다. "서서히 무젖어드는 참소와 피부로 받는 하소연이 행해지지 않는다면 밝다고 이를만하다, 서서히 무젖어드는 참소와 피부로 받는 하소연이 행해지지 않는다면 멀다<明이 지극하다>고 이를만하다."

이 글은 통찰해도 잘 보이지 않는 경우를 예를 든 것이라고도 볼 수 있거니와 밝게 보고 밝게 듣는다는 것이 얼마나 어려운 것인가를 잘 설명해 주고 있다할 것이다.

다음 色思溫, 慕思恭(남을 대할 때에는 얼굴빛을 온화하게 하고 태도는 공손하게 할 것을 생각하라.)

이것은 남에게 처신함에 앞서 禮를 갖춘 마음을 먼저 가지라는 의미다.

禮는 자기를 낮추고 남을 높이는 것(自卑尊人)에서부터 출발해야 하는데 남을 대할 때 얼굴빛을 온화하게 하고 태도를 공손히 하려는 마음가짐은 자기를 낮추고 남을 존경하는 첫걸음이다. '웃는 얼굴에 침 못 뱉는다.' '가는 말이 고와야 오는 말도 곱다.' 라는 말들은 모두 먼저 나 자신을 낮추는 것이 중요하다는 것을 일깨워 주고 있다할 것이다.

다음 言思忠, 事思敬(말에는 충신함을, 일에는 최선을 다함을 생각하라.)

이것은 자기의 仁한 마음을 다하라는 것이다.

말함에는 속임 없이 자기 마음을 다하고(盡己之心), 일함에는 오로지 그것을 이루려는 것에 전념함(主一無適)이야 말로 어진 자만이 가질 수 있는 마음가짐이다. 인자는 자신이 서고자 함에 남도 서게 하며, 자신이 통달하고자 함에 남도 통달하게 하는 자(夫仁者는 己欲立而立人하며 己欲達而達人이니라, 옹야편28)이니 그 마음에 충신함이 있지 않고 일을 대함에 전념함이 없다면 어떻게 나를 서게 하며 또 남을 서게 할 수 있는 것인가.

다음 疑思問하며 忿思難하며 見得思義니라.(의혹엔 물을 것을, 분함에는 어려움을, 얻는 것에는 義를 생각하라.)

이것은 우리 마음을 지키는 것(存心, 持己) 중 가장 어려운 것을 예로 들어 우리 마음을 다잡을 것을 강조한 말이다.

우리 마음은 五慾七情에 다 흔들리지만 그 중에서 가장 다잡기 어려운 것이 무엇일까.

우리는 성냄이 있거나, 무섭고 두려운바가 있거나, 좋아하고 즐기는 바가 있거나, 근심하고 걱정하는 바가 있으면 마음을 바로잡기가 어렵다는 것을 위에서 본 바 있거니와(『大學』 전문 제7장) 아마도 그 흔들림에 마음을 다잡기 어려운 것을 들라면 위의 세 가지일 것이다.

이것은 마치 불교에서 탐진치(貪瞋癡: 탐욕, 성냄, 어리석음)를 三毒이라하여 마음공부의 걸림돌로 여기는 것에 비견된다.

윗글에서 疑思問에서의 疑와 問은 학문에서의 疑와 問이 아니다. 여기서의 疑는 상대방의 행동에 대한 의혹이니 상대방의 진의를 모르는 데에서 생기는 의혹을 말한다. 그러므로 여기서의 問은 학문적 궁금증을 해소하기 위한 問이 아니라 이른바 소통을 위한 問을 말한다.

지금까지 九思의 의미를 살펴보았지만 결국 九思는 우리가 일상에 살아감에 필요한 마음가짐에 다름 아니며, 그 스스로 마음속에 홀로 삼가야할 存心의 실천요목임을 말해 주고 있다할 것이다.

10. 知言知人

『論語』의 마지막 篇 마지막 장은 다음 말로서 끝난다.

▣ 不知言이면 無以知人也니라 (요왈편 3)

『論語』 맨 마지막장은 君子가 갖추어야 할 가장 근본적인 德性으로서 知天命, 知禮와 함께 知人(知言)을 말하고 있는데(不知命이면 無以僞君子요, 不知禮면 無以立也며 不知言이면 無以知人也니라, 요왈편 3), 윗글은 그 중에서 知言, 知人의 중요성을 말하고 있는 부분이다.

사람을 안다(知人)는 것은 바람직한 사회생활의 전제조건으로서 군자가 갖추어야 할 필수적 자질이다.

우리가 사람을 안다고 할 경우 그 '안다'는 의미는 그 사람의 사람됨(지혜와 인품)을 믿고 신뢰할 수 있음을 말한다. 여기서 신뢰할 수 있다는 것은 그 사람의 행위가 나에게 어떠한 영향을 미칠 것인가를 미리 예측할 수가 있어 그 사람의 향후 행위로 인해 내가 예측치 못한 불이익을 걱정할 필요가 없음을 의미한다. 따라서 사람을 안다는 것은 원만한 사회생활을 위한 필수 전제조건으로서 신뢰의 바탕이 된다 할 것이다.

그런데 사람을 어떻게 알 수 있을까?

윗글은 그것을 그 사람의 말을 알지 못하면 그 사람을 알 수 없다고 말하고 있다. 말은 그 사람의 마음을 드러내는 대표적 수단이기 때문이다. 여기서 知言에서의 '言'은 글자 그대로의 '말 자체'만을 의미하지 않으며 '그 言에 따르는 行'을 아울러 표현하는 의미로 받아 들여야 할 것이다.

다시 말하면 여기서의 言은 공부 방법을 지(知)와 행(行)으로 나눌 때 行을 대표하는 수사인 것이다.

자! 이런 생각을 전제로 하여 어떻게 知言이 知人이 되는지를 좀 더 살펴보기로 하자.

□ 知言과 知人

『論語』는 知言과 知人의 관계를 다음과 같이 표현하고 있다.

■ 子曰視其所以하며 觀其所由하며 察其所安이면 人焉廋哉리오 人焉廋哉리오 (위정편 10)

孔子께서 말씀하셨다. "그 하는 것을 보며, 그 이유를 살피며, 그 편안히 여김을 살펴본다면, 사람들이 어떻게 자신을 숨길 수 있겠는가! 사람들이 어떻게 자신을 숨길 수 있겠는가!"

여기서 視其所以의 '以'는 爲<행함>의 뜻이며 視, 觀, 察은 그 살핌의 정도가 정밀해짐을 말하고 있다. 이것은 이른바 '誠於中 形於外'(마음에 성실해지면 그것이 外面에 드러남)를 말하고 있는바 사람의 그 하는 짓이 사리에 합당한지를 살펴보고 난 다음 여기에 더 나아가 그 짓을 하는 마음가짐과 태도를 보면 그 사람의 의중과 예의 바름과 인격을 알수 있으니 곧, 그 사람됨을 알 수 있다는 것이다.

이 말은 『大戴禮』 文王官人篇에도 좀 더 자세한 글이 보이는 바 소개하면 다음과 같다.

그 하는 바를 생각해 보고 그 하는 바의 이유를 살펴보고, 그 처하는 바가 어떤 것인가를 살펴서 그 앞의 것으로서 그 뒤의 것을 점치고 그 보이는 것으로서 그 숨겨진 것을 점친다.(考其所爲 觀其所由 察其所安 以其前占其後 以其見占其隱, 『大戴禮』)

또 『孟子』를 보면 윗글을 부연 설명하는 다음 글들이 보인다.

■ 孟子曰 存乎人者莫良於眸子하니 眸子不能掩其惡하나
니 胸中正이면 則眸子瞭焉하고 胸中不正이면 則眸子眊
焉이니라 聽其言也오 觀其眸子면 人焉廋哉리오 (『孟
子』 이루상 15)
孟子께서 말씀하셨다. "사람에게 보존되어 있는 것은 눈동자
보다 더 좋은 것은 없으니, 눈동자는 그의 악을 은폐하지 못
한다. 가슴속이 바르면 그 눈동자가 밝고, 가슴속이 바르지
못하면 그 눈동자가 흐리다. 그러므로 그의 말을 들어보고 그
의 눈동자를 관찰한다면 사람들이 어떻게 자신을 숨길 수 있
겠는가!"

■ 何謂知言이니잇고 曰詖辭에 知其所蔽하며 淫辭에 知其
所陷하며 邪辭에 知其所離하며 遁辭에 知其所窮이니…
(『孟子』 공손추상 2)
<공손추가 묻기를> "무엇을 知言이라합니까?" 孟子께서 말씀
하셨다. "편벽된 말에 그 가리운 바를 알며 방탕한말에 그 빠
져있는 바를 알며, 사악한말에 그 괴리된 바를 알며, 도피하
는 말에 그 <논리가>궁함을 알 수 있을 것이니…"

윗글 첫 문장은 눈(동자)을 보면 그 속이려는 마음을 간
파할 수 있다는 것이고 두 번째 문장은 말에 바르지 못함이
있으면 그 논리가 어딘가 어그러짐이 있음을 살피라는 것이
니, 이 두 가지를 함께 살피면 말하는 사람의 의중을 읽을
수 있음을 말하고 있다할 것이다.

□ 知人의 어려움

知人을 남을 아는 것이라고 풀이할 때 知人의 필요성은
크게 두 가지 정도를 생각해볼 수 있는 바 그 하나는 남과
서로 交遊함을 통해 보인(輔仁)하려는 것이고, 다른 하나는
남에게 속임을 당하지 않기 위해서다.

그래서 정자(程子)는 윗글 위정편의 孔子의 말씀과 관련
하여 자신에게 있는 능력(지혜)이 능히 남의 말을 알고 이치
를 궁구할 수 있는 것이라면 이것으로써 사람을 헤아리기를
聖人처럼 할 수 있다고 말하고 있다.(위정편 제10장의 주석)

그러나 생각해보면 남을 아는 것만으로 속지 않을 수 있
다는 것은 한 면의 진리를 말한 것으로 다른 한 면인 자기
자신을 아는 것도 중요하다는 것을 금방 깨닫게 된다.

역사를 보면 속지 않을 수 있었을 법한데 속는 것은 그
원인이 남에게 있다기보다는 오히려 나에게 있음을 보게 되
는 경우를 허다히 접하게 된다.

예컨대 유방(劉邦)과 항우(項羽)가 관중 땅을 놓고 천하
를 다투는 장면이 그러하다.
잘 아는 바와 같이 관중 땅에 먼저 들어간 유방은 함곡관
에서 항우의 진입을 막으려했으나 실패하고 이에 항우가 유
방을 죽이려 하지만 유방의 둘러대는 변명에 속아 넘어가고

만다.

여기서 우리는 항우가 유방측의 행위를 제대로 視, 觀, 察함으로써 知人할 수 있었으면 역사는 달라졌을 것이라는 점을 생각해 볼 수 있다.

예컨대 유방이 함곡관에서 항우를 막으려했던 이유를 밀고해 온 유방측 부하의 말을 항우가 제대로 알아들었더라도, 또 사치와 향락을 일삼던 유방이 관중 땅에 들어가서는 약법삼장(約法三章)을 내걸고 부하들의 약탈행위를 금지시켰던 유방의 복심(腹心)을 항우가 제대로 살펴 읽었더라도, 그도 아니면 유방의 범상치 않음을 충언해 온 범증의 말을 새겨들었더라면 항우는 유방을 결코 살려두지 않았을 것이다.

항우가 유방에게 속은 것은 이러한 不知人(남을 제대로 알지 못함)의 탓도 있지만 오히려 자기의 '力拔山氣蓋世'의 힘만 믿고 스스로 교만해짐으로써 자신을 스스로 살피지 못한 데에 있었을 런지도 모른다.

이것은 남에게 속은 것이 아니라 자기 자신에게 속은 것이라고 할 수 있을 것이다.

또 다른 사례로 '假道滅虢'이란 古事를 탄생시킨 우(虞)나라 군주를 들 수 있다. 그 역시 괵(虢)나라를 치려는데 길을 빌려 달라는 진(晉)나라 헌공의 말에 속아 길을 빌려 주었다가 끝내 자기 나라를 잃게 되는 비운을 맞게 된다.

여기서도 만약 우나라 군주가 보옥(寶玉)을 앞세운 진나라 헌공의 속내를 간파한 신하의 말을 제대로 알아들었더라

도, 아니면 자기 스스로 탐욕을 제대로 다스릴 수 있었더라
면 길을 빌려주어 자기나라를 잃게 되는 어리석음은 범하지
않았을 것이다.

　우리가 이러한 고사를 통해 알 수 있는 것은 남에게 속지
않으려면 知人도 필요하지만 자기 스스로를 다스릴 줄 아는
덕성도 함께 길러야 한다는 점일 것이다.
　이렇게 본다면 참된 군자가 되려면 知름을 통해 남을 아
는 지혜를 갖추는 것도 중요하지만 자기스스로의 능력과 분
수를 알아 스스로의 본성을 지켜나가는 것도 못지않게 중요
함을 알 수 있다할 것이다.

11. 天下를 얻은 者와 잃은 者

항우(項羽)와 유방(劉邦)이 天下를 다투는 내용을 소재로
한 초한지(楚漢志)는 등장인물의 극명한 대비도 재밋거리어
니와 압도적으로 우세했던 항우가 이런저런 까닭으로 결국은
지게 된다는 점에서 항우에 대한 묘한 연민의 정을 느끼게
된다. 초한지를 보면 항우는 유방을 제거할 결정적 시기가
있었음에도 유방을 살려주지만 유방은 항우와 천하를 분점하
기를 회맹해놓고 고향으로 돌아가는 항우를 등 뒤에서 엄습
하여 결국은 죽게 만듦으로서 이른바 결정적 시기를 놓치지
않는 비정함을 볼 수 있다.

우리는 유방이 항우를 이긴 것에 대해 이런 저런 이유로
설명할 수 있지만 사람이 미치지 못하는 어떤 힘의 작용이
있는 것이 아닌가 하는 생각도 하게 되는데 그것이 孔孟이
말하는 天命인지도 모를 일이다.

□ 天命이라는 것

孔子는 天命을 두려워해야할 대상이며(君子 畏天命, 계씨 편 8), 군자는 천명을 알아야 함을 말하고 있을 뿐(不知命이 면 無以爲君子也, 요왈편 3), 다음 글에서 보듯 천명이 무엇 인지를 설명하려 하지 않았다.

■ 子는 罕言利與命與仁이러시다 (자한편 1)
   孔子께서는 利와 천명과 仁에 대해서는 잘 말씀하지 않으셨 다.

孔子는 天命을 무언가 딱 설명하기 어려운 은미한 것으로 보아 천명 자체를 외경(畏敬)의 대상으로 둠으로써 군자는 이것이 있다는 것을 알아 처신할 것을 주문하고 있을 뿐인 것이다.

반면에 孟子는 이 天命을 설명하려 했다.

『孟子』를 보면 요(堯)와 순(舜)임금이 천하를 소유한 것은 天命이 그에게 주어진 때문이란 것을 설명하면서 天命 이란 '민심을 얻는 것'이라고 다음과 같이 설명하고 있음을 볼 수 있다.

■ 孟子曰 桀紂之失天也는 失其民也니 失其民者는 失其

心也라 得天下有道하니 得其民이면 斯得天下矣리라 得
其民有道하니 得其心이면 斯得民矣리라 得其心이 有道
하니 所欲을 與之聚之요 所惡를 勿施爾也니라 (『孟子』
이루상 9)

孟子께서 말씀하셨다. "걸, 주가 천하를 잃은 것은 백성을 잃
었기 때문이니 백성을 잃었다는 것은 백성의 마음을 잃은 것
이다. 천하를 얻음에 길이 있으니 백성을 얻으면 천하를 얻은
것이다. 백성을 얻음에 길이 있으니 그 마음을 얻으면 백성을
얻을 것이다. 마음을 얻음에 길이 있으니 백성이 바라는 바를
주어 모이게 하고 그 싫어하는 바를 베풀지 말아야 한다."

그러면서 天命은 하늘이 주는 것이로되 백성이 보는 바와
듣는 바를 통해 보고, 그 行함과 일을 통해 드러냄을 다음과
같이 말하고 있다.

■ 曰 否라 天不言이라 以行與事로 示之而已矣시니라… 太
誓曰天視自我民視하며 天聽自我民聽이라하니 此之謂
也니라 (『孟子』 만장상 5)

<만장과 孟子가 문답함에 舜이 天下를 소유하게 된 것은 천
자인 堯가 舜에게 준 것이 아니라 하늘이 준 것이며 그 방법
과 관련하여 물음에 孟子가 대답하시기를> "아니다. 하늘은
말씀하지 않는다. 행실과 일로서 보여주실 뿐이다.… 「태
서」에 이르기를 '하늘은 우리 백성의 보는 것으로서 보며,
백성이 듣는 것으로써 듣는다.'는 것이 이것을 말한 것이다."

결국 孟子는 天命이란 곧 백성의 마음이며 그 마음은 세상에 벌어지는 行과 事로서 드러나는 것이라고 말하고 있는 것이다.

그러면 항우와 유방의 천하쟁패에는 어떤 行과 事로 天命을 드러내었을까?
다시 초한지로 돌아가 보자.

□ 유방이 천하를 얻은 이유

유방이 항우를 이겨 천하를 소유하게 된 이유를 사람의 일로서 설명한다면 아마도 '知人善用'(사람의 능력을 잘 알아 유능한 이를 들어 씀)에 있을 것이다.

유방이 천하를 평정하고 한고조로 즉위한 후 낙양에서 잔치를 베푸는 자리에서 '내가 천하를 얻을 수 있었던 까닭'을 신하들에게 묻는다. 이에 신하들이 '이익을 함께 한데 있다.'라고 말하자 유방이 다음과 같이 자평함을 볼 수 있다.

그대들은 하나만 알고 둘은 모르는구려. 군막 속에서 계책을 짜내어 천리 바깥의 승리를 결정짓는 일에는 내가 자방(子房:장량을 말함)만 못하며 나라를 안정시키고 백성을 위로하며 양식을 공급하고 운송도로를 끊기지 않게 하는 일에는 내가 소하(蕭何)만 못하며, 또 백만대군을 통솔

하여 싸움에 반드시 승리하고 공격함에 반드시 점령하는
일에는 내가 한신(韓信)만 못하오.

　이 세 사람은 모두 걸출한 인재로서 내가 그들을 임용
할 수 있었다는 것이 바로 내가 천하를 얻을 수 있었던
까닭이오.(『史記』고조본기)

　유방이 처음부터 자기를 따랐던 지방향리 출신의 소하(蕭
何), 백정출신의 번쾌(樊噲)는 물론 항우를 따르다 자기를
찾아온 한신(韓信), 진평(陳平)등을 모두 자기 품에 끌어안
아 끝내는 그의 걸출한 참모로 키워낸 것을 보면 그의 用人
術이 훌륭했음을 알 수 있다.

　한편, 유방이 천하를 얻은 이유를 天命으로 설명한다면
하늘은 과연 어떤 일로써 이를 드러내었을까?

　나는 그것을 '名分의 얻고 잃음'을 통하여 하늘이 그 마음
을 드러낸 것이라고 믿고 싶다.

　孟子가 천하를 얻으려면 백성의 마음을 얻어야하고 백성
의 마음을 얻으려면 백성의 원하는 바를 주어 모이게 하고
백성이 싫어하는 바를 하지 않는 것이라고 하였거니와 그 당
시 백성들이 가장 원하는 것은 무엇이었을까?

　두말 할 것도 없이 그것은 '秦나라의 학정(虐政)을 끝내
는 것'이고 그 학정을 끝내는 것이야 말로 유방과 항우가 천
하를 다투는 명분이었을 것이다.

　그러므로 천하를 얻고자 하는 자는 마땅히 '학정을 끝내

는 일'을 자기의 명분으로 삼았어야 할 것이다. 그런데 안타깝게도 항우는 '포악한 秦의 타도'의 상징으로 내세웠던 의제(義帝: 楚懷王熊心)를 죽임으로서 스스로 名分을 잃었고 그것으로 백성의 마음이 그를 떠나게 한 반면, 유방은 그 의제를 죽인 '항우의 타도'를 새로운 명분으로 삼음으로서 백성의 기대를 저버리지 않았음을 세상에 드러낼 수 있었던 것이다.

『史記』를 보면 백성의 마음이 항우를 버리고 유방으로 향했음을 보이는 다음과 같은 사실을 기록하고 있다.

한왕(유방)이 남으로 평음진을 건너 낙양신성에 이르자 시골관리(三老)였던 董公이 그를 막고 말하기를 '군대를 출병함에 명분이 없으면 일을 이룰 수가 없으니, 항우가 주도하여 의제를 죽였으니 천하의 적이 된 것입니다. 대왕께서는 三軍을 이끄시되 소복(素服: 상복)하여 제후들에게 고하여 그를 정벌하도서.' (『史記』 고조본기)

항왕(항우)이 회수를 건너니 따라오는 자 1000여기에 불과하였다. 항왕이 음릉에 이르러 길을 잃어버리자 한 농부에게 물으니 농부가 속여 말하기를 '왼쪽이요' 하였다. 그리하여 왼쪽으로 가다가 큰 늪에 빠지게 되었다. 이로 인해서 한(漢)군이 바짝 쫓아오게 되었다. 항왕이 이에 다시 군사를 이끌고 동쪽으로 가서 동성에 이르니 겨우 28기만 남았다.(『史記』 항우본기)

백성으로 하여금 한 사람은 의제를 발상(發喪)할 것을 건의케 하여 名分을 세워주고 한사람은 죽음의 기로에서 길을 거짓으로 가르쳐 죽음에 이르게 하니 이것이야말로 하늘이 그 뜻을 백성을 통해 드러냄이 아니고 무엇이겠는가!

『孟子』는 말한다.

▣ 賊仁者를 謂之賊이요 賊義者를 謂之殘이요 殘賊之人을 謂之一夫니 聞誅一夫紂矣요 未聞弑君也니이다 (『孟子』 양혜왕하 8)
仁을 해치는 자를 賊이라 하고 義를 해치는 자를 흉악자(殘)라 하니, 殘賊者는 한사람의 잡배(一夫)에 불과합니다. 一夫인 紂를 죽였다는 말은 들었거니와 군주를 시해했다는 말은 듣지 못했습니다.

제나라 선왕이 "신하가 군주를 시해함이 可합니까?"라고 물은 데에 대한 孟子의 대답이다. 항우는 秦나라 토벌의 상징으로 받들어 세운 의제를 죽임으로써 그도 한갓 진승(陳勝) 오광(吳廣)의 무리와 다르지 않음을 드러내었으니 그 名分의 잃음이 컸다 할 것이오, 반면에 유방은 이러한 항우의 잘못을 나무랄 수 있는 명분을 더 얻었으니 명분의 얻음이 컸다할 것이다.

항우는 그 죽음에 임해 해하가(垓下歌)를 읊었고 유방은 천하를 얻음에 대풍가(大風歌)를 읊었다.

천하를 품으려는 기상이야 어찌 달랐을까마는 항우는 죽음에 이르러 그 생각이 사랑하는 애첩과 오추마에 머물렀고, 유방은 천하를 얻음에 그 생각이 그 천하 지킬 것에 미쳤으니 잃은 자와 얻은 자의 영욕이 이토록 극명하게 대비될 수 있는가.

우리는 아래에 보이는 해하가와 대풍가를 통해 힘을 가지고 천하를 얻으려는 자와 민심을 가지고 천하를 얻으려는 자의 인생항로의 극명한 차이를 느껴 보면서 그러한 결과를 가져다 준 天命의 무거움을 되새겨 봄도 나쁘지 않을 것이다.

〈垓下歌〉 -項羽-

力拔山兮氣蓋世 힘은 산을 뽑아낼 만하고 기운은 세상을 덮을만한데
時不利兮騅不逝 형편이 불리하니 오추마도 나아가질 않는 구나
騅不逝兮可奈何 오추마가 나아가질 않으니 내 어찌할거나
虞兮虞兮奈若何 우희야 우희야 이를 어찌한단 말이냐

〈大風歌〉 -劉邦-

大風起兮雲飛揚 큰바람 일어남이여. 구름이 날아 떨치는 구나
威加海內兮歸故鄕 위세가 온 세상에 떨침이여. 고향에 돌아왔노라
安得猛士兮守四方 어찌하면 날랜 장사를 얻어 천하를 지킬까

12. 樊須를 위한 辨明

　번수(樊須)는 번지(樊遲)로 더 잘 알려진 孔子의 제자이
다.

　자로(子路) 염유(冉有)와 더불어 孔子의 수레를 몰았던
제자로서 이들 셋 중에서 가장 나이가 어리니 아마도 마지막
수레몰이였던 듯하다. 그런데 이 번수는 『論語』에 여섯 번
이나 등장하는 무게감 있는 제자였지만 후대 주석자(註釋者)
들에 의하여 좀 덜떨어진(?) 제자로 자리매김한 느낌이 있
다.

　이 글은 이러한 번수를 위하여 그가 결코 어리석은 제자
가 아니라 孔子의 뜻을 충직하게 받들었던 제자였음을 드러
내 보임으로써 그의 명예를 회복(?)시키려는 의도에서 쓰여
졌다.

　이는 무슨 새로운 사실이나 논거를 통해서가 아니라 『論
語』에 등장하는 사실의 재해석을 통해 주석자들의 편향된
시각을 교정함으로써 가능할 것이다.

□ 번수가 어리석다는 주장

『論語』에서 번수가 어리석다는 주장의 논거는 『論語』본문의 '樊遲未達'(안연편 22)이란 말과 孔子의 문하에 있으면서 '농사짓는 일'(問稼圃)을 물었다는 것, 그리고 이 말들과 관련한 주석의 글들이다.

먼저 관련된 『論語』의 본문을 살펴보자.

■ 樊遲問仁한대 子曰 愛人이니라 問知한대 子曰 知人이니라 樊遲未達이어늘 子曰 擧直錯諸枉이면 能使枉者直이니라 樊遲退하여 見子夏曰 鄕也에 吾見於夫子而問知하니 子曰 擧直錯諸枉이면 能使枉者直이라하시니 何謂也오 子夏曰 富哉라 言乎여 舜有天下에 選於衆하사 擧皐陶하시니 不仁者遠矣요 湯有天下에 選於衆하사 擧伊尹하시니 不仁者遠矣니라 (안연편 22)

번지가 仁을 묻자 孔子께서 "사람을 사랑하는 것이다"하셨다. 知를 묻자 孔子께서 "사람을 아는 것이다"라 하셨다. 번지가 그 내용을 통달하지 못하자 孔子께서 말씀하셨다. "정직한 사람을 들어 쓰고 모든 부정한 사람을 버리면 부정한 자로 하여금 곧게 할 수 있는 것이다" 번지가 물러나서 자하를 보고 물었다. "지난번에 부자를 뵙고 知를 물었더니 선생께서 '정직한 사람을 들어 쓰고 모든 부정한 사람을 버리면 부정한 자로 하여금 곧게 할 수 있다'하셨으니 무슨 말씀인가?" 자하가 말하였다. "풍부하도다, 그 말씀이여! 순임금이 천하를 소유함

에 여러 사람들 중에서 선발해서 고요(皐陶)를 들어 쓰시니
불인한 자들이 멀리 사라졌고, 탕임금이 천하를 소유함에 여
러 사람들 중에서 선발하여 이윤을 들어 쓰시니, 불인한 자들
이 멀리 사라졌다."

■ 樊遲請學稼한대 子曰 吾不如老農호라 請學爲圃한대 曰
吾不如老圃호라 樊遲出이어늘 子曰 小人哉라 樊須也여
上好禮면 則民莫敢不敬하고 上好義면 則民莫敢不服하
고 上好信이면 則民莫敢不用情이니 夫如是면 則四方之
民이 襁負其子而至矣리니 焉用稼리오 (자로편 4)
번지가 농사일을 배우기를 청하자 孔子께서는 "나는 늙은 농
부만 못하다"하셨다. 채전을 가꾸는 것을 배우기를 청하자
"나는 늙은 원예사만 못하다."하셨다. 孔子께서 말씀 하셨다
"소인이구나, 번수여! 윗사람이 禮를 좋아하면 백성들이 윗사
람을 공경하지 않는 이가 없고 義를 좋아하면 백성들이 복종
않는 이가 없는 것이다. 이렇게 되면 사방의 백성들이 자식을
포대기로 등에 업고 올 것이니 어찌 농사짓는 것을 쓸 필요가
있겠는가?"

윗글들을 보면 번수가 특별히 어리석다는 느낌은 없다.
번수가 仁과 知를 물었을 때 번수가 孔子의 대답을 잘 알아
듣지 못한 것(樊遲未達)은 孔子의 대답이 너무 간결(愛人,
知人)하였기 때문이고 번수가 '問稼圃'한 것은 '의도가 있었
던 상황연출'로 볼 수 있어 번수의 뜻이 비루했던 것은 아니
다.(논지는 후술한다.) 문제는 주석자들의 편향적 시각이다.

'問稼圃'와 관련하여 주석에서 번수를 뜻이 비루한 사람(志則陋矣)이거나 지적능력이 떨어지는 사람(不能以三隅反)으로 몰아간 것은 후술하는 바와 같이 주석자가 상황 판단을 잘못한데 기인된다. 다음 글을 보면 주석자들이 얼마나 편향된 시각에 사로잡혀 있었는지를 알 수 있다.

■ 樊遲從遊於舞雩之下러니 曰 敢問崇德修慝辨惑하노이다 子曰 善哉라 問이여 先事後得이 非崇德與아 攻其惡이요 無攻人之惡이 非修慝與아 一朝之忿으로 忘其身하여 以及其親이 非惑與아 (안연편 21)

번지가 孔子를 따라서 舞雩의 아래에서 놀았는데 "감히 德을 높이며 간특함을 닦으며 의혹을 분별함을 묻겠습니다." 孔子께서 말씀하셨다. "좋구나, 질문이여" "일을 먼저하고 얻는 것을 뒤에 함이 德을 높이는 것이 아니겠는가? 자기의 악함을 다스리고 남의 악함을 다스리지 않음이 간특함을 닦는 것이 아니겠는가? 하루아침의 분노로 자신을 잊어서 화가 부모님에게까지 미치게 함이 의혹이 아니겠는가?"

이 문답에서 번수의 덜 떨어진 모습이 그려지는가? 오히려 孔子께서 번수의 질문이 훌륭했음을 칭찬하는 것이 보일 뿐이다. 그런데도 이 글을 주석한 朱子는 느닷없이(?) 번수를 '거칠고, 비루하고, 이익을 탐하는 사람'(麤鄙近利)으로 몰아세우고 있는데 이는 아마도 번지는 어리석다는 선입견에 사로잡혀 있었기 때문일 것이다.

□ 번수(樊須)는 어리석지 않았다.

이제 나의 주장을 펼 차례이다. 나는 번수가 결코 어리석지 않았다고 본다. 비록 번수는 문일지십(聞一知十)의 안연(顔淵)이나 문일지이(聞一知二)의 자공(子貢)에 미치지는 못하였지만 적어도 거칠고, 비루하고, 이익을 탐하는 사람(麤鄙近利)은 아니었다.

먼저 '問稼圃'와 관련하여 번수의 뜻이 비루했다는 주석에 대해 살펴보자.

나의 주장을 결론부터 말하면 '問稼圃'의 상황은 번수의 뜻이 비루해서가 아니라 번수와 孔子가 작당한(?) '짜고 친 고스톱'이라는 것이다.

이 주장을 이해하려면 孔子와 孔子 당시의 士라는 일련의 무리가 처한 시대적 상황을 먼저 이해할 필요가 있다.

孔子는 강학(講學, 즉 가르침)을 직업으로 삼은 최초의 사람이었다. 풍우란이 '벼슬하지 않으면서 다른 생업에도 종사하지 않는 사람은 孔子 이전에는 없었다.'고 하고 있기 때문이다.(풍우란, 『중국철학사』)

또 孔子 제자의 대부분을 구성하고 있는 제자들은 당시 군소제후들의 몰락으로 떠돌이가 된 군소제후나 사대부의 자제들이었으며 이들 역시 뚜렷한 장래를 보장받지 못한 무직자들이었다.

이러한 상황에서 孔子 제자들 중에서 배움과 장래에 대한 불안이 커서 이합집산이 심해졌다면 이것은 孔子 제자들은 물론 孔子 자신에게도 커다란 위협요인이 되었을 것이다.

실제로 이러한 상황이 벌어지고 있었음은 다음 글을 통해 알 수 있다.

▣ 孔子門人三盈三虛, 惟顔淵不去 (유협, 『신론』)
　孔子의 제자들은 세 번 들어찼다가 안연만 빼놓고는 다들 쏠려가 버려 <孔子의 학당은> 세 번이나 텅텅 비었다.

자! 이런 상황에서 孔子와 번수가 편 작전(?)이 '問稼圃'였다면?

번수가 장래에 대한 불안을 '농사라도 지을까?'하고 운을 떼고 孔子는 '배움 외에 더 좋은 장래는 없으니 딴생각 품지 말 것'을 제자들에게 일침을 놓은 장면이 '問稼圃'였다면? 이렇게 되면 번수가 왜 중간에 자리를 비웠는지, 孔子가 왜 '사방에서 아이들을 등에 업고도 몰려들 것이라'했는지가 자연스럽게 이해될 수 있을 것이다. 즉 '問稼圃'는 제자들에게 장래에 대한 확신을 심어주려는 의도에서 기획(?)된 이벤트였던 것이다.

번수가 어리석지 않다는 또 다른 논거를 살펴보자.

먼저 번수가 '仁'과 '知'를 물었을 때 孔子의 대답에 미달(樊遲未達)한 것은 번수의 죄가 아니라 孔子의 대답이 너무

단답형이었기 때문일 것이다. '仁'이나 '知'와 같은 추상적 개념을 '愛人'이나 '知人'과 같은 단답형의 말로 설명하면 그것을 곧바로 통달할 자가 우리들 가운데 얼마나 될까?

또 번수의 학문의 성취수준도 낮은 것이 아니었다. 崇德, 修慝, 辨惑과 같은 것은 仁, 義, 知의 핵심적 개념이라 할 수 있는데 이런 것을 물을 수 있다는 것은 번수의 학문이 결코 낮지 않았음을 반증하는 것이라 볼 수 있지 않을까? 실제로 이 질문에 대하여 孔子께서는 "좋구나, 질문이여"라고 맞장구까지 치고 있지 않은가! 마찬가지로 번수의 학습태도 역시 진지하였다. 『論語』를 보면 번수는 '仁'에 대하여 세 번이나 거듭 질문하고 있고 孔子의 대답에 이해되지 않는 것이 있으면 동료 제자들에게 재차 묻기까지 하고 있음을 우리는 볼 수 있다.

마지막으로 번수가 어리석지 않다는 것을 입증할 수 있는 것은 그가 孔子의 수레를 모는 사람이라는 점이다. 수레몰이는 요즘의 역할로 치면 수행비서인 셈인데 어떻게 수행비서를 어리숙한 자를 쓸 수가 있을 것인가? 실제로 번수가 수행비서역을 잘 수행했을 것이라는 추정은 『論語』 위정편 제5장을 보면 알 수 있다.

孔子는 당시 노나라 대부였던 맹의자가 孝를 물은데 대하여 '無違'(어김이 없어야 한다.)라고 대답하고는 이 말의 뜻을 맹의자가 제대로 알아들었을까를 걱정한다. 그리하여 번수에게 이러한 사실을 얘기한다. 이에 번수가 무슨 뜻인가를 묻자 孔子는 그 뜻을 '生事之以禮, 死葬之以禮, 祭之以禮'(살아계실 때도 禮로 섬기고 돌아가신 때도 禮로서 장사 지내고 제사지낼 때에도 禮로서 한다)라고 분명히 말해준다. 이 장면은 孔子께서 번수로 하여금 자기의 뜻을 전하게 한 것이고 이 때 번수가 물은 것은 孔子의 말씀의 뜻을 몰라서가 아니라 맹의자에게 전달할 내용을 확실히 하려는 것이었으니 번수는 수행비서로서의 자질을 제대로 갖추었다는 것을 볼 수 있다.

우리는 이러한 『論語』의 사실들을 통하여 번수는 어리석고 멍청한 제자가 아니라 孔子의 뜻을 충직하게 받들려 했다는 것을 알 수 있다할 것이다.

(※ 이 글은 너무 근엄(?)하기만 한 『論語』 주석에 대하여 한번 비틀어 본 것이며 실제로 반론을 펴려는 것은 아니었음을 밝혀 둔다.)

초 판 발 행 | 2016. 4. 1.
초 판 1 쇄 | 2016. 4. 5.
지 은 이 | 김병호
펴 낸 이 | 김정덕
펴 낸 곳 | 주식회사 형민사
인터넷구매 | www.hanja114.co.kr
구 입 문 의 | TEL.02-736-7694, FAX.02-736-7692
주　　소 | ㉾04551 서울시 중구 수표로 45, 505호(저동2가, 비즈센터)
등 록 번 호 | 제2016-000003호
정　　가 | 18,000원
I S B N | 978-89-91325-86-9 03150